Nicola Doherty est née et a grandi à Monkstown, dans le comté de Dublin. Après avoir étudié l'anglais au Trinity College de Dublin, puis d'Oxford, elle s'est installée à Londres pour travailler dans l'édition avant de devenir écrivain. *Métro, boulot, paréo* est son premier roman.

Ce livre est également disponible
au format numérique

www.milady.fr

Nicola Doherty

Métro, boulot, paréo

Traduit de l'anglais (Grande-Bretagne) par Julie Lopez

Milady Romance

Milady est un label des éditions Bragelonne

Titre original : *The Out of Office Girl*

ISBN : 978-2-8112-1087-8

Bragelonne – Milady
60-62, rue d'Hauteville – 75010 Paris

E-mail : info@milady.fr
Site Internet : www.milady.fr

À mes parents, et à toutes les Alice du monde.

Remerciements

De nombreuses personnes m'ont aidée pendant que j'écrivais ce livre, par leur soutien moral, en me donnant des informations pratiques, ou en le lisant. J'espère n'avoir oublié personne.

Merci à tous les amis qui ont lu les premières versions : Gráinne Brett, Síofra O'Donovan, Amber Burlinson, Clare Thomas, Hannah Knowles, Natasha Laws, Daniela Buckley, Hilary Attenborough et aussi, héroïquement, mon frère Barry. Je veux remercier en particulier Frieda Klotz, ma toute première amie éditrice, pour ses commentaires astucieux et encourageants dès le premier jour, sans lesquels je n'aurais probablement pas fini ce livre. Merci à ma belle-sœur, Santina Doherty, pour m'avoir fait découvrir la Sicile et à Anne O'Mahony pour son franc-parler et ses remarques judicieuses. J'ai aussi profité des conseils de Julie Cohen via son fantastique blog, que je recommande à tous ceux qui veulent devenir écrivains. Pour les renseignements sur l'industrie du film en Europe et aux États-Unis, merci à Olaf Gonzáles Schneeweiss, à Daniela Buckley, à Helen Berger et à MF. Merci aussi à Mark Dyson. Pour les infos internes sur l'Utah et les saints des derniers jours, ainsi que pour les suggestions de cafés à Los Angeles, merci à Jaremey McMullin. Pour les conseils juridiques (hypothétiques), merci à Noel Dilworth, à Lucy Miles et à Ronan McCrea. Toute erreur éventuelle sera la mienne. Merci au personnel de l'*Alimentari* et du *Salusbury Deli* de Queen's Park, qui m'ont nourrie et abreuvée et m'ont fait sortir de chez moi.

Merci à Rowan Lawton et Juliet Mushens à PFD, pour leurs conseils éditoriaux brillants, leur soutien et les macarons.

Merci à Sherise Hobbs, pour ses révisions superbes qui ont tellement amélioré le livre, et à Imogen Taylor et Lucy Foley pour m'avoir accueillie de nouveau à Euston Road – merci aussi à Imogen pour avoir pensé au titre ! Merci à Rachel Mills et Alexandra Cliff pour avoir envoyé Alice à l'étranger. Pour leur soutien inestimable dès la première heure, merci à Anne Louise Fisher, à Joy Terekiev à Mondadori et à Nicola Bartels à Blanvalet. Merci à mes adorables collègues, anciens et actuels, à Hodder et à The Folio Society, pour m'avoir supportée. Enfin, j'aimerais remercier mes parents, qui m'ont soutenue dans toutes mes décisions et qui ne m'ont jamais rien reproché quand je suis venue leur rendre visite et me suis enfermée pour écrire. Et à Alex : merci de m'avoir tenu la main (pas littéralement, évidemment), au moment de la remise de ce livre et pendant les réécritures, et pour avoir fêté ça avec moi.

Chapitre premier

Allongée sur mon lit, je regarde Luther qui se déshabille. Même si j'ai souvent assisté à cette scène, elle ne manque jamais de m'hypnotiser. D'abord, il ôte son tee-shirt, blanc sur sa peau bronzée, décoiffant encore plus que d'ordinaire ses cheveux bruns. L'expression de ses yeux marron n'est pas facile à déchiffrer : il semble passionné, sérieux, vulnérable. Ses mains descendent vers son jean. Lentement, il commence à défaire sa ceinture…

Mon téléphone sonne. Je réponds à contrecœur, sans quitter l'écran des yeux.

— Salut Alice ! C'est Erica. Je sais que je m'y prends au dernier moment, mais on va retrouver du monde au *Dove*. Tu veux venir ? À moins que tu ne sois déjà quelque part ? J'entends des voix.

— Non, non. (Je trouve la télécommande et j'appuie sur « Pause ».) J'aimerais bien, mais je travaille.

Je regrette aussitôt d'avoir dit ça, car je sais ce qu'elle va répliquer.

— Oh, allez. Tu ramènes toujours du travail chez toi. Tu devrais t'affirmer. Trouver un équilibre entre ta vie et le boulot.

Oh, mon Dieu ! J'adore ma sœur, mais je ne vais pas pouvoir la supporter ce soir.

— Oui, oui. Écoute, je suis désolée pour ce soir, mais la prochaine fois, sans faute.

— J'espère bien. Ça ne sert à rien de rester enfermée à bouder, tu sais, dit-elle avant de raccrocher.

C'est là qu'elle se trompe. Bouder à la maison est exactement ce que j'ai envie de faire à cet instant, ça et végéter devant les films de Luther Carson (ce qui compte comme du travail), manger des Pringles, boire du vin blanc et, plus généralement, éviter de penser au fait qu'après deux mois de relation Simon ne tient pas assez à moi pour rompre officiellement.

Même si je sais que je n'aurais pas dû, j'ai sauvegardé tous les textos de Simon. C'est comme une petite histoire de nos huit semaines ensemble. Il y a le tout premier qu'il m'a envoyé : « Salut Alice, c'était super de faire ta connaissance hier soir. On boit un verre la semaine prochaine ? Bises, Simon. » Je le considère comme un souvenir très précieux de l'époque dorée où il m'appréciait encore. Les messages continuent dans cette veine pendant quelque temps : « Merci pour cette soirée géniale. On se voit très bientôt. Bisous, S. » Mais, ces dernières semaines, les « bisous » ont commencé à disparaître, et les textos sont devenus plus nonchalants et moins fréquents, du genre : « Suis en retard, désolé » ou « Pas sûr. Je te tiens au courant la semaine prochaine. »

— C'est un licenciement déguisé, m'a dit Erica quand je lui ai expliqué ce qui se passait. Il ne t'a pas vraiment renvoyée, mais il a changé les termes du contrat, de sorte que ton ancien job, celui de petite copine, n'existe plus.

C'est bien d'avoir une sœur avocate en droit du travail, mais parfois elle peut se montrer un peu trop professionnelle. Le tout dernier texto de Simon dit : « Désolé, je ne peux pas mercredi. Je t'appelle pour fixer un autre rendez-vous. »

Cela remonte à plus de sept jours. D'abord, j'ai essayé de ne pas me faire de souci, me rappelant qu'il croulait sous le travail (il vient juste d'avoir une promotion). Mais, tout au fond de moi, je savais qu'il perdait tout intérêt à mon égard. Hier, j'ai ravalé ma fierté et je lui ai envoyé un petit texto sympa pour lui donner une dernière chance. C'était il y a plus de vingt-huit heures, et il n'a pas répondu. Je n'arrive toujours pas à le croire. Comment peut-on larguer quelqu'un avec qui l'on est sorti deux mois sans même lui téléphoner, lui envoyer un texto ou un mail, juste par le silence ?

Martin, mon colocataire, doit être rentré, car j'entends du foot dans la pièce voisine. Ses activités favorites consistent à regarder des matchs de Coupe d'Europe à plein volume (il va jusqu'à les enregistrer et à regarder encore et encore ses préférés pendant l'été) et à cuisiner des plats étranges, comme des gratins de pâtes au salami et à l'avocat, qu'il met des heures à préparer en accaparant la cuisine. Il me rend folle, à vrai dire, mais j'aime beaucoup mon autre colocataire, Ciara. Elle est très facile à vivre : elle garde toujours une bouteille de vin au frigo et elle n'a rien dit quand j'ai réveillé tout le monde avec l'alarme incendie en me préparant des toasts. Quand j'ai emménagé, elle était un peu déprimée parce qu'elle venait de rompre avec son petit ami, mais elle semble aller mieux maintenant.

Quelqu'un doit avoir marqué un but. J'entends des rugissements et des acclamations. À l'origine, ma chambre était la salle à manger, et le mur qui la sépare du salon n'est en réalité qu'une porte double avec des carreaux en verre rectangulaires. Cela signifie qu'on y entend tout ce qui se passe à côté, et vice-versa. Quand j'ai emménagé, j'ai acheté du papier texturé épais et blanc, j'ai ramené des cartons du boulot et j'ai rempli tous les carreaux avec ce papier collé sur le carton. Cela m'a pris un week-end entier. On ne verrait pas ça dans *Elle Décoration*, mais ce n'est pas trop mal. Simon détestait ça. Il trouvait que ça faisait vulgaire, étudiant. Est-ce pour cela qu'il s'est désintéressé de moi ? Pense-t-il que je fais trop étudiante pour être sa petite amie ? Maintenant que j'y pense, il n'a jamais fait référence à moi comme à sa copine, alors que je l'ai présenté comme mon copain la dernière fois que nous avons croisé des amis à moi...

OK, ça suffit. Je vais arrêter de me torturer en pensant à tout ce que j'ai bien ou mal fait avec lui. Je me réinstalle sur ma couette et me sers un autre verre de vin. Il s'agit d'une requête de dernière minute de ma supérieure, mais je suis très contente de regarder *Fever* de nouveau. Je crois qu'il se place en tête du classement, avec *Footloose* et *Dirty Dancing*, même si d'aucuns diraient qu'il s'agit d'une imitation éhontée de ces deux films, à la sauce années 1990. Nous publions l'autobiographie de Luther, et Olivia veut que je choisisse une photo de *Fever* pour l'intégrer aux encarts photo du livre. Ce qui n'est pas vraiment une épreuve. Je note le temps, j'écris « L. torse nu » et je dessine une étoile.

Cette scène d'amour trop courte est déjà terminée. S'ensuit une scène avec Jimmy et la famille de Donna, où ils lui font clairement comprendre qu'ils le détestent. L'acteur qui interprète le proviseur dans *La Folle Journée de Ferris Bueller* joue le père. Maintenant, Jimmy essaie de persuader Donna de quitter son fiancé coincé de Harvard et de s'enfuir à New York avec lui. Ils commencent à se disputer, puis il arrête de vouloir la convaincre et lui demande simplement de danser avec lui. Ils ne parlent pas, mais, lorsque la danse se termine, elle lui dit qu'elle partira avec lui.

J'adore cette scène. Ça paraît dingue, mais, quand je la regarde, je n'ai pas l'impression que Luther joue un rôle ; j'ai l'impression qu'il vit cette scène, qu'il est sincère. Il veut vraiment la convaincre de lui faire confiance et de rester avec lui, pas en discutant avec elle, mais en lui montrant ce qu'ils représentent l'un pour l'autre. C'est tellement romantique. Quel dommage que la vie ne soit pas un film de danse pour adolescentes et que les hommes réels ne fassent pas des choses comme ça. Ils préfèrent nous larguer en nous envoyant leur silence en pleine face.

Peut-être que je vais me faire un week-end DVD thérapeutique. Je possède environ trente DVD, surtout des films romantiques en noir et blanc, des films de danse ou pour ados. J'ai tous les classiques : *The Breakfast Club*, *Footloose*, *Dirty Dancing* (évidemment), *Girls Just Want to Have Fun*… et quelques autres : *Coyote Girls*, *Fatal Games*, *Point Break* (avec Patrick Swayze et Keanu Reeves en combinaison de plongée), *Le Dernier Légionnaire* (pas vraiment mon genre de film, mais Luther y est génial) et mon préféré, *Working Girl*. J'ai aussi *Ève*, *Le Port de l'angoisse* (j'adore, j'adore, j'adore Lauren Bacall), *La Maison du Docteur Edwardes* et *Brève Rencontre* (quoi que, dans mon état, celui-là pourrait me faire craquer.) Ensuite, il y a le coffret Audrey Hepburn qu'Erica m'a donné (mon préféré, c'est *Vacances romaines*.) Mes amis se moquent tous de ma passion pour ces films. Mais, quand la vie et les relations réelles sont ce qu'elles sont, qui peut me la reprocher ?

J'entends de nouveau ma sonnerie par-dessus la musique. J'appuie sur « Pause » et je tâtonne sur ma couette et ma table de chevet, localisant finalement mon téléphone sous le lit. J'ai encore l'infime espoir qu'il s'agisse de Simon, me servant une explication quelconque – un décès dans sa famille, des doutes sur notre relation ; même la mort d'un animal de compagnie ferait l'affaire –, mais évidemment il n'en est rien. Appel manqué : Olivia. Oh, mon Dieu ! Pourquoi ma supérieure m'appelle-t-elle à 21 heures un mercredi soir ?

Je n'ai pas vraiment peur d'Olivia, à proprement parler. Mais elle est imprévisible. La plupart du temps, elle est géniale, mais, de temps à autre, elle peut péter les plombs pour une raison complètement inattendue. Je la rappelle immédiatement, mais elle ne répond pas, alors je laisse un message. J'espère qu'il n'y a pas eu une catastrophe au bureau et que je n'ai pas encore fait une bêtise.

Sur mon écran, Jimmy est à l'arrêt, les bras autour de Donna, la regardant comme s'il voulait ne jamais la relâcher. Donna est interprétée par Jennifer Kramer, une grande star à l'époque du film, mais dont on n'a plus entendu parler ensuite. *Oh, Luther,* me dis-je. *Comme j'aimerais être sur cette piste de danse avec toi, loin de ma vie.* Mais cela ne risque pas d'arriver, alors je regarde la fin du film, je prends des notes pour Olivia et je vais me coucher.

Chapitre 2

Ballottée dans le métro pour aller au travail, je ne peux pas m'empêcher de ressasser mon histoire avec Simon, d'essayer de déterminer ce qui n'a pas marché. Il avait l'air si enthousiaste au début, prenant mon numéro le soir de notre rencontre et m'envoyant un texto dès le lendemain. Je n'arrivais pas à croire qu'il continue de m'appeler ; en secret, je le trouvais trop bien pour moi. Il mène une vie trépidante : il est directeur marketing pour une grosse société de boissons qui sponsorise de nombreux événements et, à côté, il fait un peu de journalisme en free-lance. Il était, il est, aussi très beau : très grand, plus grand que moi pour une fois, avec des cheveux bruns bouclés et des yeux bleu foncé. Et il est intelligent, de bonne compagnie, et, la plupart du temps, nous avions beaucoup de choses à nous dire. Il lit beaucoup de livres intéressants, et nous discutions de ses écrits en free-lance et de tous les événements médiatisés qu'il organise. Alors, qu'est-ce qui a changé ? Qu'est-ce que j'ai fait ?

Il est vrai qu'il s'est montré un peu distrait récemment, et que notre dernier rendez-vous a été un désastre.

Nous sommes allés à une exposition où il devait se rendre pour son travail, et où il connaissait beaucoup de monde. Au lieu de le coller, j'ai essayé de me mêler aux invités, mais je ne connaissais pas assez de gens et je revenais toujours vers lui. Ensuite, nous avons passé un temps fou à tourner dans Chelsea pour trouver un endroit où manger : tout était fermé ou trop cher, et nous nous sommes retrouvés à *Pizza Express*, alors que Simon déteste les chaînes. Je n'aurais jamais dû lui proposer d'aller dîner. Il avait un rhume et n'avait pas l'air en forme, et je me suis plainte exagérément d'un problème au travail. Il n'a pas voulu rentrer à la maison avec moi parce qu'il avait une réunion tôt le lendemain matin. En fait… il n'était pas rentré avec moi non plus après notre précédent rendez-vous. Et, la fois d'avant, il était rentré avec moi, mais…

Argh ! Je ne veux plus y penser : c'est trop déprimant. J'attrape le journal coincé derrière l'homme assis en face de moi en lui souriant d'un air penaud, et je passe directement à la section Potins. Luther y figure, photographié sur le chemin de l'aéroport à Rome, où il a tourné un remake de *Vacances romaines*. Je sais qu'il est en route pour la Sicile, où il va finir de rédiger son livre. Il est plus âgé que dans *Fever* – trente-trois ans – mais il est encore plus beau ces jours-ci, avec ses yeux sombres et rêveurs, ses cheveux bruns hérissés. Il est élégant en toute décontraction dans un jean gris avec des bottes de cow-boy noires, dans lesquelles n'importe qui d'autre paraîtrait ridicule et affecté. Les attachées de presse auront sans doute déjà découpé l'article, mais je le mets dans mon sac au cas où.

Ce qui m'embête, dans cette histoire avec Simon, c'est que j'ai l'impression que cela m'arrive toujours. Je sors avec quelqu'un, il est super enthousiaste au début, mais, après environ deux mois, je me fais larguer. J'aimerais savoir ce que je fais mal, mais la personne qui pourrait probablement me le dire, c'est Simon, et je ne vais pas lui poser la question. Imaginez un peu si, à la fin d'une relation, vous deviez remplir une fiche d'évaluation. Je donnerais une bonne note à Simon sur tous les points, sauf sur la façon dont il a mis un terme à notre histoire. Même s'il s'est détaché de moi pour une raison compliquée qui n'a aucun rapport avec moi, et même si nous n'avons passé que deux mois ensemble, je mérite mieux que son silence. Je commence à penser que je devrais lui envoyer un texto pour lui dire que ça ne sert à rien qu'il reprenne contact, que je le largue. Mais je suppose qu'il est un peu tard pour ça.

Il est tôt quand j'arrive au bureau et il n'y a personne à part Poppy. Assise à son bureau, elle tient un miroir à main et place avec soin quelque chose sur son œil, la bouche entrouverte. S'il s'agissait de quelqu'un d'autre, je penserais qu'elle est en train de poser une lentille de contact ou quelque chose du genre, mais je sais que Poppy met ses faux cils. Elle doit avoir prévu quelque chose de spécial aujourd'hui, car, en temps normal, elle ne les porte pas au travail.

— Bonjour, ma belle, dit-elle du coin des lèvres en me saluant d'un doigt replié.

Avant de la rencontrer, je n'aurais jamais imaginé que des gens comme elle existaient, et encore moins qu'on les laissait en liberté dans des bureaux. Ses vêtements sont presque tous vintage ou customisés, ou les deux. Souvent, on dirait des déguisements. Sa tenue du jour, une mini-robe blanche au crochet, très bien assortie à sa coupe afro brune et à ses longues jambes, est plutôt discrète par rapport à sa norme habituelle. Elle cache un carton qu'on pourrait pratiquement qualifier de « boîte à costumes » sous son bureau, et elle insiste pour qu'on sorte tous les vendredis à 16 heures pour prendre le thé avec des gâteaux. Au début, je ne savais que penser d'elle. En fait, elle m'intimidait un peu, parce qu'elle a une sacrée personnalité. Mais, en dépit de son apparence superficielle, elle est très terre à terre, et à présent c'est une véritable amie. Contrairement à Claudine, qui est ma *bête noire**, et le terme est plutôt approprié, puisqu'elle est française, comme elle ne manque pas de le rappeler à son auditoire.

— Tu es belle, comme ça, dis-je en pendant ma veste. C'est une nouvelle robe ?

— Merci ! répond-elle, ravie. Elle vient d'une boutique caritative de St John's Wood. Elle déborde de fringues abandonnées par de charmantes femmes riches. Il faudrait qu'on y aille un de ces jours.

Poppy trouve toujours des choses magnifiques dans ce genre de boutiques, un talent bien utile quand

* En français dans le texte (*NdT*).

on doit vivre avec un salaire comme le nôtre. Elle pose son miroir et se tourne vers moi.

— Comment vas-tu ? Des nouvelles de M. Dempsey ?

— Non. À mon avis, ça veut dire que c'est fini.

Je suis contente qu'il n'y ait personne d'autre, comme ça je peux lui en parler en privé. D'une certaine manière, l'humiliation est presque pire que d'avoir perdu Simon.

— Oh, c'est trop nul, dit-elle, compatissante. Je n'arrive pas à croire qu'il ne t'a même pas appelée. Quel bât... Quel dommage. Je suis vraiment désolée.

C'est gentil de sa part de dire ça, parce que, pour je ne sais quelle raison, je crois qu'elle n'a jamais vraiment aimé Simon.

— Y a-t-il la moindre chance pour qu'il soit malade, ou un truc comme ça ? demande-t-elle. Coincé sous quelque chose de lourd ? Amnésique ?

— J'aimerais bien. C'est ce que j'ai pensé au début, mais ce n'est jamais ça, hein ?

— Non. Ils ne sont jamais morts, ils n'appellent pas, c'est tout.

Poppy réussit toujours à me faire rire, même quand je n'en ai pas envie. Tout en attendant que mon ordinateur s'allume, je pose mes ballerines et enfile les chaussures un peu moins plates que je porte au travail. Poppy a failli mourir de rire la première fois qu'elle m'a vue faire ça. En comparaison du sien, mon bureau est plutôt ennuyeux, juste d'innombrables piles d'épreuves et de papiers. La seule décoration est un poster géant de Luther qu'elle et d'autres filles m'ont donné quand on a obtenu le livre. C'était une blague, mais j'aime l'avoir là, comme source d'inspiration.

— Tu es libre pour déjeuner aujourd'hui ? lui demandé-je, prise soudain d'une folle envie de sucre et de graisse.

— J'aimerais bien, mais je dois déjeuner avec un agent. Demain ?

Poppy a été promue éditrice le mois dernier, si bien qu'elle a des déjeuners plus sérieux ces derniers temps. Je dois admettre qu'au début j'étais jalouse. Nous avons intégré l'entreprise à peu près au même moment ; à vrai dire, elle est arrivée un mois après moi. Mais elle le mérite : elle est extrêmement brillante et elle travaille très dur. Grâce à ses talents de négociatrice, elle vient de décrocher un premier roman génial, et tout le monde est aux anges. Quoi qu'il en soit, j'espère qu'en gardant la tête basse et en travaillant dur je passerai éditrice l'année prochaine. Cela fait suffisamment longtemps que je travaille ici. Après quatre ans, ça passe ou ça casse. Je veux devenir éditrice avant d'avoir vingt-sept ans, alors il me reste six mois.

Mes mails sont chargés maintenant. Je sens le stress qui monte dans ma poitrine alors que je les vois s'accumuler interminablement. Olivia a tendance à me mettre en copie de ses messages, puis ses correspondants me mettent en copie quand ils lui répondent, si bien que tout s'ajoute. Je suis assistante d'édition, ce qui signifie que je prends en charge de nombreux livres d'Olivia et que je l'assiste dans plein d'autres tâches ; je dois donc beaucoup jongler. C'est une bonne expérience, cependant. En tout cas, je l'espère.

— Tasse de l'ambition ? demande Poppy en agitant sa tasse de café.

— Oui, s'il te plaît.

Maintenant que j'y pense, où est Olivia ? Elle devrait déjà être là. Et pourquoi m'a-t-elle appelée hier soir ? J'ai eu ma part de désastres durant les années passées, mais je pensais bien m'en tirer ces derniers temps. Aucun de ses mails n'a l'air trop sérieux. Un agent se plaint d'une couverture, et un auteur est préoccupé par son classement sur Amazon, mais rien de catastrophique.

Cela doit avoir un rapport avec le livre de Luther. Nous sommes en code orange : le livre prend du retard, et tout le monde commence à paniquer. On vient de recevoir le premier jet, et c'est terrible. Il fait l'impasse sur tous les passages intéressants : sa relation avec son père, la drogue et sa cure de désintoxication, son mariage éclair et son divorce, l'année où il a disparu… Je pense qu'Olivia a été surprise de tout ce que je savais sur Luther Carson. Ce n'est pas vraiment que j'ai un faible pour lui… Enfin, si, bien sûr. Qui n'en a pas ? Mais je pense aussi que c'est un personnage très intrigant. En fait, c'est moi qui ai suggéré qu'il fasse l'objet d'une autobiographie.

Je décide de rappeler Olivia. Elle ne répond toujours pas : étrange. Juste après que j'ai raccroché, mon téléphone sonne. Je me demande si c'est elle, mais c'est le nom de Daphné Totnall, l'assistante de notre directeur, qui s'affiche.

— Qu'est-ce qu'elle veut ? dis-je à voix haute.

— Qui ? demande Poppy en revenant de la cuisine.

— Bonjour, dit Daphné. Pourriez-vous monter voir Alasdair, s'il vous plaît ?

— Bien sûr.

Je raccroche. Mais qu'est-ce qui se passe, ce matin ? Poppy me tend mon café.

— Qu'y a-t-il ? me demande-t-elle, curieuse.

— Le directeur veut me voir.

Je me dirige déjà vers l'ascenseur. D'autres gens sont arrivés maintenant, y compris l'horrible Claudine, qui se la joue Audrey Hepburn aujourd'hui, avec un pantalon moulant bleu marine et des perles. Ils entendent tous Poppy crier : « Bonne chance ! Ne saute pas ! »

Dans l'ascenseur, j'essuie mes paumes moites sur ma jupe et m'examine dans les glaces qui tapissent les parois. Qu'est-ce qui m'a pris de mettre une jupe noire et un chemisier blanc ? On dirait une serveuse. Sinon, j'ai le même look que d'habitude : de longs cheveux blonds et raides, des joues d'une rougeur embarrassante, une expression anxieuse. Daphné relève à peine les yeux de ses tableaux en me disant d'entrer directement dans le bureau d'Alasdair.

Je ne suis jamais venue là auparavant. Le bureau est immense, avec des fenêtres s'élevant du sol au plafond et une vue panoramique sur la Tamise. Il y a l'épagneul d'Alasdair, endormi dans un panier près de la fenêtre. Et il y a Alasdair lui-même, qui se lève de son bureau.

— Alice. Merci beaucoup d'être montée, dit-il d'un ton suave en me serrant la main, avant de me faire signe de m'asseoir, comme si j'étais un de ses puissants vieux copains.

Il doit avoir l'âge de mon père, avec des cheveux gris comme les poils d'un blaireau, des yeux sombres pétillants et un bronzage marqué, dû à ses nombreuses vacances pendant lesquelles il chasse et fait de la voile.

— Je crains d'avoir de mauvaises nouvelles, dit-il.

Quelles mauvaises nouvelles ? On va me renvoyer ? Mais, si c'était le cas, il y aurait sûrement quelqu'un des RH. Et n'aurais-je pas eu droit à quelques avertissements ? Il va falloir que j'appelle Erica…

— Olivia doit subir d'urgence une opération, continue-t-il. Pour une double hernie. Elle est à l'hôpital, et ils opéreront demain, dès que possible. Elle sera hors circuit pendant au moins deux semaines, peut-être plus.

Je plaque la main sur ma bouche.

— Oh, mon Dieu ! C'est affreux.

Pauvre Olivia. Ça m'a l'air épouvantable. Cependant, je dois admettre que je suis soulagée de ne pas être renvoyée. Comment est-ce arrivé ? Elle était en pleine forme hier.

— Nous venons de parler au téléphone de ses différents projets, poursuit-il.

— Bien sûr.

Je connais par cœur l'emploi du temps d'Olivia, alors je peux l'aider. Cela signifie que je vais avoir beaucoup de travail en plus. Je suppose que je vais continuer à travailler sur mes livres et à m'occuper de la plupart des siens. Peut-être pourrait-on recourir à…

Soudain, je me rends compte qu'Alasdair parle toujours et que je ne l'écoute pas.

— … Luther Carson. J'ai cru comprendre que le manuscrit n'était pas bon ?

— Oh ! Eh bien…

Je me rends compte que j'ai les bras croisés, les jambes également, et repliées autour des pieds de la chaise, comme un bretzel. Lentement, le plus discrètement possible, je prends une posture un peu plus assurée.

— En effet. Ce n'est pas assez personnel. Il laisse de côté toutes les parties intéressantes. Brian est très bon, et je suis sûre qu'il a fait de son mieux. (Brian est le nègre.) Il semblerait juste qu'il n'ait pas encore reçu suffisamment de matière de la part de Luther.

— Eh bien, il va falloir arranger ça. Je ne m'attends pas à un chef-d'œuvre, mais il faut que ce soit lisible. Il faut de l'action, un peu de malheurs, pas trop non plus, mais il nous faut ses hauts et ses bas. Il le sait. C'est dans le contrat. Nous avons inséré une clause spécifique stipulant qu'il doit y avoir des contenus significatifs concernant son enfance, la drogue et son divorce, et l'époque où il a disparu pendant un an.

Je hoche la tête. La mention de cette clause me procure une étrange sensation de malaise, mais je n'arrive pas vraiment à savoir pourquoi.

— Donc, comme vous le savez, il nous faut un manuscrit terminé dans environ… ?

Il me regarde d'un air interrogateur. Il ne faut pas que je me plante.

— Quatre semaines.

— Quatre semaines au plus tard, pour qu'on ait des exemplaires au début septembre. Nous avons besoin que ce livre nous ramène plus d'un million de livres sterling à Noël, sinon, nous ne rentrerons pas dans nos frais.

Je sais bien tout cela, mais, dans la bouche d'Alasdair, cela me paraît encore plus effrayant.

— Comme vous le savez, nous avons fourni à Luther un endroit où séjourner en Sicile, un très bel endroit, près de Taormina, à nos frais, pour qu'il termine le livre. Le nègre est là-bas avec lui. Avant qu'Olivia tombe malade, nous avions discuté de la possibilité qu'elle se rende sur place pour l'aider, pour lui mettre un peu la pression, et éditer le livre au fur et à mesure. Je pense que vous devriez y aller.

Moi ? Aller en Sicile ? Il a perdu la tête ?

— Bien sûr, si vous pensez que c'est la meilleure chose à faire, m'entends-je lui répondre. Pour travailler avec Brian ?

— Non, pour travailler avec Luther. Le prendre à part, exercer votre influence et, plus généralement, ne pas le lâcher jusqu'à ce que le livre soit terminé.

Je reste ahurie. Est-il sérieux ? Comment vais-je bien pouvoir exercer mon influence sur Luther Carson ? Je n'ai pas d'influence.

— Alice, nous avons bien réfléchi, et je pense que c'est la meilleure option. En temps normal, nous préférerions envoyer quelqu'un de plus expérimenté, mais vous êtes celle qui connaît le mieux ce projet. Olivia m'a dit que vous saviez tout ce qu'il y a à savoir sur lui. Et j'ai entendu beaucoup de bien de votre travail éditorial. Elle a été très impressionnée par votre gestion des mémoires au sujet de la protection des animaux.

Les mémoires sur la protection des animaux : quel cauchemar. Trois chevaux, vingt chats, douze chiens, un assortiment d'oiseaux et de reptiles, et une auteure qui aimait autant les animaux qu'elle détestait les humains. Une folle toquée des animaux n'est pas la même chose qu'une star de cinéma, cela dit. Je m'apprête à formuler cela avec plus de tact, mais Alasdair parle toujours.

— Je suggère que vous passiez une journée ou deux à tout boucler ici, et, dès que vous le pourrez, réservez-vous un vol open pour la Sicile. Daphné vous aidera pour les détails, les vols et ce genre de choses. Touchez-en un mot à Ellen et à l'équipe entière en bas, de façon à redistribuer tout votre travail. Cette mission est prioritaire.

Tout va beaucoup trop vite. Il y a une heure, j'étais l'assistante d'Olivia, et maintenant elle est à l'hôpital, et je me prépare à aller travailler avec Luther Carson. À m'occuper d'un livre plus important que tous ceux qu'on m'a confiés auparavant, avec un auteur qui, aussi beau soit-il, est sans doute foutrement difficile. Je ne peux pas. Je n'ai pas assez d'expérience. Il faut que je lui dise que je dois y réfléchir, ou un truc du genre.

Alasdair pose les yeux sur moi.

— Autre chose ? demande-t-il.

J'ouvre la bouche pour répondre par l'affirmative, mais quelque chose m'arrête.

Je viens juste de prendre conscience d'une évidence aveuglante. C'est peut-être effrayant, mais c'est aussi une énorme opportunité. Il me donne les clés du royaume. Qu'est-ce qui me prend de douter et de traîner des pieds comme ça ? Je devrais me sentir flattée qu'il me fasse cette proposition. Il faut que j'arrête de faire la poule mouillée, immédiatement, et que je m'affirme.

— Non, dis-je aussi fermement que possible. Tout est très clair. Je m'en occupe.

Alasdair sourit et se lève pour me serrer la main.

— Excellent. Tenez-moi au courant et dites-moi si vous avez besoin de quoi que ce soit.

Je suis presque devant la porte quand il me rappelle.

— Alice, votre poste actuel est assistante d'édition, n'est-ce pas ?

— Oui, réponds-je en me retournant.

Va-t-il changer d'avis parce que je ne suis pas assez haut placée ? *Non, non, non*, le supplie-je intérieurement. *Je veux y aller ! Je peux le faire !*

— Bien, nous verrons si nous pouvons changer cela quand vous reviendrez avec le livre dans votre sac, ajoute-t-il. Éditrice, ou même éditrice senior.

Je me force à ne pas pousser un cri de joie.

— Cela me paraît très bien, dis-je d'un ton mesuré. Merci.

Je sors, complètement hébétée. J'oublie de dire au revoir à Daphné et je fonce droit dans une grosse plante en pot en me dirigeant vers l'ascenseur. J'ai les joues rouges, et je me sens malade et remplie de joie en même temps. La chance de ma vie. Cette pensée ne cesse de tourner dans mon esprit, mais en même temps il y en a une autre, encore plus insistante : je vais rencontrer Luther Carson.

Chapitre 3

— Il t'a vraiment dit de ne pas le lâcher jusqu'à ce qu'il ait écrit le livre ? me demande Ruth, pleurant presque de rire.

— Oui, réponds-je, aux anges.

Nous sommes assises à une table minuscule devant *The Cow*, sur Westbourne Park Road, près de chez Ruth. Ce n'est pas très pratique pour moi, mais, j'ai beau l'aimer, je dois reconnaître que Ruth est le genre d'amie qu'on se déplace pour aller voir, et pas l'inverse. Des personnes en tenue élégante grouillent autour de nous, mais Ruth, intelligemment, est arrivée tôt et nous a trouvé une table à l'extérieur. J'aurais dû passer ce moment à m'apitoyer sur mon histoire avec Simon, mais l'ambiance a tourné à la célébration. C'est une agréable soirée de juillet, l'été est enfin là. La vie est belle. À vrai dire, la vie est géniale.

— Je n'arrive pas à le croire, dit Ruth, et je ne suis pas sûre que ce soit flatteur. Non pas que tu ne le mérites pas, ajoute-t-elle rapidement. C'est juste complètement surréaliste. Ma meilleure amie part en vacances avec Luther Carson. Et ensuite ? Mike va se mettre à jouer au basket avec Leonardo DiCaprio ?

Mike est son petit ami actuel, un banquier irlandais qu'elle a rencontré au travail. Avant Mike, il y a eu Jonny, et avant Jonny… James ou Chris ? Je ne m'en souviens plus. Ruth est l'une de ces filles qui passent sans effort d'un homme à un autre. Elle ne reste jamais célibataire plus de quelques semaines d'affilée, et parfois ses histoires se chevauchent. Je ne sais pas comment elle fait. Évidemment, elle est très jolie, avec de grands yeux marron et une sorte de look de garçon manqué, et elle travaille dans les relations publiques, dans la finance, un milieu qui semble constituer une meilleure source d'hommes que l'édition. En comparaison, avant Simon, je suis restée célibataire pendant environ neuf mois, le désert total à part quelques rendez-vous maladroits. Mais qui se soucie de Simon quand j'ai Luther Carson ?

— Je ne pars pas en vacances avec lui, lui rappelé-je. J'y vais pour travailler et je suis terrifiée. Je n'ai jamais eu affaire à un auteur aussi important que lui. Arrête de rire !

Elle finit par se calmer.

— Ça va aller, dit-elle en s'essuyant les yeux. Tu vas aller là-bas, tu vas lui soutirer tous ses sombres secrets, il pleurera sur ton épaule et il tombera follement amoureux de toi.

— Tu crois ?

Je ris, car c'est ridicule, mais, en secret, j'aime bien cette idée, même si ça reste uniquement un fantasme, évidemment.

— Absolument ! Il trouvera ton charme anglais terre à terre tellement rafraîchissant, après toutes ces conneries de Hollywood. Il te dira : « Alice, j'en ai ras-le-bol de ces bimbos traitées au Botox. Tout ce qu'elles veulent, c'est être photographiées à mon bras. J'ai besoin de toi. »

J'aimerais avoir son assurance.

— Ah… C'est une idée séduisante. Mais ça n'arrivera pas.

— Pourquoi ?

Je la regarde pour voir si elle est sérieuse.

— Parce que c'est une grande star. Il travaille quotidiennement avec les plus belles femmes du monde. Il a été marié à Dominique Rice. Je n'apparaîtrai même pas sur son radar.

— On ne sait jamais.

— Moi, je le sais. Mais même s'il montrait le moindre intérêt pour moi, ce qui ne sera pas le cas, il nous serait impossible de vivre une… une histoire d'amour.

— Pourquoi ?

— Parce que le livre est trop important. Si je ne fais pas du bon travail, ce sera un désastre pour la boîte. Il représente une partie majeure de notre budget.

— Alors pourquoi ne pas avoir une aventure avec lui et faire du super boulot sur le livre ? Fastoche.

— Je ne crois pas, dis-je en me mettant à compter les raisons sur mes doigts. Primo : je dois être capable de lui dire quoi faire, et je ne pourrai pas si… tu sais.

Deuzio : ce serait un manque de professionnalisme. Tertio : je serais renvoyée, et ma carrière serait terminée.

— Mais tu n'auras pas besoin de carrière quand tu seras mariée à Luther Carson ! Je plaisante ! Je plaisante, Alice ! Tu ne devrais pas prendre les choses autant au sérieux. (Elle me tapote le bras.) Il était temps qu'Olivia te confie un travail marrant. Tu as édité assez de livres cauchemardesques pour elle. Je suis contente qu'elle reconnaisse enfin ce dont tu es capable.

Je m'apprête à lui dire que je n'ai pas encore eu l'occasion d'en parler avec Olivia, mais elle prend un appel.

— Salut, mon cœur ! Oui, bien... Je suis à *The Cow* avec Alice. Vraiment ? Tu veux venir ?

Elle me lance un regard qui demande : « Ça ne te dérange pas ? », et je fais « non » de la tête.

Elle se remet à bavarder, avec Mike de toute évidence, et je vérifie si j'ai des messages. Deux textos. Un de la part d'une amie qui me demande si j'ai des nouvelles de Simon. Mon Dieu, je n'aurais pas dû parler à autant de monde de mes problèmes avec lui. Et un de ma colocataire, Ciara : « Super nouvelle ! Tu fêtes ça ? Où es-tu ? ». Je lui réponds : « *The Cow*, Westbourne Pk Rd. Viens ! »

Ruth a raccroché.

— C'était Mike, dit-elle inutilement, ravie. Il sera là d'une minute à l'autre.

— Super, dis-je en ravalant ma déception.

Mike est sympa. C'est juste que je n'ai pas vu Ruth toute seule depuis des lustres..., et cela aurait dû être notre rendez-vous d'apitoiement et de célébration… Enfin, bon.

— Bref, dit-elle en remplissant mon verre. Écoute, Alice. Tout ira bien. Tu peux gérer ce type. Mais n'exclus rien. Une aventure avec lui pourrait être exactement ce dont tu as besoin pour reprendre de l'assurance après Simon.

Je m'apprête à lui demander si elle plaisante toujours quand Mike arrive. Il est venu en taxi, ce qui me dit a) qu'il meurt d'envie de voir Ruth b) qu'il a de l'argent. J'approuve le a), et le b) ne me dérange pas. Je n'ai jamais été attirée par les types riches de la City. Je préfère les créatifs, ce qui, selon Ruth, est une partie de mon problème.

Mike embrasse Ruth rapidement mais avec enthousiasme, et il me salue d'un signe de tête amical. Ils forment un beau couple. Ruth est petite et brune, et il est petit aussi, mais bâti pour le rugby, avec des cheveux blond roux et des taches de rousseur. Dès qu'il revient du bar avec une pinte, Ruth le met discrètement au courant.

— DEVINE QUOI ? Alice part en vacances avec LUTHER CARSON !

— Qui ? demande Mike alors que je fais signe à Ruth de se taire.

Même dans cet endroit hypercool, une ou deux personnes se sont retournées pour nous regarder d'un air curieux.

— L'acteur ! Il a joué dans *Le Dernier Légionnaire*, tu sais, et dans *Des étoiles sur l'eau*, qui parle d'un homme dont la femme meurt…

— Oh, celui-là. Il a aussi joué dans ce film sur les deux cow-boys, non ? dit-il à notre grande surprise. C'était un bon film.

— *Brokeback Mountain*. Euh, c'était Jake Gyllenhaal, dis-je avec tact.

— Je ne savais pas que tu aimais ce film, dit Ruth, émerveillée, en le regardant comme s'il venait de sauver un enfant de la noyade ou de découvrir un traitement contre le cancer.

— Je ne vais pas qu'au multiplex, dit-il. Alors, comment se fait-il que tu partes en vacances avec lui ?

Je lui explique, et il hoche la tête d'un air pensif.

— Il n'est pas un peu jeune pour écrire son autobiographie ? demande-t-il.

— Si, mais il a une histoire à raconter. Il est devenu star à vingt-quatre ans, quand il a joué dans *Fever*…

— Et ensuite il a connu un succès incroyable et il a pété les plombs, ajoute Ruth. Il a disparu pendant un an. Personne ne sait où il est allé.

— Et ensuite il a fait son grand retour avec *Le Dernier Légionnaire*. Et il a eu une enfance dingue. Lui et sa famille ont été sans domicile fixe pendant un moment.

— Et surtout il a été marié à Dominique Rice. Il faut que tu le forces à écrire plein de trucs là-dessus, me dit Ruth. Honnêtement, comment peux-tu ne pas savoir tout ça ? demande-t-elle à Mike.

— Bon, OK, dit-il en levant les mains en l'air. Vous êtes bien informées, toutes les deux. C'est ton travail, Alice, mais toi, Ruth, comment se fait-il que tu saches autant de choses sur ce type ?

— Oh, tu sais… C'est de la culture générale.

— Vraiment ? dit-il en haussant un sourcil. Alors, qu'a-t-il que je n'ai pas, par exemple ?

Ruth et moi échangeons un regard.

— Outre le fait qu'il est multimillionnaire et que c'est une star de cinéma canon, concède-t-il. D'où vous vient cette fascination ?

— Je suppose… que c'est son côté mauvais garçon, dis-je timidement.

— Complètement, approuve Ruth. Il est toujours en train de faire la noce et de s'attirer des ennuis…

— Plus trop maintenant, fais-je remarquer. C'était il y a quelques années.

— Mais on sent que c'est à cause de son passé douloureux…, de son enfance folle…, du divorce…, et il est tellement talentueux…, ajoute Ruth, rêveuse.

Mike semble sceptique.

— À mon avis, il va te donner du fil à retordre, dit-il.

— J'aimerais bien qu'il m'en donne à moi, du fil…, commence Ruth.

Je l'interromps avant qu'elle s'attire des ennuis.

— Oui, il est probablement difficile, mais il faudra que je fasse de mon mieux.

— Ah, écoute, je ne voulais pas t'inquiéter, dit Mike. Je suis sûr que c'est un personnage formidable.

Va juste t'en jeter un ou deux avec lui, et ça ira comme sur des roulettes.

— Quoi ? dis-je.

Ça ne m'inspire rien de bon.

— Il veut dire : sors juste boire quelques verres avec lui et tout ira bien. C'est ça ? lui demande Ruth. Il m'a appris un peu d'argot irlandais, ajoute-t-elle.

— Dix sur dix, la félicite-t-il, avant de lever son verre à ma santé.

Je souris et trinque avec lui. Mike est gentil. J'espère qu'elle le gardera.

— Oh, regardez, voilà Ciara, dit Ruth. Ciara ! Par ici !

Je ne devrais pas faire de comparaisons, mais, contrairement à Ruth, Ciara a fait tout le trajet depuis Bermondsey, où elle travaille pour une œuvre caritative. Alors qu'elle m'aurait de toute façon vue à la maison, à Hammersmith. Nous lui présentons Mike, et, comme ils sont tous les deux originaires de Dublin, ils se mettent à parler de leurs connaissances communes. Avant cela, cependant, Ciara va commander du champagne au bar, et Mike la suit pour lui disputer l'addition. J'espère qu'il va l'emporter, car Ciara ne gagne pas beaucoup d'argent. Quand ils reviennent, nous racontons toute l'histoire à Ciara. Elle est très contente pour moi, surtout quand je mentionne qu'Alasdair a évoqué une éventuelle promotion.

— Alors, que s'est-il passé avec Simon ? demande-t-elle à un moment.

Je ne l'ai pas vraiment vue depuis deux jours, alors elle n'est pas au courant. J'apprécie sa sollicitude, mais j'en ai assez de raconter ça à tout le monde ; on dirait des fiançailles rompues ou quelque chose du genre. Il faudrait presque que je passe une annonce quelque part : « Attention : aux personnes concernées, Simon a largué Alice. » Au moins, je n'ai jamais changé mon statut sur Facebook.

— Oh, il ne m'a pas donné de nouvelles. Ce n'est pas grave.

Je n'ai pas envie de rentrer dans les détails devant Mike. Il n'y a rien de pire que de déballer ses échecs sentimentaux devant le nouveau petit copain d'une amie. Mais Mike insiste pour entendre toute l'histoire. Ensuite, il ne demande pas : « Pourquoi tu ne l'appelles pas ? » ni ne suggère aucune excuse. Il dit que Simon a l'air d'un peigne-cul et que je ferais mieux de l'oublier. Je commence à croire qu'il a absolument raison. Nous passons une bonne soirée, et tout le monde est en grande forme. J'adore mes amis ; j'adore Londres. Je me débrouillerai avec Luther Carson.

Juste après 23 heures, on nous met dehors. Nous évoquons la possibilité d'aller ailleurs, dans un des clubs de Notting Hill, mais, comme nous travaillons tous demain, nous nous quittons, et Ciara et moi allons acheter des frites sur Harrow Road, avant de retourner à la station Westbourne Park. En chemin, je reçois un texto. De Simon. « Désolé, Alice, j'ai été pris au boulot et je ne pourrai pas te revoir, j'en ai peur. Je t'en souhaite une bonne. »

Chapitre 4

« Je t'en souhaite une bonne. » Je t'en souhaite une bonne ? Je t'en souhaite une bonne !

Je n'arrive pas à croire que Simon ait utilisé cette expression pour rompre avec moi. Il veut être journaliste, bon Dieu. N'est-il pas censé avoir un don avec les mots ? N'aurait-il pas pu trouver quelque chose d'un peu plus approprié ? Et qu'est-ce que ça veut dire, d'abord ? Je te souhaite une bonne quoi ? Une bonne vie ? Une bonne rupture ? « Je ne pourrai pas te revoir, j'en ai peur. » On dirait qu'il est en prison. Il devrait y être en tout cas, pour violation du règlement des relations amoureuses et de la décence commune.

— Peut-être qu'il veut dire, euh… Va en paix, a dit Ciara avec précaution quand je lui ai montré le texto. Tu sais ? Genre, tu pars de ton côté, je pars du mien, avec de beaux souvenirs…

Alors, elle l'a relu.

— Non, il n'y a aucune bonne façon d'interpréter ça.

— « Je t'en souhaite une bonne », ai-je répété.

Je voulais lui envoyer un texto pour lui dire tout ce que je pensais de lui, mais Ciara m'en a dissuadée. Deux jours plus tard, dans l'avion, je bouillonne toujours.

À vrai dire, j'aurais préféré le silence à un message aussi horrible, aussi lâche, aussi froid. Je n'aurais jamais imaginé qu'il puisse être aussi vache. En plus d'être en colère contre lui, je suis en colère contre moi-même. Comment ai-je pu me tromper à ce point ? Après toutes mes relations désastreuses, je pensais que celle-là fonctionnerait, mais ce n'était encore qu'un mirage.

Au moins, j'ai été occupée par mes préparations effrénées. Après m'être torturé les méninges pour savoir quoi emporter, je pense m'en être bien sortie : quelques tee-shirts légers, des shorts, des sandales et une petite robe noire, au cas où nous irions dîner pour parler du livre. Et aussi un maillot de bain, car la villa possède une piscine : j'ai prévu de faire des longueurs tous les matins, avant de commencer à travailler. Ruth a essayé de me convaincre de mettre de l'autobronzant, mais je ne suis pas assez courageuse pour ça. De toute façon, je n'ai pas arrêté une seconde. Je suis restée au bureau jusqu'à 20 heures tous les soirs, pour tout régler.

Je n'ai trouvé le temps d'appeler mes parents qu'hier soir. J'étais contente d'avoir ces bonnes nouvelles sur mon voyage professionnel et mon éventuelle promotion pour les distraire de mon énième histoire d'amour ratée. Mon père n'a pas arrêté de parler d'assurance voyage, et ma mère m'a demandé si la Sicile était un « endroit sûr », ce à quoi j'ai refusé de répondre. Ils se font tous les deux beaucoup de souci. Enfin, pour moi. Quand Erica avait vingt-six ans, elle était associée dans son cabinet d'avocats, elle achetait son premier appartement et était fiancée à Raj. Par rapport à elle, je n'ai pas encore quitté les starting-blocks.

J'ai aussi parlé à Olivia. En fait, elle m'a appelée de l'hôpital, juste après son réveil, pour me dire que ce n'était pas son idée de m'envoyer en Sicile.

— J'ai dit à Alasdair… d'envoyer Ellen…, mais il a insisté, a-t-elle dit, la voix râpeuse après son opération. Il veut quelqu'un de jeune… sur la même longueur d'onde que Luther.

On peut toujours supposer qu'elle délirait encore à cause de l'anesthésie, mais elle m'a paru bien lucide. Cela a encore davantage sapé ma confiance en moi, en plus d'éveiller un sentiment de culpabilité. Elle avait l'air si faible : on aurait dit une tante mourante me disant depuis son lit de mort qu'elle regrettait de m'avoir laissé sa broche en camée. Mais il s'agit de la chance de ma vie, et je suis déterminée à la saisir.

Ce qui me donne de l'espoir, c'est que Luther a une histoire extraordinaire. Je sais que certaines personnes ne le voient que comme un joli garçon qui tourne dans des films d'action, mais je pense que ces personnes ont tort. J'ai lu des interviews où il disait des choses intéressantes et profondes, et je pense sincèrement qu'il est très talentueux. La scène que j'aime tant dans *Fever*, où ils dansent en silence, était apparemment son idée. Dans tous les cas, on ne mène pas une carrière comme la sienne si l'on n'a pas la tête sur les épaules.

Alors pourquoi écrit-il ce livre ? C'est très inhabituel de la part d'une star comme lui. Ce n'est pas comme s'il avait besoin d'argent. Je pense qu'il y a plus là-dessous qu'on ne le soupçonne. Cela a peut-être un lien avec sa disparition de la vie publique pendant un an ; ou peut-être autre chose, mais il y a sans le moindre doute une raison.

J'ai un petit choc chaque fois que je m'en souviens : je vais bel et bien le rencontrer. Pas seulement le croiser : si tout se passe bien, je vais le connaître de la façon la plus intime qui soit. Enfin, de l'une des façons les plus intimes qui soient. Je vais lui parler de choses dont il n'a peut-être jamais parlé à personne. Après tout ce qu'il a vécu, pas étonnant qu'il ait envie de regarder derrière lui, de réfléchir, de parler à quelqu'un. Et ce quelqu'un pourrait être moi.

Et si c'est le cas... J'en mourrais si quelqu'un apprenait que j'entretiens ce genre de pensées, mais peut-être... peut-être qu'il pourrait se passer quelque chose. Après tout, les acteurs craquent tout le temps pour leur assistante, ou leur maquilleuse, parce que ce sont les personnes les plus proches d'eux. Pourquoi pas pour leur éditrice ? Je m'accorde une rêverie et nous imagine tous les deux, après une dure journée de labeur, lors d'un dîner romantique, Luther se confiant à moi : « Je n'ai jamais pu parler de ça avant... » Il faudrait que je rentre à Londres, mais nous pourrions avoir une relation à distance pendant un moment. Ensuite je m'installerais à Los Angeles, et nous vivrions dans une petite maison à Malibu, où que ce soit... Je suis quasiment certaine qu'il y a des agences littéraires où je pourrais travailler à L.A. J'ai une agréable vision de Simon ouvrant un magazine et lisant un article sur mon histoire d'amour avec une célébrité, ou voyant une photo de Luther et moi, et voulant me reconquérir… Mais alors je me reprends. Je n'ai pas réussi à intéresser Simon plus de huit semaines, alors je ne vais sûrement pas finir avec Luther Carson.

« Ding dong ! » Une annonce en deux langues. Nous allons atterrir. Je vois la Sicile : la côte et ses lumières, la mer dans l'obscurité, et plus d'obscurité encore à l'intérieur de l'île. C'est la première fois que je vais en Italie, et je suis tout excitée. Comme tout le monde : les gens applaudissent spontanément quand nous touchons le sol. L'Italienne assise à côté de moi pose son livre, et nous commençons à discuter. Elle travaille à Londres, mais elle est très contente de rentrer chez elle ; à vrai dire, quand nous quittons enfin l'appareil, elle pose les doigts sur le tarmac et les embrasse joyeusement. Je n'ai jamais vu ça à Gatwick.

Il est 22 heures ; la nuit est tombée, mais il fait encore doux. Dans l'aéroport, je suis surprise de voir des hommes à l'allure militaire paradant dans des uniformes bleu clair et brandissant des armes de bonne taille. Nos bagages mettent un temps fou à arriver, et, comme d'habitude, j'ai peur que le mien n'ait été perdu, bien que cela ne me soit jamais arrivé.

Vingt minutes plus tard, tout a été livré. Il n'y a officiellement pas de valise pour moi. Il manque aussi la poussette d'une famille italienne. Je les suis pour aller aux renseignements. Le père fulmine, mais tout ce qu'on nous donne, c'est un long formulaire à remplir. Alors que la dispute atteint un crescendo à côté de moi (le père me montre du doigt, sans doute pour illustrer ses propos sur les étrangers abandonnés par l'aéroport de Catane-Fontanarossa), je décide de remettre ma crise de nerfs à plus tard. Je vais me débrouiller. Le plus important se trouve dans mon bagage à main, y compris le manuscrit de Luther et le pot de Marmite que Brian, le nègre, m'a demandé. Et au moins la file pour le contrôle des passeports s'est raccourcie, même si le mien est scruté très attentivement, les yeux du garde passant plusieurs fois de mon visage à l'horrible photo.

— *Inglese ?* demande-t-il.

Je devine ce que ça veut dire.

— Anglaise, oui.

Il hausse les épaules, comme pour dire « on n'y peut rien », et me rend mon passeport.

— *Grazie*, dis-je.

Quand j'émerge aux arrivées, j'ai l'impression d'être une géante, la personne la plus grande, et aussi la plus pâle, à des kilomètres à la ronde. Partout, des hommes petits et bien habillés, et des femmes superbes parlant à cent à l'heure. C'est très bling-bling : jeans blancs, tee-shirts de créateurs et peu de chaussures plates.

Je regarde autour de moi, cherchant quelqu'un avec un panneau, puisque j'ai commandé un chauffeur. J'aurais pu louer une voiture, mais c'est cher, et je ne me sens pas assez sûre de moi pour conduire en Sicile. Personne ne semble correspondre, cependant. Alors que je me demande s'il est parti, un homme grand aux cheveux châtains, portant des lunettes et un tee-shirt gris passé où il est écrit « UCLA » s'avance vers moi.

— Olivia ? demande-t-il.

— Non, je suis Alice Roberts. Je travaille avec Olivia. Euh… vous êtes d'Italicar ?

Il hausse un sourcil.

— Non. Je suis Sam Newland.

Oh, mon Dieu ! Le super agent monstre de Luther ! J'ai lu des mails très effrayants de lui. Je m'imaginais qu'il avait une quarantaine d'années, mais il ne doit pas être beaucoup plus âgé que moi. Que fait-il là ? Il est censé être à Los Angeles.

— Oh, désolée. J'ignorais que vous étiez là.

— Évidemment. Je ne vous attendais pas non plus.

— Eh bien, Olivia n'est pas bien, alors je suis venue à sa place.

Comment se fait-il qu'il ne soit pas au courant ? Je le lui ai dit, ou du moins, je l'ai dit à quelqu'un de son entourage.

Sam me regarde comme s'il avait commandé une côte de bœuf et qu'on lui servait un steak tartare. De toute évidence, j'ai l'air beaucoup trop jeune pour m'occuper de Luther. Enfin, ce n'est pas non plus un vieil homme. Il n'est pas mal, dans le genre Américain typique : grand, bien bâti et bronzé, avec des dents parfaites et la mâchoire carrée. Ses seuls traits inhabituels sont des yeux gris bridés, un peu injectés de sang. Il n'a pas l'allure d'un agent hollywoodien, plutôt d'un étudiant bon chic bon genre ou d'un jeune banquier parti jouer au foot un week-end. Ruth le trouverait sûrement à son goût, mais moi, ce n'est absolument pas mon genre.

Sam tape du pied ; il a l'air impatient d'y aller.

— Alors, vous êtes prête à partir ? Où est votre valise ?

Je lui explique, et, avant que je puisse l'arrêter ou lui demander ce qu'il a en tête, il s'en prend à un officiel de l'aéroport dans ce qui me paraît être un italien courant. Il n'obtient rien de plus que moi, ce qui me soulage. C'est déjà assez embêtant d'avoir perdu mon bagage et appris qu'il s'était installé ici, sans qu'en plus il résolve instantanément mes problèmes.

— J'avais commandé une voiture, dis-je alors que nous nous dirigeons vers la sortie.

— Oui, je l'ai annulée.

Il est de loin la personne la plus grande de l'aéroport, et je m'efforce de rester à sa hauteur alors qu'il marche à grandes enjambées.

— Je voulais que nous discutions un peu et que nous mettions certaines choses au clair avant que vous arriviez à la villa.

Cela ne m'inspire rien de bon. Nous arrivons devant une petite Fiat de location poussiéreuse – quoi, pas de Porsche ? –, et il ouvre ma portière avant de se diriger vers le siège conducteur, même si j'ai le sentiment qu'il le fait plus par habitude que pour me charmer. Une fois dans la voiture, il pose ses lunettes et se frotte les yeux.

— Je n'ai pas bu, au passage, dit-il. Mes yeux sont un peu rouges parce que j'ai fait quelques longueurs dans la piscine aujourd'hui.

Je suis contente d'apprendre qu'il s'est amusé dans l'eau, mais j'aimerais savoir ce qu'il fait ici : pas seulement à l'aéroport, mais à la villa. Et de quoi veut-il me parler ? Je pensais avoir le trajet en voiture pour me préparer, au lieu d'être plongée là-dedans aussi brusquement. Je me rends aussi compte, en jetant un regard furtif dans le miroir, que je suis dans un sale état : mes cheveux partent dans tous les sens, à cause de mon petit somme dans l'avion, et j'ai l'air fatiguée, avec des yeux minuscules.

Nous nous retrouvons rapidement sur une autoroute. Sam a mis l'air conditionné à fond, et je suis contente d'avoir mon châle. Peut-être pourrais-je le porter comme une sorte de sarong demain. Ou peut-être pourrais-je convertir les rideaux de la villa en robes, comme dans *La Mélodie du bonheur*. Je n'arrête pas de penser aux choses importantes qu'il y avait dans ma valise, comme ma trousse à pharmacie, mon chargeur de téléphone et, oh non, mon énorme flacon de crème solaire indice 45.

— La villa est agréable ? demandé-je, essayant d'engager la conversation.

Nous payons le loyer, mais c'est Luther qui l'a choisie.

— Bien sûr. Luther voulait un endroit calme après Rome et il m'a demandé de choisir un lieu. Il pensait à la Sardaigne, mais les gens font trop la fête là-bas. Nous aurons plus d'intimité ici.

Il n'a peut-être pas obtenu un diplôme de l'école du charme, mais il a manifestement beaucoup d'influence sur Luther. Je ferais mieux de me le mettre dans la poche.

— Où avez-vous appris à parler aussi bien italien ?

— J'ai passé un peu de temps ici à une époque, dit-il sur un ton qui ne m'invite pas à insister.

Je réfléchis à d'autres questions plus subtiles, mais il me devance, se lançant dans une série d'interrogations.

— Alors… qu'est-il arrivé à Olivia, au juste ?

Je lui explique la double hernie.

— Je vois, dit-il, comme s'il pensait qu'elle aurait dû faire un effort, avaler quelques cachets d'aspirine et prendre l'avion. Pourquoi ne m'a-t-elle pas prévenu que vous veniez à sa place ?

— Brian ne vous a rien dit ?

— Non, il a juste dit que l'éditrice de Luther venait. J'en ai déduit qu'il s'agissait d'Olivia. (Il y a une pause lourde de sens.) Vous êtes la fille toujours présente en cas d'absence au bureau ? demande-t-il brusquement.

— Quoi ?

— Je veux dire, la personne vers qui renvoient ses mails d'absence.

— Oh. Oui.

Merde. Il sait maintenant que je suis son assistante.

— Oui, reprends-je. Je… je travaille en étroite collaboration avec elle.

J'espère que c'est suffisamment vague.

— Bien. Enfin, peu importe. Vous êtes là maintenant.

Et c'est un plaisir de vous rencontrer, me dis-je.

— Le truc, c'est que ce n'était vraiment pas la peine de venir, continue-t-il. Luther travaille déjà avec Brian.

Et le texte fourni est parfaitement correct. Ils soignent juste les finitions.

— Eh bien…

Ce n'est vraiment pas comme ça que je voulais introduire le sujet.

— Cela nécessite un peu plus de travail, pour être honnête. Nous avons besoin de quelques détails personnels supplémentaires pour rendre le livre plus vivant. Si je suis là avec Luther, je pourrais travailler plus étroitement avec lui.

— Mais nous n'avons jamais voulu dévoiler des secrets d'alcôve. Même si Luther avait des squelettes dans le placard, ce qui n'est pas le cas, d'ailleurs, il tient à son intimité, et il ne voudrait pas les partager.

Nous avons quitté l'autoroute et nous prenons des virages en épingle à cheveux. Des montagnes imposantes se dressent sur notre gauche, et je vois la mer et les à-pics des falaises, un peu trop proches à mon goût, sur notre droite.

— Ce n'est pas non plus ce que nous voulons. Mais il faut rendre le texte plus vivant, et il doit nous en dire plus sur sa relation avec son père, et sur sa cure de désintoxication… Cela n'a pas à être indécent pour autant. *(Même si ce serait super si ça l'était.)* Luther a une histoire exceptionnelle. Et je suppose qu'il veut la raconter, sans quoi il n'aurait pas signé ce contrat.

Je regarde Sam, dont les yeux sont fixés sur la route. Je me sens malade tant je suis nerveuse, à moins que ce ne soit à cause des virages.

— Écoutez, Alice, dit-il d'un ton faussement raisonnable qui déclenche toutes les alarmes dans ma tête. Luther a signé pour écrire un livre. Mais nous n'avons jamais voulu que ce soient des confessions. Nous avons été clairs depuis le début. Quelqu'un comme Luther n'a aucun intérêt à ce que le public sache tout sur sa vie privée. Je ne veux pas que la perception que son public a de lui change, et que cela vienne nuire à sa carrière d'acteur.

Alors pourquoi avez-vous accepté qu'il écrive un livre ? Mon moral en prend en coup. C'est exactement le genre de discours que je redoutais. J'ignorais juste qu'on me le servirait moins d'une heure après l'atterrissage. Je serre les dents et décide de sortir les armes lourdes.

— Mais c'est dans le contrat. Nous avons inséré une clause stipulant qu'il devait... (J'essaie désespérément de me rappeler l'expression exacte)... fournir du contenu significatif sur son enfance, la drogue et son divorce. Et sur l'année où il a disparu.

À ma grande horreur, Sam se met à rire.

— Vous plaisantez, hein ? Nous n'aurions jamais accepté quelque chose comme ça.

— Mais si, dis-je, pas très sûre de moi.

Un horrible doute s'est emparé de moi.

— Sérieusement, dit-il en me jetant un coup d'œil. Cette clause n'existe pas.

Oh, mon Dieu ! Pourrait-il vraiment avoir raison ? Nous avons effectivement ajouté cette clause au dernier moment. Enfin, Olivia m'a demandé de l'ajouter au formulaire à remplir quand on crée un nouveau contrat. Et je l'ai ajoutée. Non ?

Non ?

J'ai la bouche sèche, je n'arrête pas de déglutir et j'essaie de reprendre mon souffle. Instinctivement, je pose les doigts sur la poignée de la portière et, dans un moment de folie, j'envisage de l'ouvrir, de sauter et de courir jusqu'à l'aéroport pour sauter dans le premier avion pour Londres, où je pourrai vérifier ce foutu contrat. Mais ce n'est pas possible, alors j'essaie de rester calme. Je vais appeler Poppy. Elle saura quoi faire. Au moins, elle pourra me dire si j'ai vraiment oublié d'insérer cette clause. Je ne peux pas y penser maintenant : entre l'heure tardive, la perte de mes bagages et Sam, je suis à plat.

Nous ne parlons plus pendant le reste du trajet. De toute évidence, il ne compte pas faire d'effort pour relancer la conversation, alors moi non plus. Rapidement, nous entamons une descente sur un chemin raboteux plongé dans le noir, qui mène à une baie. Une haie de cyprès abrite quelque chose de blanc : la villa. Nous arrivons à des murs hauts et à un portail électrique. Sam se penche par la fenêtre et tape un code, et nous pénétrons à l'intérieur. Alors qu'il se gare à côté de deux voitures – dont un modèle de collection aux lignes pures – je vois un nom écrit sur une colonne : *Al Plemmirio.*

Nous contournons la villa jusqu'à une terrasse qui surplombe la baie, avec une piscine reflétant une myriade d'étoiles. J'entends la mer et les grillons.

Sous une marquise se trouvent des chaises et une table sur laquelle sont posées plusieurs bouteilles, dont du champagne et du vin rouge ; cet étalage de débauche semble avoir été abandonné récemment.

— Je suppose que vous pourrez les rencontrer demain, dit Sam.

Je suis tellement fatiguée que la seule chose que je suis capable de remarquer est la fraîcheur délicieuse du sol en pierre. J'ai une vague impression de pièces spacieuses. Sam me conduit à une chambre au bout d'un couloir, puis il s'éloigne. Je suis enfin débarrassée de lui. Je sors immédiatement mon téléphone et j'appelle Poppy. Elle ne répond pas, mais je lui laisse un message lui demandant de me rappeler dès que possible. Puis j'envoie un texto à mes parents pour leur dire que je suis bien arrivée, même si c'est discutable, et je m'effondre sur le lit, jetant mes vêtements par terre.

Chapitre 5

Je suis réveillée par une sensation qui ne m'est pas familière : la chaleur du soleil sur mon visage.

Du coin de l'œil, je vois que la lumière pénètre à travers des volets peints en bleu pâle. Les murs ont l'air vieux et blanchis à la chaux, et il y a des carreaux en pierre sombre sur le sol. Il n'y a pas de meubles à l'exception d'une commode massive sur laquelle est posé un miroir à l'ancienne. Je suis donc là : en Sicile, dans la villa de Luther Carson, sans vêtements. Je crois entendre la mer dehors. Je regarde mon téléphone : 9 h 05, heure locale.

Ma chambre dispose de sa propre salle de bains, et je suis ravie de voir qu'elle est équipée de serviettes et d'articles de toilette de luxe, y compris, Dieu merci, d'une brosse à dents. J'avais mis un petit déodorant dans mon sac, j'ai donc au moins l'essentiel. Après ma douche, j'enfile les vêtements que je portais hier dans l'avion, un pantalon en lin crème et un tee-shirt bleu marine, et je me brosse les cheveux. Je les aurais volontiers lavés, mais je ne vois pas de sèche-cheveux, et je ne veux pas me balader avec les cheveux dégoulinants en cette première matinée.

Je mets une couche discrète de mascara et je m'observe dans le miroir, me demandant si je peux faire quoi que ce soit d'autre pour améliorer mon apparence. Je n'arrive pas à croire que je vais faire ma première impression sur Luther avec des cheveux sales et un ensemble froissé de la veille. Pourquoi, mais pourquoi a-t-il fallu que j'enregistre mon bagage ? Enfin, on n'y peut rien. Je ne ressemblerai jamais, même vaguement, aux femmes qu'il voit à Los Angeles. Il a sans doute vu *Le Journal de Bridget Jones* : tout le monde sait que les Anglaises sont débraillées et mal habillées. Il me faudra compter sur ma personnalité.

Je sors de ma chambre. L'endroit est bien plus vaste qu'il n'y paraît de l'extérieur. Avec ses hauts plafonds, ses poutres en chêne, son sol carrelé, il dégage une impression de calme qui contraste avec ma nervosité. Je me dirige vers l'arrière de la maison, où j'entends des voix. Je sors sur la terrasse, et ce que je vois me coupe le souffle.

Elle surplombe une petite baie dont les pentes raides et boisées descendent jusqu'à la mer, bleue et immense, qui va à la rencontre du ciel azur et infini. Au bout, à gauche, il y a une piscine, derrière laquelle ne se détachent que des collines vertes et la mer. Je distingue des pins et, çà et là, des palmiers. À ma droite se trouve la longue table que j'ai vue hier soir, propre désormais et à moitié ombragée par une grande marquise en toile. Sam y est assis, au soleil. Il travaille sur des papiers et tape sur son BlackBerry tout en buvant un expresso et en mangeant du pain beurré. Je suppose que ses boissons à la protéine, ou son agropyre, ou ce qu'il prend d'ordinaire à L.A., lui manquent.

— Euh... Bonjour, dis-je.

— Salut, répond-il brièvement en relevant à peine les yeux.

Je m'assois, me demandant où est Luther.

Je me retourne en entendant un bruit dans la piscine et je me rends compte qu'il y a quelqu'un dans l'eau, tout au bout. Je vois seulement sa tête et ses épaules au-dessus de la surface. Un « plouf » se fait entendre, et la silhouette disparaît, émergeant quelques instants plus tard à l'autre bout, plus près de nous. Luther se hisse hors de l'eau. C'est bien lui. Ce tatouage sur son bras. Et ce torse nu, bronzé, et ces épaules larges, bien dessinées mais pas trop musclées, luisantes d'humidité. Sans se presser, il attache une serviette blanche autour de sa taille, autour de son ventre superbe et plat comme une planche. Et maintenant il marche vers nous, trempé, de sa foulée fluide et athlétique. Il me tend une main complètement mouillée, et je la serre. Je suis en contact avec sa peau !

— Tu dois être Alice, dit-il. Je suis Luther.

Il sait que je le sais, et je sais qu'il sait que je le sais. Cela ajoute encore au surréalisme de cette scène. C'est difficile de décrire ce que l'on ressent quand on rencontre quelqu'un de très célèbre. On ne dirait pas qu'il pénètre dans votre monde, mais plutôt l'inverse. J'ai l'impression d'être dans un film, l'un des films de Luther.

— Salut, dis-je, subjuguée.

Il n'est pas aussi grand que je l'imaginais. À vrai dire, il est à peine plus grand que moi. Mais il est aussi beau. À vrai dire, il l'est encore plus. Je n'ai jamais vu un aussi beau visage dans la vraie vie : un long menton avec une petite barbe de quelques jours, de hautes pommettes, une bouche superbe, des yeux marron clair, plissés à la lumière vive du soleil. Mais il n'y a pas que son allure ; il s'agit aussi de magnétisme. Je me sens presque l'inhaler. Debout là, avec le ciel bleu vif derrière lui, on le croirait tout droit sorti d'une pub ou d'un film, ce qui est le cas, évidemment. Je n'ai même pas conscience de mes vêtements froissés ou de mes cheveux pas lavés depuis trois jours. Je suis trop occupée à le dévorer des yeux.

Il se laisse tomber sur une chaise en face de moi, toujours dégoulinant.

— Alors, Alice, comment vas-tu ? demande-t-il avec un accent plus prononcé que je ne m'y attendais, plus new-yorkais.

Mon esprit se met à réciter des bribes de l'article de Wikipédia à son sujet : « Michael Luther Carson, né à Camden, dans le New Jersey…, a ensuite déménagé dans le Queens… »

— Je… Super !

C'est tout ce que j'arrive à sortir. J'ai encore la main mouillée, et je ne sais pas trop quoi en faire. L'essuyer ? Mais où ?

— Je suis content que tu sois là, dit-il. Je n'ai jamais travaillé avec une éditrice auparavant. Plein de réalisateurs mais pas d'éditeurs. Comment ça va se passer ?

Je lui souris, d'un air rassurant, je l'espère.

— Je suis là pour aider !

— Bien, dit-il en me regardant d'un air pensif.

En réalité, ses yeux ne sont pas marron, mais plutôt d'une couleur miel noisette... ou ambre ?

— J'ai le syndrome de la page blanche, en ce moment, et j'aurai bien besoin de toi.

— Eh bien, je suis là pour ça !

C'est encourageant : au moins, il a l'air motivé.

— Tu sais, Sam, ici présent, pense que je ne vais pas réussir à finir le livre, mais on va lui prouver qu'il se trompe, OK ?

Il m'adresse un sourire malicieux, et mon ventre fait un salto avant.

— Bien sûr, mec, dit Sam en souriant, sans relever les yeux de sa paperasse. Prouve-moi que j'ai tort.

Je me rends compte qu'il a écouté toute notre conversation, n'en manquant pas une miette.

Quelqu'un sort de la maison. Une dame élégante aux cheveux gris très bien coiffés, portant un tablier bleu sur une robe noire, s'approche de nous avec du café, et elle nous en sert une tasse, à moi et à Luther. Le personnel, bien sûr.

— Alice, voici Maria Santa, dit Sam.

Il ajoute quelque chose en italien que je ne comprends pas. Elle me regarde puis se tourne vers Sam et lui pose une question. Il sourit et secoue la tête, et tous les deux se mettent à rire. Je le trouve étrangement charmant avec elle.

Fascinée, je regarde Luther ajouter du lait à son café et manger des figues. Je regarde Luther Carson en train de prendre son petit déjeuner. Maria Santa me donne du pain et du beurre, mais je ne suis pas sûre de pouvoir avaler quoi que ce soit. Le téléphone de Sam se met à sonner. Il s'excuse et s'éloigne en parlant.

— Quel endroit merveilleux pour travailler sur le livre ! dis-je à Luther.

Mon cœur bat à tout rompre sous l'effet de l'adrénaline, et je suis soulagée de m'entendre parler aussi facilement.

— Hé, je suis content que ça te plaise. Mais je regrette qu'on ne soit pas à Ibiza ; je sais que vous adorez cet endroit, vous les Anglais.

— Je n'y suis jamais allée.

Cela dit, il l'aurait sans doute deviné rien qu'en me regardant.

— Ce qu'il y a de mieux ici, c'est qu'on peut semer les photographes, plus ou moins, continue-t-il en désignant la baie avec son couteau. À moins qu'ils ne s'approchent sur un bateau avec des appareils à longue portée.

— Nous avons été très discrets, précise Sam en nous rejoignant.

— C'est tellement beau, dis-je.

J'ai l'impression de me trouver dans un paradis bleu infini, suspendu entre le ciel et la terre. Je vois des citronniers dans le jardin en terrasses, des cactus, et des arbustes aux fleurs brillantes, rose foncé, qui poussent sur les murs blancs, le genre de fleurs que l'on voit dans tous les films qui se déroulent en Méditerranée. Des bougainvillées, c'est ça. Je me rends compte que, pendant une seconde, j'ai presque oublié où j'étais. C'est un choc de revenir sur terre et de me rappeler que je suis en Sicile, discutant des possibilités d'une approche de paparazzi avec Luther Carson et son agent.

La bonne nouvelle, c'est donc qu'il semble extrêmement charmant et terre à terre, exactement comme je m'y attendais, et bien plus sympathique que son agent. Il ne me confie pas encore ses pensées les plus intimes, mais ça viendra. La mauvaise nouvelle, c'est qu'il est tellement canon que je vais devoir me calmer et me concentrer, et m'efforcer de ne pas le dévorer des yeux. Je décide d'amener délicatement le sujet du livre.

— Je ne sais pas ce que tu as prévu aujourd'hui, Luther, mais peut-être qu'on pourrait trouver un moment ce matin pour discuter du livre ?

Il hoche la tête.

— Bien sûr. On peut avoir une discussion créative.

Il me sourit. Waouh. J'ai vu ce sourire très souvent sur écran, mais de face et en vrai… j'en tombe presque à la renverse. Je suis tellement contente qu'il ait l'air de m'apprécier ; ce sera peut-être plus facile que je ne le croyais.

— Vous voulez que je reste avec vous ? demande Sam.

— Non, je m'en occupe. Hé, madame !

L'espace d'un instant, je suis confuse, mais je me rends compte que Luther s'adresse à quelqu'un derrière moi.

Marchant à pas feutrés sur la terrasse, vêtue d'un Bikini blanc sur lequel flotte un tee-shirt rose transparent, se trouve l'une des filles les plus éblouissantes que j'aie jamais vues en dehors des pages des magazines. Pendant un moment affreux, je crois qu'il s'agit de Sienna Miller, mais non. Son Bikini est mis en valeur sans effort par quelques colliers épais et d'autres plus fins. Je ne saurais jamais trouver de tels accessoires. Elle est de ma taille, blonde également, mais la ressemblance s'arrête là. Alors que je fais du 40 et que je suis toute pâle, elle est incroyablement mince, sa peau est parfaitement dorée, et tandis que ce matin mes cheveux pendouillent, les siens tombent en vagues dorées sur ses épaules.

—Annabelle, voici Alice, l'éditrice de Luther, dit Sam. Alice, voici Annabelle.

—La quoi de Luther ? Oh. Je crois que quelqu'un m'avait parlé de toi, dit-elle d'une voix aussi sucrée, fausse et glacée qu'un Coca light.

Elle est anglaise ! C'est drôle, elle ressemble à une Américaine. Son accent des quartiers chics londoniens me rappelle d'emblée les filles qui me tyrannisaient à l'école et plein de choses que j'ai envie d'oublier. Est-ce la petite amie de Luther ? Pour toutes sortes de raisons, j'espère vraiment que non.

—Annabelle et moi venons de finir de tourner *Vacances romaines* ensemble, me dit Luther.

— Dis donc, dis-je bêtement. Tu jouais qui ?

Elle m'adresse un grand sourire hypocrite.

— Je jouais Jane. La première dame d'honneur de la princesse. C'est un second rôle. J'ai beaucoup de temps à l'écran.

Elle n'a pas l'air très sympa. Elle est belle, dans le genre actrice ou mannequin éblouissant, mais sa façon de me regarder me donne l'impression d'être encore plus chiffonnée que je ne le suis. Et moi qui disais que les Anglaises n'étaient pas soignées ; elle est parfaite. Même ses ongles sont superbes : sans vernis, mais brillants à force d'être polis. Elle s'assoit à côté de Luther, pose un pied adorable sur la chaise voisine de la mienne et boit délicatement une gorgée de café.

— Ça m'a l'air super, dis-je, essayant de faire la conversation. Ce doit être tellement enthousiasmant de travailler avec Natasha Pullman. Je l'adore. Elle me fait penser à Audrey Hepburn.

Ces mots ont à peine quitté ma bouche que je me rends compte de mon erreur. Annabelle me regarde d'un air dégoûté. Elle a des yeux d'un magnifique bleu turquoise, comme une piscine, mais ils ont quelque chose de légèrement dingue.

— Les bagages d'Alice ont été perdus, lui dit Sam. Tu pourrais lui prêter des vêtements ?

Je le regarde, surprise par son obligeance.

— Je peux essayer, dit-elle. Si je trouve quelque chose d'assez grand. Mais Luther, va-t-on sur le yacht de Federico ? Ou dois-tu faire des trucs barbants pour ce livre ?

Elle le regarde d'un air triste, en faisant la moue.

— Ah oui, dit Luther. Faisons ça. Alice, mon ami Federico possède un superbe yacht, un Sunseeker. Tu aimes les bateaux ? Il va venir dans notre baie ce matin, et on pensait faire une petite croisière, peut-être jusqu'au cap, jusqu'à Lipari…

— Oh ! dis-je. Mais ne devions-nous pas…

— Jusqu'à Lipari ? demande Sam. C'est à plus de cent cinquante kilomètres.

— Je te parie 150 dollars, dit aussitôt Luther. Non, 150 euros. Un euro par kilomètre. Ce bijou peut le faire, mec.

— Si tu veux, dit Sam en riant. J'irai à la nage. On fera la course.

Avec toutes ces plaisanteries, il semblerait qu'on oublie quelque chose. Le livre ? Je suis inquiète qu'un seul mot d'Annabelle ait suffi pour que Luther oublie notre programme du jour, mais je ne vois pas comment je pourrais lui dire d'annuler sa croisière en yacht. Enfin, on s'entend bien, alors je devrais peut-être exploiter ça. Et, quand il sera plus réceptif, je le mettrai au travail.

D'ailleurs, il fait incroyablement chaud. Il n'est pas encore 10 heures, pourtant il doit déjà faire presque trente degrés. Je ne pense pas qu'on arriverait à grand-chose si on restait à cuire ici. Sur un yacht, il y aura au moins un peu d'air, et je pourrai apprendre à connaître Luther un peu mieux.

Annabelle m'a examinée attentivement pendant cette conversation.

— Alors, Alison, tu es éditrice, dit-elle d'un ton condescendant. Ça veut dire que tu restes assise toute la journée à lire ?

— Alice. Non, je dois…

— J'adore lire, dit-elle. J'ai joué dans *Les Tudors*. Mais j'ai tellement de scénarios à lire que je n'ai pas de temps pour les livres.

Je suis perplexe. Pense-t-elle que la série *Les Tudors* a été adaptée d'un récit de fiction ?

— Oh, bonjour, Alice, dit une voix derrière moi.

Je n'aurais jamais pensé que je serais aussi heureuse de voir Brian Reynolds, le nègre, qui s'approche de nous d'un pas traînant ; on dirait qu'il n'a pas dormi depuis des jours. Avec son visage rose, son crâne chauve et ses lunettes, je le trouve rassurant, familier. C'est agréable de voir quelqu'un qui ne ressemble pas à un top model. Il tapote faiblement la main que lui tend Luther et s'assoit lourdement.

— Je suis content que tu sois là, dit Brian, avant de s'attaquer méthodiquement à son petit déjeuner.

Maria Santa lui a apporté du thé.

Il prend des nouvelles d'Olivia, mais je ne rentre pas trop dans les détails, même si les autres ne s'intéressent pas à ce qu'on dit. Annabelle parle à voix basse à Luther, ce que je trouve très impoli, et Sam est absorbé par son BlackBerry. Brian a l'air épuisé et il ne semble pas particulièrement ravi de voir Luther. Je me demande, Luther étant aussi charmant, ce qui peut bien clocher avec le livre.

— Brian, je t'ai apporté les papiers que tu voulais, dis-je. Tu veux venir à l'intérieur pour y jeter un coup d'œil ?

Les autres me regardent, et j'ai l'impression de passer pour une ringarde. Annabelle a un petit sourire méprisant ; Sam est attentif. Seul Luther semble complètement indifférent. Mais Brian, Dieu le bénisse, est déjà debout et vient avec moi.

— À tout de suite, dis-je en souriant avant de m'éloigner précipitamment.

À l'intérieur, Brian et moi trouvons un coin dans la grande salle de réception, remplie d'art abstrait, avec une table basse au plateau en mosaïque marron et d'épais tapis bleu et rouge. Nous nous asseyons sur un canapé d'un blanc immaculé.

— Alors, comment ça se passe ? Il a l'air très gentil et normal. Est-ce qu'il refuse de coopérer ?

— Pas vraiment, répond-il. Je suis épuisé. Il parle beaucoup, mais dès qu'on s'assoit pour travailler, ce qui n'arrive pas souvent, j'ai l'impression d'essayer d'attraper du mercure. Il est tout à fait charmant et il papote sans cesse, mais c'est impossible de l'entraîner sur des sujets vraiment personnels.

— Pourquoi ?

— Je n'en sais rien, répond-il, découragé. Peut-être est-il dans une phase de déni vis-à-vis du livre. Ou peut-être ne me considère-t-il pas comme un auditoire assez intéressant. Je ne sais pas comment le prendre, ce qui ne m'arrive pas souvent. Et son agent est un cauchemar. Il assiste toujours à nos entretiens, se mêle de tout, essaie de censurer ce dont nous parlons. Il est très envahissant.

— J'imagine. Écoute, ne t'en fais pas. Je vais parler à Luther. On s'entend plutôt bien pour l'instant, et je suis sûre que, maintenant que je suis là, il va se rendre compte qu'il s'agit d'un projet réel et qu'il va s'atteler à la tâche. Apparemment, il n'aura pas le temps ce matin, mais je lui en toucherai un mot plus tard.

Je repense à sa Marmite et je retourne la chercher dans ma chambre. Il va la montrer à Maria Santa et passer un coup de fil. Je m'apprête à retourner sur la terrasse pour sympathiser avec Luther quand Annabelle apparaît, sans doute pour aller dans sa chambre. Et je me rappelle que je n'ai rien à me mettre pour aller sur le yacht de Federico, ou n'importe où d'ailleurs.

Je lui demande à contrecœur si je peux lui emprunter des vêtements, et, à ma grande surprise, elle est soudain tout sourires.

— Bien sûr ! Viens avec moi.

Où va-t-elle m'emmener ? J'espère qu'elle ne partage pas la chambre de Luther. Mais il n'y a aucun signe de présence masculine dans sa chambre, qui est plus grande que la mienne, avec la même vue sur la mer. On dirait, en revanche, qu'une valise de fille y a explosé : des brosses, des tubes, des lotions, des fers à lisser, des rouleaux géants et des coffrets à maquillage de professionnels jonchent chaque mètre carré disponible. Un grand miroir en pied est appuyé maladroitement contre le mur, dans un coin ; il semble avoir été pris dans une autre pièce de la maison. Des tas de vêtements colorés sont également éparpillés partout, tombant de toutes les étagères, pendus dans l'armoire. Elle aurait sans doute de quoi organiser un défilé de mode si elle le souhaitait.

Elle se met à fouiller et sort ce qui ressemble d'abord à un Bikini mais qui, je m'en rends compte alors, est un maillot de bain une pièce : un de ces maillots terrifiants qui plonge jusqu'au nombril, avec de gros trous sur le côté. D'une couleur citron vert fluo, il serait sans doute fantastique sur une fille très maigre et bronzée, et je sais immédiatement, sans même l'essayer, qu'il va être affreux sur moi, avec ma peau pâle et mes grosses cuisses.

— Il est adorable ! Les lanières sont ajustables, alors il devrait t'aller, dit-elle d'un air dubitatif.

— Merci, dis-je, désemparée.

— Pas de problème !

Elle se détourne et s'assoit devant sa coiffeuse, où elle commence à s'appliquer une lotion sans doute très coûteuse.

— Euh…

Je déteste lui demander une autre faveur, mais, pour le moment, je ne vois pas d'alternative.

— Tu n'aurais pas un tee-shirt, ou autre chose ? Juste pour avoir une tenue de rechange, jusqu'à ce que je récupère ma valise, ou que je m'achète quelque chose.

— Oh, dit-elle en se levant à contrecœur. Oh là là…

Elle soupire et farfouille dans sa penderie.

— Je ne suis pas sûre d'avoir quelque chose qui t'ira...

Est-elle vraiment sérieuse ? Nos tailles ne sont tout de même pas si éloignées que ça. Je n'ai jamais rencontré quelqu'un d'aussi incroyablement grossier dans la vraie vie, pas depuis mon lycée de filles, en tout cas.

— Tu pourrais essayer ça... Elle est élastique, alors ça pourrait aller.

Elle me tend une robe marron en lin froissé, qui arrive aux genoux, à manches courtes, avec un volant blanc autour du cou. Elle est hideuse, mais je lis dans son regard qu'elle ne me proposera rien d'autre.

— Merci.

Alors, je repense à ma crème solaire indice 45, la seule chose dont je ne peux absolument pas me passer.

— Ça m'ennuie de passer pour un boulet, mais aurais-tu de la crème solaire ? Ne t'en fais pas si tu n'en as...

— Non. Enfin, si, j'ai cette lotion Sisley, mais elle coûte extrêmement cher.

Elle se contente de me regarder, comme si cela ne nécessitait pas d'autre explication. Ce qui est le cas.

— OK. Je vais me débrouiller. Merci encore.

Et je sors.

Quelle vache ! Je sais que ça doit être agaçant, de devoir prêter des affaires à une inconnue, mais quand même. Heureusement, Brian a de la crème résistante à l'eau, indice 50, pour les enfants. Très blanche et visqueuse, elle pénètre difficilement, mais au moins je ne brûlerai pas. Il me dit qu'il n'en aura pas besoin, parce qu'il ne nous accompagne pas sur le yacht.

— Je ne veux pas attraper d'autres coups de soleil, dit-il. Mon crâne a brûlé l'autre jour, et ça a été terrible. Je vais relire le premier jet et voir s'il y a quelque chose à sauver. On ne pourrait pas tout inventer, Alice ?

Je le laisse assis à l'ombre de la marquise avec son ordinateur portable. Maria Santa lui a apporté un peu plus de thé et des biscuits, et je me console en me disant que, même s'il passe un mauvais moment, il est au moins dans un bel endroit.

Je reste un instant sur la terrasse à admirer le paysage. On se croirait sur la proue d'un bateau. Je n'ai jamais rien vu d'aussi bleu. Sur ma gauche, je vois une ville, en haut de la falaise. Ce doit être Taormina. Dans le jardin en terrasses, plus bas, des poulets picorent entre les oliviers et les citronniers. À part leurs gloussements, je n'entends que le bruit hypnotique de la mer. J'imagine le moment agréable que nous allons passer sur le yacht quand, horrifiée, je me rappelle que je dois appeler Poppy et me renseigner sur la clause. Je me précipite dans ma chambre et ferme la porte pour que personne ne puisse m'entendre : je n'imagine que trop bien Sam en train de rôder dehors dans les buissons.

Heureusement, Poppy répond après quelques sonneries.

— Alice ! *Ciao, bella !* C'est comment, l'Italie ? Que se passe-t-il ? Ici, il fait moche et il pleut ! Tu as tellement de chance de...

Venant de me rendre compte qu'il ne me reste qu'une seule barre de batterie, je l'interromps.

— Poppy. J'ai peur que ce ne soit un désastre. J'ai besoin que tu vérifies quelque chose pour moi…

Je lui explique la situation aussi rapidement que possible.

— Accorde-moi cinq minutes, dit-elle. Je vais aller voir.

Je m'évente avec mon passeport en attendant qu'elle revienne. Il fait un peu plus frais à l'intérieur, mais je fonds quand même. J'aimerais bien piquer une tête, mais oserai-je affronter l'horrible maillot fluo d'Annabelle ? Je pense avec regrets à mon fidèle maillot de bain noir Marks & Spencer, qui passe des vacances de son côté, je ne sais où… Mais alors je me sermonne. Je ne suis pas en vacances. Si cette clause manque, j'aurai un plus grand sujet d'inquiétude qu'un maillot de bain peu flatteur.

— Bon, me revoilà, dit Poppy. Écoute, je ne l'ai pas trouvée.

— Quoi ? Le contrat ?

— Non, la clause. Je l'ai lu deux fois en entier. Je suis désolée.

Je ferme les yeux et m'assois lourdement sur le lit. Je le savais. Je m'en souviens, maintenant. Olivia m'a envoyé un mail à la dernière minute pour me demander de faire tout un tas de choses et, à la fin, elle mentionnait la clause. Et j'ai oublié.

— Alice ? Tu es toujours là ?

— Presque.

— Écoute, ce n'est pas forcément la fin du monde. Il va peut-être finir par te raconter ce que mentionne cette clause.

— Mais rien ne l'y oblige. Cela signifie que je ne peux pas m'en servir pour le menacer. Et si le livre ne marche pas, on n'aura aucun recours légal, et ce sera ma faute, et je serai renvoyée.

Je me sens si mal que je peux à peine parler.

— Tu ne seras pas renvoyée. Les gens font des erreurs. Ce n'est pas l'idéal, mais ça arrive. Je pense qu'il faut simplement le dire à Olivia, ou à Alasdair, pour qu'au moins ils soient au courant, et qu'ils soient préparés s'il y a un problème.

Je savais qu'elle allait dire ça. Poppy est tellement franche. Je ne sais pas si elle est sûre d'elle parce qu'elle est franche, ou si elle est franche parce qu'elle est sûre d'elle, mais elle est les deux, et moi, je ne suis ni l'un ni l'autre.

— Je ne peux pas, dis-je, malheureuse. Olivia pense déjà que je ne suis pas à la hauteur.

— Quoi ?

Je n'avais pas prévu de lui parler de ma conversation avec Olivia sur son lit de mort, mais tout sort d'un coup.

— Je la reconnais bien là, dit-elle sans ménagement. On ne peut pas dire qu'elle te soutienne beaucoup. Écoute, de toute façon, tu n'obtiendras pas l'histoire de Luther par la menace. Il va juste falloir que tu le convainques d'une autre manière.

— Je suppose, dis-je avec tristesse. Bon, je ferais mieux d'y aller. On s'apprête à monter sur le yacht, et je crois que tout le monde m'attend.

— Tu vois ! Tu crées déjà des liens avec lui. Sois juste toi-même, charmante comme toujours, apprends à bien le connaître, et il te mangera dans la main.

Mon désespoir grandit encore quand j'enfile l'horrible maillot d'Annabelle. Il est tout aussi affreux que je l'imaginais. Cette couleur me donne un teint de pestiférée, et je déborde de partout. Les lanières me font un abominable décolleté sur le côté. Peut-être devrais-je juste porter la robe en lin ? Incapable de me décider, je remets mes vêtements et retourne sur la terrasse pour essayer de me calmer en admirant la vue.

— Annabelle t'a prêté des vêtements ? demande une voix derrière moi.

C'est Sam. Derrière lui, une immense montagne couronnée de neige se profile ; on dirait qu'elle se trouve juste derrière la maison, mais je sais qu'elle est à plusieurs kilomètres d'ici. Ce doit être l'Etna : je n'en reviens pas de ne pas l'avoir remarqué plus tôt. À vrai dire, je le trouve plutôt menaçant.

— Oh oui. Enfin, oui, mais je pense que je vais quand même essayer de récupérer mon sac.

— Ne te fatigue pas. Il est probablement en route pour Pékin. Tu devrais lui emprunter d'autres affaires, elle est arrivée avec au moins huit valises.

Je vois bien qu'il ne l'aime pas non plus, mais je m'en fiche. Pourquoi cet intérêt soudain pour mes vêtements ? Je ne suis pas une gamine. Je peux m'occuper de ma garde-robe, bon sang.

— Ça ira. Je n'ai pas besoin de quarante-six tenues pour mener à bien le livre de Luther, dis-je sèchement.

— Bien sûr, mais, si tu te lasses de porter ton pyjama toute la journée, dis-le-moi, réplique-t-il avant de s'éloigner.

Je ne pense plus qu'il essaie de me rendre service : il est juste horrible. Mon pantalon ressemble-t-il vraiment à un pyjama ? Je le trouvais assez chic, mais je ne pensais pas le porter pendant tout le séjour. Soudain, je regrette de ne pas être là avec Simon, pour des vacances romantiques, plutôt que pour un déplacement professionnel stressant. Mais, avant de recommencer à déprimer à cause de Simon, je me reprends : je m'apprête à monter sur un yacht avec Luther Carson ! Je ne vais pas laisser un problème de contrat ou un agent mesquin m'empêcher d'apprendre à le connaître.

Chapitre 6

— … Alors je ne sais pas si tu es au courant, mais il ne restait plus que moi ou, devine qui ? Rosamund Pike. Et le réalisateur n'aime pas Rosamund Pike. Il la déteste ! Il la trouve affreuse ! Il ne la supporte pas ! Mais il a été obligé de la prendre parce qu'elle est célèbre. Pourtant il aurait largement préféré m'avoir. C'est vraiment dommage pour lui.

Tout en écoutant déblatérer Annabelle, je me dis qu'il serait sans doute beaucoup plus facile de faire un livre sur elle ; elle ne rechigne pas à dévoiler des informations.

Le yacht est vraiment impressionnant. Je n'ai jamais compris pourquoi on faisait toute une histoire des yachts, mais celui-ci est fantastique. On va vite, mais on ne s'en rend pas compte ; il avance sans heurts, presque comme s'il volait. La côte est superbe vue d'ici, très verdoyante, et la mer est d'un bleu intense, à part l'écume blanche derrière nous. La seule chose qui gâche ce tableau parfait, c'est moi. J'ai décidé de ne pas porter la robe en lin qui gratte, un peu comme un cilice. J'ai préféré enfiler mon tee-shirt bleu marine par-dessus l'épouvantable maillot citron vert. Évidemment, Annabelle est sensationnelle en Bikini turquoise et bleu, avec un joli turban dans les cheveux. Mon maillot est si indécent que je ne peux pas enlever mon tee-shirt, qui me donne sans doute l'air d'une écolière amish, et mes jambes blanches forment un joli contraste avec les membres lisses et bronzés d'Annabelle. En guise de touche finale, je porte mon sac à main, dans lequel j'ai fourré la robe qui gratte, au cas où. Annabelle, évidemment, arbore un magnifique sac de plage en coton rayé.

Notre hôte, Federico, est lui aussi extrêmement élégant, en short et polo orange très chic. Il a l'âge de Luther, environ, ou un peu plus, et il est beau, dans le genre héros de dessin animé, avec des cheveux bruns aux boucles serrées. Je le trouve plutôt sympa, mais il a une expression étrangement vide. Lorsqu'on nous a présentés, il m'a regardée avec étonnement, comme s'il ne comprenait pas ce que je faisais là.

— Voici Alison, lui a dit Annabelle. Elle veut que Luther écrive un livre.

— En fait, c'est Alice. Bonjour, ai-je dit en lui tendant la main.

Alors qu'il la serrait, il m'a regardée de bas en haut, et j'ai bien vu qu'il se demandait où Luther avait bien pu me dégotter. À ce que j'en ai compris, lui et sa femme sont des amis de Sam et de Luther, mais j'ignore encore le pourquoi du comment.

Federico et Sam sont à présent occupés à une activité virile avec des cordes à l'avant du bateau. Luther et Annabelle sont allongés sur le canapé blanc, en dessous de l'endroit où je me trouve, et ils boivent du champagne. Elle pose la main sur son bras et rit à l'une de ses paroles.

Je me suis échappée sur le pont supérieur pour passer un peu de temps toute seule, étendue au soleil. J'avais espéré parler un peu plus avec Luther, mais Annabelle n'arrêtait pas de ramener la conversation sur *Vacances romaines* et sur un film indépendant dans lequel elle a tourné. J'ai cru comprendre qu'elle voulait que Luther fasse quelque chose pour aider ce projet à voir le jour. Assise avec eux, j'avais l'impression de tenir la chandelle. Je n'arrête pas de me dire que ce n'est qu'un contretemps et que j'arriverai à parler avec Luther plus tard. Je décide de profiter du soleil, maillot de bain affreux ou non, et j'enlève mon tee-shirt.

J'ai fermé les yeux depuis environ cinq minutes quand une ombre se pose sur moi. J'ouvre les yeux. C'est Luther. Chaque fois que je le vois, c'est comme si la réalité se distordait, et je dois de nouveau m'habituer à lui. Il tient deux flûtes à champagne – sortant tout juste du frigo – et une bouteille de Moët. Je me crois dans un rêve éveillé. D'abord, je me sens gênée qu'il m'ait trouvée cachée ici, mais, bien sûr, je suis aussi ravie, flattée et épatée qu'il soit parti à ma recherche. Je parie qu'Annabelle n'est pas contente.

— Hé, dit-il. Je peux te servir à boire ?

Il s'assoit gracieusement à côté de moi, un genou relevé, l'autre jambe allongée, et s'appuie contre le mur de la petite cabine derrière nous. Il est encore plus beau avec ses vêtements : bermuda blanc en jean râpé et chemise bleu délavé. Même ses pieds nus sont superbes. Souvent, les pieds des hommes constituent leur point faible, mais ceux de Luther sont adorables. Soudain, je me sens de nouveau gênée en comparant ses membres minces et bronzés à mon corps blafard. Pourquoi ne me suis-je pas fait faire une pédicure, comme me l'avait conseillé Ruth ? Discrètement, je remets mon tee-shirt, le tirant sur mes cuisses.

— Alors, pourquoi t'es-tu cachée ici ? demande-t-il. Tu en avais marre d'entendre parler cinéma ?

— Pas du tout, dis-je, ne voulant pas paraître grossière. Je profite juste de la vue.

— C'est tellement paisible, après Rome. (Il ferme brièvement les yeux.) Enfin, c'est une comédie romantique marrante, mais on la tourne dans l'ombre d'un immense classique. Et il y avait des restrictions pour certains lieux, si bien qu'on devait tourner à des heures bizarres. C'était vraiment épuisant.

— Oh, ça alors, j'imagine. Tu… tu penses que ça s'est bien passé ?

Je n'ose pas trop l'interroger sur son métier.

— Je l'espère. Elle n'est pas facile, comme réalisatrice. Parfois, pour les scènes les plus importantes, on devait faire trente prises les unes après les autres, sans qu'elle nous dise pourquoi, et parfois, quand il n'y avait que moi et Natasha, elle ne nous en faisait faire qu'une.

Je hoche la tête en pensant qu'il va falloir que je me fasse à ces propos d'acteurs si je veux me lier avec lui.

— Et ça a été du non-stop. Deux autres acteurs du film étaient là le week-end dernier, et, avec Annabelle, j'ai l'impression d'être encore sur le tournage.

— Oh, alors vous étiez tout un groupe ?

Je suis contente d'apprendre qu'Annabelle n'a pas reçu une invitation spéciale.

— Oui. Annabelle est restée. C'est une fille sympa. J'aime bien les Anglaises.

Il m'adresse un coup d'œil et un demi-sourire. Waouh. Est-ce qu'il flirte avec moi ? Ce n'est sans doute que mon imagination.

— Bref, on s'est bien amusés. Il y avait quelques scènes de danse intéressantes à faire. Cela faisait un bout de temps que je n'en avais pas tourné.

— Bien sûr ! Je sais ! Je t'ai adoré dans *Fever*, dis-je en toute sincérité. Je suis une grande fan de films de danse, et je pense que c'est l'un des meilleurs. Tu étais génial là-dedans.

Il a l'air aux anges.

— Oui ? Merci.

— Et j'aime beaucoup la critique sociale sous-jacente dans ce film. Comme au moment où tous les couples sont alignés après le bal habillé, et que le proviseur refuse de te serrer la main… C'était tellement émouvant, et c'est une vraie critique de la société de cette époque.

Alors que je secoue la tête, je me rends compte que le champagne me monte au cerveau.

— C'est intéressant que tu dises ça. Tu sais, quelque chose de ce genre m'est arrivé quand j'étais au lycée.

— Vraiment ? dis-je, enchantée.

On y vient : des souvenirs personnels ! Je me redresse, repliant mes jambes sous moi, tirant sur le bas de mon maillot.

— Oui, le principal était un vrai connard… Je devais jouer dans la pièce de l'école, *Our Town*, et la semaine précédente, je me suis fait prendre avec un pote qui avait de l'herbe sur lui. Nous n'étions même pas dans l'enceinte de l'école ; nous étions juste devant sa voiture. Bref, on s'est fait prendre. Je n'avais rien sur moi, mais ils ont raconté qu'il allait me la vendre. Ça a fait un scandale, et le principal – il s'appelait M. Ortograf, tu imagines ? – a voulu me renvoyer et m'exclure de la pièce.

— Que s'est-il passé ?

— Le prof de théâtre a dit que c'était impossible, parce qu'il n'y avait pas de remplaçant, alors il m'a laissé jouer dans la pièce. Mais, crois-le ou non, il ne m'a pas laissé saluer le public.

— Non !

— Je t'assure. Tous les acteurs sont sortis pour saluer, mais moi, j'ai dû rester dans les coulisses, au coin. (Il avale un peu de champagne.) Je m'en foutais, mais ma mère et ma grand-mère étaient dans le public, et ça me faisait de la peine pour elles. Les gens parlaient de moi et de ce qui s'était passé, et une voisine fouineuse les a embêtées avec ça… Quelle connerie.

— Alors que faisais-tu pendant que les autres saluaient le public ?

Il sourit.

— Je me défonçais dans les coulisses !

Je ne peux pas m'empêcher de rire ; le champagne rend les choses encore plus drôles. Je suis ravie qu'il parle déjà de deux choses présentes dans la clause de contenu : la drogue et son enfance. En quelque sorte. Ce pourrait même être le premier chapitre, si l'on changeait le nom du principal, bien entendu. Nous rions encore quand Sam apparaît sur le pont.

Entre le champagne et ma petite tenue, j'ai l'impression qu'il nous a surpris à faire quelque chose d'illicite. Mais, après nous avoir jeté un rapide coup d'œil, il se contente de dire :

— Hé, Luther. J'ai parlé à Paula, et elle nous envoie le scénario de *Fur Coat Blues*.

— Ah oui ? demande Luther. Je ne sais pas, mon pote. Ça a l'air bizarre.

— Je pense que tu devrais le lire. Je te préviendrai quand il sera arrivé.

Sur ce, il disparaît. Dieu, qu'il est autoritaire. Et Luther le laisse lui parler comme ça ?

— Sam est un type super, énonce Luther avec sérieux. Il m'a sauvé la mise plus d'une fois. Et c'est lui qui m'a obtenu ce rôle génial dans *Vacances romaines*. Si tu décides de t'installer à Hollywood et de te lancer dans le cinéma, Alice, prends-le comme agent.

Il lève son verre dans la direction de Sam, puis trinque avec moi.

— Je ne pense pas que je le ferai, dis-je. M'installer à Hollywood.

Visiblement, le champagne n'améliore pas ma repartie.

— C'est difficile de trouver de vrais agents, continue Luther. La plupart des jeunes qui viennent à Hollywood se retrouvent avec des managers merdiques. Ils travaillent depuis leurs chambres. Ils ne sont pas autorisés à te trouver du travail, mais ils le font quand même. Certains d'entre eux prennent des pourcentages énormes pour des boulots minables qu'ils ne t'ont même pas trouvés, te font payer les photos qu'ils prennent de toi… Ce ne sont rien de plus que des maquereaux.

Waouh. Ne sachant que répondre, je me contente de hocher la tête tout en m'extasiant intérieurement sur sa beauté incroyable quand il fronce les sourcils de cette façon, les cheveux au vent, la mer en arrière-plan. J'essaie de ramener la conversation sur lui, de le sonder un peu.

— Alors… qui était ton agent, quand tu as tourné *Fever*?

Il hausse les épaules.

— Je n'en avais pas. Ma mère m'avait trouvé un avocat qui a lu le contrat, même si je doute qu'il ait eu la moindre idée de ce qu'il faisait, parce qu'il s'occupait principalement de fraudes à l'assurance. Et nous avons signé. Ça me paraît incroyable maintenant, quand j'y repense. La vérité, c'est que j'ai eu de la chance.

— Ça devait être excitant.

— Ouais, c'était génial. Mais j'en suis arrivé à un point où j'ai besoin d'une équipe. Tu sais, j'ai horreur de tout ce cirque, à Hollywood. Je ne suis pas comme ces gens qui disent : « Voici mon manager, le manager de mon manager, et mes sept agents. »

Il s'interrompt, me regarde, et j'acquiesce.

— Je n'ai qu'un agent, Sam. Et mon attachée de presse, Sandy. Et mon avocat, et mon comptable. Et mon assistante. Bon, ça constitue peut-être un petit cirque, mais c'est tout. Pas de nutritionniste, d'expert en feng shui, de coach sportif. Enfin, j'ai un coach, mais ça fait un moment que je ne l'ai pas vu. Pour ce voyage, j'ai préféré partir seul.

J'opine de nouveau. J'en sais assez pour me rendre compte que c'est franchement inhabituel, pour une star de Hollywood. Il pourrait avoir un entourage beaucoup plus développé. J'avais raison : il est terre à terre.

— Alors, ton assistante…

— Mon assistante est à L.A. pour s'occuper de mes chiens. J'ai un rhodesian ridgeback et un lévrier. Ils dépriment quand on les laisse seuls. Tu veux voir une photo ?

— Bien sûr !

Je ne suis pas fan des chiens, mais il ne s'agit pas de n'importe quels chiens. Il sort son iPhone et me montre des photos, et je me dis : *Je suis en train de regarder les chiens de Luther Carson.*

— Mais c'est agréable d'avoir Sam avec moi. Ce qui est bien, avec Sam, c'est qu'il est intègre, tu vois ce que je veux dire ? Il ne m'oblige pas à jouer dans toutes les suites de films. Il me laisse dire non à des propositions.

Ça, je n'en doute pas. « Non » est probablement son mot préféré. Je me sens un peu perdue, et je ne sais pas trop quoi lui demander ensuite. Je lui pose donc la première question qui me passe par la tête.

— Tu as déjà eu un manager ?

— Oh…

D'un seul coup, on dirait que la température a chuté. Alors que, jusque-là, il me regardait dans les yeux, son regard se perd à l'horizon.

— Non, je ne me suis jamais embarqué là-dedans. Hé, on dirait qu'on s'arrête. Tu veux nager ? Je vais peut-être piquer une tête.

Il se lève et me tend la main. C'est un geste dangereux, car je n'ai plus la moindre envie de la relâcher, mais je le fais quand même.

J'ai la tête qui tourne quand nous descendons au pont inférieur, et pas seulement à cause du champagne. Je regrette de ne pas avoir apporté un Dictaphone ou un carnet, mais, à bien y réfléchir, ç'aurait été un peu grossier. Néanmoins, ces informations sont vraiment intéressantes. Malgré ce que disait Brian, il m'a déjà fourni deux scènes géniales : le salut auquel il n'a pas pu participer, et la signature du contrat avec un avocat à deux balles… Mais pourquoi a-t-il réagi comme ça quand je lui ai demandé s'il avait eu un manager ? Oh non. Lui ai-je montré mon ignorance ? Est-ce aussi terrible d'avoir un manager ? Je serais au courant, quand même. Je l'observe alors qu'il se dirige vers le bastingage et se penche pour regarder l'eau. Peut-être voulait-il simplement nager ? Non, quelque chose ne lui a pas plu dans cette question, c'est certain.

— Alice ! lance Federico en sortant du bar. Tu devrais aller te tremper.

Il me regarde d'un air dubitatif. Peut-être qu'il se demande si je sais nager.

— Je ne pense pas me mouiller, annonce Annabelle, allongée sur un transat, arborant d'énormes lunettes de soleil. Je me suis enduite d'huile solaire, et je n'ai pas envie de recommencer.

Luther se détourne de l'eau. Je vois qu'il la regarde avec insistance, et je ne peux pas le lui reprocher ; elle est superbe.

— Comme tu veux, dit Sam. Moi, j'y vais.

Il porte déjà son maillot de bain et semble avoir abandonné ses lunettes quelque part. Je remarque de nouveau à quel point il est athlétique : épaules larges, bras puissants et ventre plat. Je sais que certaines femmes adorent ce genre d'homme, mais cela me fait juste penser à toutes les heures qu'il doit passer à la salle de gym. Simon n'avait pas de carrés de chocolat, mais contrairement à Sam, il avait de la conversation, ce qui est bien plus important, si vous voulez mon avis. Sam plonge du bateau en faisant à peine un bruit, et Luther et Federico l'acclament.

— OK, j'y vais, dit Luther.

Il commence à se déshabiller devant nous, et je remarque qu'Annabelle se redresse pour l'observer, tout comme moi. C'est un spectacle qu'on ne voit pas tous les jours. Il est absolument divin : pas trop musclé, juste souple et superbe. Il n'a aucunement besoin de doublure. Il plonge à son tour et s'éloigne en nageant vigoureusement le crawl.

Annabelle s'assoit nonchalamment et s'étire.

— Peut-être que je vais y aller aussi, après tout, dit-elle en enlevant ses lunettes de soleil.

Comment peut-elle être aussi peu discrète ?

Federico et moi la regardons descendre, ses beaux bras fléchis de chaque côté de l'échelle, puis elle relâche le dernier barreau en poussant un petit couinement délicat au contact de l'eau froide, et elle se met directement à nager vers Luther.

— Tu vas plonger aussi, Federico ? demandé-je.

— Non, il faut que je surveille le bateau.

Il tapote fièrement le bastingage. Soudain, je me rends compte que ma première impression était juste : il n'a pas grand-chose dans la tête.

Il s'assoit à côté de moi, à défaut de mieux, sans doute, et se met à bavarder. Je lui suis reconnaissante de me tenir compagnie, mais je suis un peu interloquée quand il se met à me raconter toute sa vie. D'abord, il m'explique à quel point il est difficile de trouver un bon yacht à notre époque. Ensuite, il me parle des meilleurs endroits où acheter des vêtements en Italie – Rome ou Milan, apparemment, mais pas la Sicile – puis de son magnifique appartement, et de ses difficultés à diriger l'entreprise familiale, apparemment spécialisée dans la « semence », même s'il ne peut s'agir de ce à quoi je pense.

— Je ne crois pas savoir ce que c'est, dis-je.

— Pour faire des maisons, des routes, répond-il avec impatience.

— Oh, désolée. Bien sûr.

Malheureusement, le sujet du ciment ne tient pas longtemps. Je fais remarquer que la Sicile est très belle, il acquiesce, et le silence s'installe.

Il fait très chaud, et j'ai envie de nager, mais l'idée de m'exposer dans ce maillot hideux, ou seulement de me dévêtir devant toute cette bande, est très intimidante. Cependant, au bout du compte, je décide de prendre mon courage à deux mains. J'abandonne mon tee-shirt et me dirige vers l'échelle. En temps normal, je plongerais, mais pas avec ce truc. Les lanières ont une tendance alarmante à se faire la malle.

La mer est magnifique, lisse sous le soleil brûlant. Je me sens instantanément rafraîchie. Je mets la tête sous l'eau, puis m'éloigne des autres. En regardant le ciel, j'arrive à tout oublier pendant quelques instants, me contentant de flotter et de profiter…

Soudain, quelque chose heurte ma jambe, et je me remets à la verticale. Mon cœur bat à tout rompre. Je regarde autour de moi pour voir si c'est un requin, mais c'est Sam. Il doit nager comme Michael Phelps, parce qu'il n'était pas près de moi une minute auparavant.

— Aïe ! Ça fait mal, dis-je en crachotant, même si ce n'est pas vrai.

— Désolé, dit-il d'un ton peu amène. Tu sais, tu ne devrais pas faire la planche aussi près d'un bateau. Tu pourrais être aspirée en dessous.

— Ou me faire battre à mort, répliqué-je dans ma barbe.

Je remarque qu'il baisse les yeux, et je suis son regard. Oh, mon Dieu ! Une lanière de ce maillot stupide s'est détachée, m'exposant à ses yeux étonnés. Je l'ajuste immédiatement et je relève les yeux, mais il est déjà reparti en direction du yacht, ce qui est sans doute la meilleure chose à faire en de telles circonstances. Alors qu'il se hisse le long de l'échelle de corde, je remarque deux têtes côte à côte à la surface, au loin, l'une brune et l'autre blonde : Luther et Annabelle. Zut.

Nous avons accosté pour le déjeuner. Cachée dans les toilettes du restaurant, essayant de me rendre présentable, j'ai l'impression d'avoir touché le fond. Mon tee-shirt avait une grosse tache de lotion solaire sur le devant quand je suis remontée sur le bateau. Annabelle a joué l'innocente, mais je soupçonne une opération de sabotage. J'ai donc enfilé la robe marron, maintenant humide à cause de mes cheveux mouillés. J'ai un coup de soleil sur le nez, et un autre sur l'épaule. En fait, en y regardant de plus près, ce n'est pas tout. J'ai oublié de mettre de la crème solaire sur ma lèvre supérieure, désormais aussi rouge que mon nez. C'est déjà affreux, mais, si le coup de soleil vire au bronzage, ça me fera une moustache. Et, pour couronner le tout, Sam m'a vue seins nus.

Je me regarde dans le miroir et je sens monter la panique. Qu'est-ce que je fais là ? Vais-je réussir à lui faire terminer ce livre ? Que se passera-t-il s'il continue de m'esquiver et me traîne dans tous les coins branchés de Sicile ? Il est plutôt sympa, d'une façon distante, mais je crains de l'avoir contrarié. Je pourrais appeler Olivia ou Alasdair, mais je ne vois pas ce qu'ils pourraient faire. Je suis toute seule, maintenant.

Dehors, tout le monde est déjà rassemblé autour de la table, sur la terrasse du restaurant. La ville est très jolie, avec des maisons blanc et ocre descendant les coteaux pentus jusqu'au port animé. Le restaurant surplombe la marina, où des yachts aux lignes pures s'éloignent doucement. Sur le front de mer, de beaux couples, des familles et un type intrépide en roller vont et viennent, regardant et se faisant regarder. Tout le monde, même les enfants, semble-t-il, porte des lunettes de soleil et de superbes vêtements de couleur claire. Ici, les hommes sont incroyablement séduisants, mais Luther sort tout de même du lot, à mon avis, en tout cas.

Alors que je m'approche d'eux, je suis frappée par le glamour de notre groupe, moi mise à part, bien entendu, dans ma robe en toile de jute. Luther a enfilé des lunettes de soleil et tourne le dos au front de mer : quelques personnes l'ont repéré, et une petite vague d'intérêt va et vient autour de lui, mais personne ne l'a approché. Les autres sont tous affalés, bronzés, en bonne santé. Annabelle fait la comédie parce qu'elle est face au soleil. Elle veut que Sam change de place avec elle, mais il refuse. Pour se venger, elle déplace sa chaise pour se mettre à l'ombre, à côté de Luther, et elle passe avidement la foule en revue, à la recherche de paparazzis, je suppose.

— C'est mieux, dit-elle en secouant sa crinière blonde et en réajustant son bandeau en soie. Je ne veux pas avoir de rides, mais je pense que ce serait bien d'être bronzée sur mes prochaines photos. Et je supporte très bien le soleil. (Elle me regarde avec une fausse sollicitude.) En revanche, tu es très rouge, toi. Et c'est un coup de soleil, sur ta lèvre supérieure ? S'il vire au marron, ça te fera une moustache.

— Je vais bien, marmonné-je en m'asseyant à côté de Federico.

Cette robe marron est la pire chose que l'on puisse porter par une journée comme celle-ci ; je rôtis littéralement au soleil. Le serveur arrive avec nos plats. J'ai commandé des *linguine* aux Saint-Jacques et à la crème, et je suis affamée, n'ayant rien mangé au petit déjeuner. Mes pâtes sont délicieuses, crémeuses et fondantes, avec une touche de citron, et ces Saint-Jacques charnues sont exquises. Je sais que je me réfugie dans la nourriture, mais, à cet instant, j'ai l'impression que manger est la seule chose qui puisse me remonter le moral. Les prix sont très élevés, et je me suis rendu compte un peu tard que je n'avais pas mis en place un budget dépenses. S'attendent-ils à ce que je paie ?

— Tes pâtes sont bonnes, Alice ? demande Annabelle. Tu as de la chance d'avoir un métier qui t'autorise à manger des féculents.

— En Italie, on mange de tout, dit Federico d'un ton solennel. Et on fume. On adore fumer.

— Oh oui, absolument, dit Annabelle en enlevant avec soin un croûton de sa salade. Moi aussi, je mange ce que je veux. La vie est trop courte.

— Personne ne fume à Los Angeles, dit Sam. C'est presque partout illégal. Même les clodos ont arrêté.

— À part l'herbe, dit Luther. Ça, ça ne compte pas. Je fume, et Dominique fume.

— Vraiment ?

J'aimerais en savoir plus, mais Annabelle intervient.

— J'espère que ça ne sera pas enfumé au *Tesoro*.

— Je ne pense pas qu'on ira au *Tesoro*, Annabelle, réplique Sam.

— On pourrait y aller, dit Luther. On s'en fiche.

— Il y aura des paparazzis, réplique Sam.

En voyant le visage d'Annabelle, je comprends que c'est exactement ce qu'elle espère.

— C'est quoi, le *Tesoro* ? demandé-je discrètement à Federico.

Il agite une main.

— C'est une boîte de nuit, près de Taormina, très sympa, très… Tout le monde ne peut pas y entrer. Je connais le propriétaire. Oui, allons-y.

Mon moral en prend un coup. Encore une sortie pour Luther. Même s'il reste raisonnable, il ne sera pas bordé au lit à 22 heures, impatient de commencer à travailler de bon matin sur son livre. Ce projet échappe complètement à mon contrôle.

— Pourquoi pas ce soir ? propose Annabelle.

Luther hausse les épaules.

— Oui, pourquoi pas ? répond-il avant de se tourner vers moi. Tu veux y aller, Alice ?

— Je ne pense pas pouvoir. Je n'ai que cette robe à me mettre. Il faudra que j'aille faire du shopping à un moment ou à un autre, mais je n'aurai pas le temps avant ce soir. Mais que ça ne vous empêche pas d'y aller.

— Oui, je suppose qu'ils ont un *dress code* assez strict, dit Annabelle. Quel dommage qu'aucune de mes affaires ne t'aille.

Elle a dit ça si gentiment et si normalement que, l'espace d'un instant, je me demande si je n'ai pas oublié une séance d'essayage. Je n'arrive pas à croire qu'elle mente ainsi. Il me vient un respect tout nouveau pour ses talents d'actrice.

— Non, j'ai oublié, dit Federico. C'est fermé ce soir. Ouvert demain.

— Alors allons ailleurs ce soir, dit Luther.

— On peut tenter le *Pearl Bar*, dit Federico. Ils ont un salon privé, plutôt sympa. Je demanderai à Marisa.

— Super, dit Luther.

— Alors je réserve une table pour cinq… six ? Tu viens ? me demande Federico.

— Il semblerait qu'Alice ne puisse pas sortir, mais j'en serai, dit Sam.

J'ai encore la bouche à moitié ouverte. *Merci, Sam, de me dire ce que j'ai envie de faire.* Je me méfie : veut-il que je reste à l'écart ?

— Allons-nous-en, dit Luther.

Tout le monde commence à se lever.

— Euh, on a payé ? demandé-je, confuse.

— On ne paie rien, ici ! dit Luther.

Il dit cela avec générosité, comme si j'avais bu un thé chez lui et qu'il me disait de ne pas laver ma tasse. Cela dit, je vois Sam signer quelque chose et reprendre une carte bancaire. Super. Maintenant, c'est officiel : il a payé, c'est lui le responsable de ce voyage.

— Hé, c'est dommage que tu ne puisses pas venir ce soir, Alice, dit Luther, jovial, en me donnant un petit coup de poing sur le bras.

Je suis très soulagée qu'il ne semble plus fâché contre moi.

— Mais on y retournera, ajoute-t-il.

Tout en lui souriant timidement, je pense : *C'est bien ce que je crains.*

Chapitre 7

Sur le trajet du retour, ce soir-là, mon moral est en berne. Tout ça à cause de ma fichue valise. Si seulement je ne l'avais pas enregistrée : pourquoi ne l'ai-je pas prise en cabine ? Mais, même si j'avais mes vêtements, qu'est-ce que ça changerait ? Je suivrais toujours Luther partout, le suppliant de m'accorder une seconde pour le livre, ce qu'il n'a visiblement pas l'intention de faire. J'ai passé une journée entière ici, et nous n'avons pas avancé. Je pourrais aussi bien être restée à Londres.

Quand nous arrivons à la villa, tout le monde se disperse. Federico est rentré chez lui pour retrouver sa femme. Je savais qu'elle existait, mais il ne l'a pas mentionnée au cours de son monologue. Luther a disparu : aux bruits que j'entends derrière sa porte, je pense qu'il joue à un jeu vidéo. Sam est reparti dans une interminable série de coups de fil professionnels. Annabelle est partie se pomponner et choisir une tenue pour la soirée parmi ses millions de vêtements. J'entends Madonna chanter derrière sa porte. J'adore Madonna et, de façon irrationnelle, je suis agacée qu'Annabelle l'aime aussi. Brian sort de la salle de réception et vient à ma rencontre, ses lunettes brillant dans le crépuscule.

— Des progrès ? demande-t-il à voix basse, d'un ton plein d'espoir.

— Pas encore, dis-je sèchement en passant devant lui.

Après mes discours selon lesquels j'allais me lier avec Luther ! Il doit me prendre pour une idiote finie.

Il va falloir que j'appelle Olivia. Je vais mettre cartes sur table, lui expliquer la situation et lui demander quoi faire. Dans ma chambre, je me calme et sors mon téléphone de mon sac.

Plus de batterie. Et où est mon chargeur ? Dans ma valise, bien sûr. Je m'assois sur le lit pendant une minute et me regarde dans le miroir, plus rouge et anxieuse que jamais. Que ferait Olivia ? Bon, quand il y a un problème, on en parle à l'agent. Je vais en toucher deux mots à Sam. Nous avons beau ne pas être d'accord sur le contenu du livre, il doit accepter ses responsabilités et convaincre Luther de rendre un manuscrit digne de ce nom.

En sortant, je remarque que Brian est assis dans un coin de la salle de réception. Il parle tout doucement au téléphone.

— On ne peut qu'espérer. Je sais, je sais. Chaque chose en son temps.

À qui peut-il donc parler ? À Olivia ? Parlent-ils de mon cas désespéré ? Je me hâte de sortir avant d'en entendre plus.

Sam est debout sur la terrasse, toujours pendu à son BlackBerry, faisant tout un plat de la durée de la bande-annonce de quelqu'un. Franchement, qui se soucie de la durée d'une bande-annonce ? De l'autre côté de la baie, un coucher de soleil spectaculaire projette des rayons orange et or sur l'eau. Derrière nous, Maria Santa met la table et allume des bougies pour le dîner. Tout en me dirigeant vers lui, je me dis que cet endroit pourrait vraiment être idyllique, dans un autre contexte, avec des gens complètement différents, qui ne me détesteraient pas et que je ne détesterais pas. Sam raccroche, met son téléphone dans sa poche et me voit plantée là.

— Sam, j'ai besoin de te parler.

Il s'appuie sur la balustrade pour me regarder. J'aimerais qu'il ne soit pas aussi grand.

— Vas-y.

J'inspire profondément.

— Écoute. Je sais que je ne suis là que depuis hier, mais il me paraît évident que Luther n'est pas disposé à se concentrer sur le livre.

— Et alors ?

— Et alors ? Alors je souhaite qu'en tant qu'agent tu uses de ton influence pour qu'il remplisse son obligation envers nous.

— Pourquoi ?

— Pourquoi ? répété-je, abasourdie. Parce qu'il a signé un contrat ! Parce qu'il a déjà accepté une avance, et qu'il aurait dû nous rendre un livre publiable il y a six semaines.

J'essaie de ne pas parler trop fort, au cas où Luther serait dans le coin. Sam hausse les épaules.

— On peut rendre l'avance.

— C'est un peu trop tard pour ça.

J'hésite, ne sachant trop si je dois dire ce que je m'apprête à dire, puis je me lance.

— Si nous ne l'obtenons pas, nous considérerons sans aucun doute les options légales.

Je bluffe complètement, parce qu'il n'y a pas d'options légales, du moins pas celles que nous voulons.

— Allez-y. On vous mettra en faillite.

— Mais pourquoi l'avoir laissé signer ce contrat ?

— Je ne l'ai pas fait. Il l'a signé par l'intermédiaire de son agent commercial, sans me consulter.

— Marc, c'est ça ?

C'était la personne avec laquelle nous traitions avant Sam, et qui a disparu un jour sans laisser de traces.

— Que lui est-il arrivé ?

— Il ne travaille plus avec nous, répond Sam d'un ton plat qui n'augure rien de bon. Écoute, Luther n'est pas un bon à rien en mal de publicité. C'est une star. Je sais que tu n'hésiterais pas à l'exploiter pour obtenir des confidences sordides qui pourraient impressionner ta patronne, mais ça n'arrivera pas. En ce qui me concerne, Luther a donné ce qu'il avait promis et, maintenant, il a besoin de vacances.

Et il s'éloigne en sortant son téléphone.

À défaut de mieux, je me dirige vers ma chambre. Mon cœur bat à tout rompre. Je suis furieuse. Comment ose-t-il dire que je suis là pour exploiter Luther ?

Et, en même temps, je suis terrifiée. J'ai l'impression de tomber d'une très haute falaise, au bas de laquelle se trouve l'entreprise en faillite, la clause absente découverte, le déshonneur, ma carrière ruinée… Et s'il n'y avait pas de livre ?

— On dirait que tu viens de voir un fantôme.

C'est Luther. Il sort de sa chambre, en face de la mienne, et il est d'une beauté à couper le souffle. Il s'est habillé pour la soirée, avec une veste en lin grise sur un tee-shirt bleu et un jean étroit, mais ses cheveux sont tout décoiffés, comme s'il avait fait la sieste. Il tient un paquet FedEx.

— Regarde ça, dit-il. Je viens de recevoir un petit colis de Sandy avec du courrier et des produits.

— Des produits ?

— Oui. Les gens m'envoient des tonnes de trucs pour pouvoir dire que je les utilise. Je garde ce que l'assistante de Sandy ne prélève pas. Ils m'ont aussi envoyé le dernier iPhone. Et des produits de beauté pour les hommes. Super. Encore un pour Lucifer Carson, déclare-t-il en regardant le colis.

— Luther, lâché-je brusquement. Je m'inquiète pour le livre.

Ce n'était sans doute pas la meilleure manière de formuler les choses, mais au moins c'est dit.

— Le livre ? Pourquoi ?

Il allume une cigarette, sans se soucier de savoir s'il en a le droit. Mon Dieu, écoutez-moi. Fumer à l'intérieur n'est sûrement pas la pire chose qu'il ait jamais faite.

— Eh bien, nous n'avons pas encore travaillé dessus.

Je me rappelle juste à temps qu'il faut que je formule les choses plus positivement.

— J'aimerais qu'on se concentre là-dessus très bientôt.

— On va s'en occuper, dit-il en me regardant sérieusement. Je t'assure, Alice. Mais tu sais, tu n'es là que depuis hier ! Je pensais que ce serait bien de faire ta connaissance d'abord, ajoute-t-il doucement, posant ses yeux sur mon visage. Tu sais, de passer un peu de temps ensemble, avant que je commence à te déballer toute ma vie !

Il pose la main sur mon bras. Je la regarde.

— Oh. D'accord.

Je suis confuse. Est-il sincère ou essaie-t-il de se débarrasser de moi par de belles promesses ?

— Tu as l'air d'une fille cool, continue-t-il. Je pense que tu devrais juste te détendre, sortir avec nous ce soir, faire la fête… Oh non. Tu ne peux pas sortir ce soir, c'est ça ?

— Non, j'en ai peur. Je vais devoir régler le problème de mes vêtements demain, mais je ne peux pas y aller dans cette tenue.

Je tire sur la robe rêche.

— Tu es mignonne là-dedans. Ça fait un peu… chic anglais.

— Annabelle me l'a prêtée, dis-je rapidement, ne voulant pas qu'il croie que je la porte volontairement.

— C'est bien ce que je dis, le chic anglais, dit-il en passant un bras autour de mes épaules et en m'entraînant vers la terrasse. Écoute, ne t'inquiète pas. On fera ce livre, c'est promis. Sam t'a servi le discours du grand chef ? Ne l'écoute pas. Il travaille pour moi, pas l'inverse.

— Alors on travaillera un peu demain ?

— Bien sûr.

Il a l'air si sérieux que, pour la première fois, je me sens presque rassurée. Après tout, c'est plutôt logique d'apprendre à se connaître avant de se lancer ensemble dans une tâche aussi intense.

— Venez manger, dit Sam, déjà à table.

Je vois bien qu'il a été attentif à la fin de notre conversation et qu'il a décidé qu'il était temps qu'elle se termine.

Alors que nous nous asseyons, je sens une tension palpable dans l'air. Annabelle n'a d'yeux que pour Luther, et elle est plus glamour que jamais dans une combinaison short jaune moulante qui met en valeur son bronzage et sa crinière blonde. Je ne sais pas trop comment me comporter envers Luther, alors je reste discrète. Je ne regarde même pas Sam. Il nous observe encore tous les deux comme un aigle ; de toute évidence, il veut s'assurer que Luther ne mentionnera rien de vaguement intéressant. Brian est un peu distrait. Je ne peux pas le lui reprocher. Il s'attendait sans doute à mieux que moi.

— Ça va ? lui demandé-je doucement.

— Oh, oui, oui, absolument. C'est une jolie couleur, dit-il en regardant Annabelle par-dessus ses lunettes. On ne voit pas souvent des filles porter du jaune.

— J'ai porté cette couleur aux Baftas, dit-elle. Et à la Fashion Week de Londres. En fait, c'est marrant, c'est presque ma marque de fabrique. La presse en parle toujours. Je porterai du jaune pour les Oscars l'année prochaine, c'est sûr.

— Tu espères une invitation ? demande Sam.

— Bien sûr, quand *La Morsure de son maître* sera sorti.

— C'est quoi ? demandé-je à voix basse à Brian.

Elle me regarde d'un air condescendant.

— C'est mon prochain film. J'ai le premier rôle. On attend juste un bon distributeur, et, ensuite, ce sera énorme. Mon agent pense que c'est l'une des meilleures choses qu'elle a jamais vues, et elle a de bonnes connexions. C'est l'une des plus proches amies de Martin Scorsese. Tu as probablement entendu parler d'elle. Terry Heverige ? C'était une actrice elle aussi, vraiment connue dans les années 1990…

J'imagine très bien Annabelle en monstre suceur de sang, me dis-je alors qu'elle continue à pérorer. Nous avons eu une salade à la tomate et à la mozzarella pour commencer, et Maria Santa nous sert maintenant des pâtes, avec une sauce riche à la tomate et à la viande, qui ont l'air délicieuses.

— Cela dit, ce serait bien que je sois représentée à L.A. aussi, poursuit Annabelle. Juste pour gérer toutes les demandes là-bas.

Elle regarde Sam d'un air entendu. Le silence s'installe. C'est un moment assez gênant.

— Désolé, Annabelle, dit-il. Je m'occupe déjà de quelqu'un qui te ressemble beaucoup.

J'ai le sentiment qu'il lui a déjà dit ça un million de fois.

Annabelle ne boude qu'un bref instant avant de poser les yeux sur moi.

— Y a-t-il des cérémonies de récompense pour les livres, Alice ? demande-t-elle innocemment. Des événements avec tapis rouge ? Des paparazzis ?

J'ai la bouche trop pleine de pâtes pour répondre. Brian se charge de lui répondre avec obligeance, lui parlant du National Book Award, du Booker Prize et d'autres récompenses littéraires.

— Ça m'a l'air très glamour, dit-elle. Imagine, Luther, quand tu auras écrit ton livre, tu n'auras pas le temps d'aller aux Oscars, tu feras la fête au… au quoi, déjà ? Au *Booking* ?

— Hé, je pourrais aller y faire un tour, répond Luther. Ça a l'air marrant. Je pourrais rencontrer des intellectuelles sexy.

— Tant que tu ne rates pas les Oscars, dit Sam.

Alors que nous buvons tous du vin, je me rends compte qu'il fait durer une petite bouteille de bière pendant tout le dîner. Quel maniaque du contrôle. Comment Luther fait-il pour le supporter ?

— Ah, voici Marisa et Federico, dit Luther.

Federico passe sous la voûte, accompagné, évidemment, d'une femme superbe. Elle n'est pas grande, mais elle a une silhouette mince et harmonieuse, mise en valeur par une robe rose simple, genre années 1950, avec des sandales argentées. Je ne la trouve pas si belle que ça, avec son nez aquilin, mais elle est très élégante. Ses cheveux noirs sont parfaitement coiffés, et elle est très bien maquillée, un trait d'eye-liner s'étirant de chaque côté de ses yeux verts. Je me sens encore plus mortifiée dans ma robe marron, mais Marisa ne semble pas s'en apercevoir. Elle salue Sam et Luther avec affection, et nous embrasse tous, même Annabelle et moi. Federico, vêtu d'un pantalon en cuir gris et d'une chemise blanche, nous salue avec plus de langueur, mais Marisa se met aussitôt à bavarder avec tout le monde à la fois.

— *Ciao a tutti!* Comment allez-vous ? Je suis désolée de n'avoir pas pu me joindre à vous aujourd'hui. Il fallait que j'aille voir un appartement. Vous avez passé un bon moment ? Vous avez sympathisé avec le bateau de Federico ? Il aime ce bateau plus que moi.

Elle sourit à Federico et pose brièvement la main sur sa cuisse alors qu'ils s'assoient. Il lui rend son sourire, mais ses yeux restent impassibles.

— C'était très agréable, dit Annabelle. J'ai bien bronzé, mais la pauvre Alice a dû se cacher du soleil toute la journée pour ne pas cramer.

Elle tend son bras doré pour le faire admirer.

— Alice est intelligente, dit Marisa. Elle se cache du soleil, et elle paraîtra jeune pour toujours. Moi, dans vingt ans, je ressemblerai à un crocodile.

— Mais un crocodile très sexy, dit Luther.

— Mais non, Marisa. Tu ressembleras à Sophia Loren. Sophia Loren jeune, complimente Sam, ce qui paraît plutôt inhabituel dans sa bouche.

Manifestement, il peut faire du charme quand il en a envie.

— Oui, dit Annabelle. Les femmes italiennes vieillissent tellement bien. Personnellement, j'ai hâte d'être vieille. Même les femmes d'une trentaine ou d'une quarantaine d'années peuvent être incroyablement élégantes.

Je ne trouve pas cette remarque très délicate, d'autant plus que Marisa ne doit pas avoir plus de trente ans. Maria Santa apparaît de nouveau, et je suis surprise de voir qu'elle et Marisa semblent se connaître. Marisa l'embrasse très affectueusement. Je suis aussi étonnée du fait qu'elle apporte encore un plat, qui ressemble à du poulet. Je pensais que nous avions déjà dîné ! Je ne pense pas pouvoir en avaler davantage. J'ai mangé trop de pâtes.

— C'est le deuxième plat, m'explique Annabelle avec condescendance. Les Italiens mangent des pâtes en hors-d'œuvre, puis de la viande ou du poisson. Tu ne le savais pas ?

C'est décidé : quand je rentrerai chez moi, si je vois Annabelle dans un magazine, je gribouillerai des moustaches sur son visage stupide, et je le ferai sur tous les exemplaires, même s'il faut que j'achète tout le stock d'un magasin. En attendant, je préfère l'ignorer. La conversation passe à des ragots sur le cinéma : les bénéfices que tel film a dégagés, qui est attaché à tel projet et un truc qui est en « redressement ». Marisa et Sam semblent avoir des connaissances en commun. Pendant ce temps, Annabelle tente d'expliquer l'histoire des *Tudors* à Federico. Sans succès.

— Tu devrais chercher mon nom sur imdb.com, dit-elle.

Je discute surtout avec Brian et Marisa. Il y a quelque chose de très plaisant chez elle, et je me demande ce qu'elle fait avec Federico. Il est plutôt sympa, mais je trouve toujours qu'il n'a aucune personnalité.

Luther repousse sa chaise.

— OK, les amis, on prend la route, dit-il.

Tout le monde pose ses couverts et commence à se lever de table.

— Au revoir, dis-je.

— Tu ne viens pas avec nous ? demande Marisa.

Avant même que je puisse répondre, Annabelle s'en mêle :

— Oh, Alice n'aime pas les boîtes de nuit. Elle va rester ici avec Brian et passer une gentille petite soirée paisible, pas vrai ? Ils vont parler de livres.

Je m'apprête à lui renvoyer une pique, mais Brian apparaît dans l'embrasure de la porte.

— Regarde ce que j'ai trouvé, Alice, dit-il, s'efforçant manifestement de montrer de l'entrain. Un Scrabble !

— Super, murmuré-je.

Je voudrais m'enfoncer sous terre.

— Au revoir ! dit Annabelle. Ne faites pas de folies, tous les deux !

Ils sont tous tellement glamour : Federico, Marisa dans sa robe rose, Annabelle dans sa combinaison et, bien sûr, Luther. Le seul à n'avoir pas fait d'effort est Sam, qui porte un jean et un tee-shirt, blanc aujourd'hui, toujours avec ses lunettes sur le nez. Il ne manque pas d'air, à me parler de pyjama ! Alors que leurs voix résonnent dans la cour et dans l'allée, j'ai l'impression d'être une gamine qu'on laisse avec la baby-sitter.

— Acceptes-tu les mots qui comptent triple plus d'une fois ? me demande Brian, occupé à faire de la place pour le jeu.

Je me tourne vers lui, honteuse.

— Je suis désolée, Brian. On ne peut pas dire que je gère la situation, pas vrai ?

Il secoue la tête, mais ne me regarde pas dans les yeux.

— Passons juste une bonne soirée au calme. Tu recommenceras à zéro demain.

Je me sens toujours malheureuse, et je suis très contente que personne ne sache que je joue au Scrabble avec le nègre pendant que mon auteur passe une soirée démente sans moi. Luther semble gentil et sincère. Pourquoi je n'arrive pas à m'y prendre correctement avec lui ? Je sais qu'il y a plus chez lui que le fêtard invétéré, et je pense que je pourrais l'atteindre, si seulement je pouvais l'accompagner, ou me débarrasser de Sam et d'Annabelle. C'est tellement frustrant. Être si proche de lui, mais ne rien pouvoir faire… Une petite voix me dit : *Et si Olivia avait raison ? Si tu n'étais pas à la hauteur ?* Je fais de mon mieux pour l'ignorer, mais elle continue bien après que je suis allée me coucher.

Chapitre 8

Au réveil, je me sens légèrement mieux. Après tout, c'est bien normal que le premier jour soit un peu chaotique. Aujourd'hui, je vais m'atteler au projet Luther. Hier soir, après m'être fait battre au Scrabble par Brian, j'ai lavé la robe marron et mon tee-shirt dans le lavabo. Il fait si chaud qu'ils sont déjà secs. La tache de lotion solaire n'a pas totalement disparu, alors j'enfile la robe, me demandant si les autres croient qu'il s'agit d'une sorte de bure monastique portée par les éditrices. Au moins, elle couvre en partie mon épaule brûlée, même si mon nez et ma lèvre supérieure sont toujours rouge vif. Je ris presque en me rappelant ma crainte que Luther ou Sam ne devinent que je ne suis pas une « vraie » éditrice. Pour ce que ça les intéresse, je pourrais aussi bien être le facteur.

Il n'y a personne dehors, mais la table est mise, et garnie de pain et de beurre, de yaourts, d'olives et de fruits. Maria Santa apparaît miraculeusement avec du café et du jus d'orange frais, que j'accepte avec reconnaissance. J'ai entendu rentrer les autres dans la nuit, vers 3 ou 4 heures du matin. Il y avait beaucoup de voix, plus de cinq, c'est sûr, et beaucoup de voix italiennes. Et je pense aussi avoir entendu sauter dans la piscine. Mis à part les chaises en désordre, tout semble relativement normal, sauf que je remarque un soutien-gorge coincé derrière un des coussins du salon extérieur. Bon sang ! Y aura-t-il de nouveaux visages au petit déjeuner ? À moins qu'il n'appartienne à Annabelle ? Je m'en saisis et l'inspecte, essayant d'en juger par sa taille.

— Mince alors ! C'est à qui ? demande une voix derrière moi.

Je relâche immédiatement le soutien-gorge, mais ce n'est que Brian.

— Bonjour, dis-je. Euh, je ne sais pas trop. Où est Luther ?

— Il est parti à un rallye de voitures de collection.

— Tu plaisantes ? Quand ? Il a dû partir à l'aube. (Je regarde ma montre.) Il n'est que 9 heures.

— Il est parti il y a un quart d'heure environ.

Je n'arrive pas à le croire. Enfin, je n'ai aucun mal à croire qu'il soit encore parti se balader, mais je n'arrive pas à croire que je l'ai encore laissé faire. Il a dit qu'on travaillerait sur le livre. J'aurais dû me lever plus tôt et faire en sorte qu'il ne l'oublie pas.

— Tu ne voulais pas y aller ? Il ne t'a pas proposé ?

— Non, et je n'en avais pas envie. Pour être honnête, Alice, je ne suis pas venu ici pour bronzer sur un yacht ou assister à des rallyes de voitures de collection. Je préfère rester là et rafistoler ce foutu bouquin. Mais je suis désolé qu'il soit parti sans toi. Je crois qu'il voulait voir une course en particulier.

Bon, si Luther est parti pour la journée, je vais en profiter pour régler le problème de mes vêtements.

— Je peux t'emprunter ton portable, Brian ? Le mien n'a plus de batterie.

— Oh, dit-il, mal à l'aise. J'attends un coup de fil important. Ça ne te dérange pas ? Il y a une ligne fixe.

— Très bien.

Je vais appeler l'aéroport et insister pour parler à quelqu'un au sujet de ma valise. Si elle est arrivée, j'appellerai un taxi et j'irai la chercher, et, sinon, j'irai à Taormina ou à Catane pour m'acheter l'essentiel. Je n'ai pas les moyens, évidemment, mais je me servirai de ma carte de crédit et je prierai pour que ça passe. Je n'ai pas une folle envie de parler de ma valise perdue à Olivia, qui me trouve déjà étourdie, mais il s'agit d'une urgence. Je ne peux pas rester ici dans cette robe marron tandis que Luther file en ville.

Alors, comme en réponse à mes prières, Maria Santa apparaît derrière moi. Elle tient un téléphone et m'indique que c'est pour moi. Super ! Mais alors la peur m'étreint : ce doit être Olivia, et elle ne sera pas contente de constater que le projet n'a pas avancé.

— Allô ? dis-je, hésitante.

— Alice, *bella*. C'est Marisa !

— Bonjour, Marisa ! Comment ça va ? Il est arrivé quelque chose ?

Soudain, je m'inquiète. Y a-t-il eu un accident ? Luther s'est-il payé un arbre ?

— Non, rien ! Sam m'a parlé de ton problème avec ta valise. Je dois aller à Catane aujourd'hui. Tu peux venir avec moi. On s'arrêtera à l'aéroport et on récupérera tes vêtements, ou sinon on leur soutirera de l'argent. Si on obtient de l'argent, on ira t'acheter une robe. *Va bene?*

Je suis ébahie par sa gentillesse.

— Tu es sûre, Marisa?

— On se voit dans une demi-heure, dit-elle avant de raccrocher.

Elle arrive juste avant 10 heures, au volant d'une petite Fiat 500. Elle est très chic en pantacourt et chemisier sans manches, un foulard attaché autour de la tête.

— Vous avez passé une bonne soirée? demandé-je en montant dans la voiture, hésitant à mentionner le soutien-gorge.

— Oui, oui. Ça a fini très tard, répond-elle en riant, en remontant adroitement l'allée en pente. Nous avons ramené des amis et nous avons nagé dans la piscine!

Je suis étonnée qu'elle ait le teint si frais. J'espère que je serai comme ça quand j'aurai trente ans.

Notre passage à l'aéroport m'évoque un accident avec délit de fuite. Nous arrivons à pleine vitesse, Marisa gare sa voiture sur une place interdite, et nous ressortons environ vingt minutes plus tard. Je reste plantée là, muette, alors qu'elle réduit en bouillie le responsable des bagages, parlant sans interruption d'une voix très ferme, les mains sur ses hanches minces. Je ne comprends rien à ce qu'elle dit, évidemment, mais je le vois s'affaisser et se recroqueviller petit à petit jusqu'à ce que, après avoir passé un coup de fil à voix basse, il lui tende un chèque.

— Qu'est-ce que tu lui as dit ? demandé-je, fascinée, alors que nous repartons.

Elle hausse les épaules.

— Il a dit que ton bagage était encore perdu, alors je lui ai rappelé qu'ils devaient payer une compensation s'il ne réapparaissait pas après trois jours.

— Mais ça ne fait que deux jours ! Et je ne devrais pas faire une déclaration de perte à mon assurance, ou un truc comme ça ?

Elle hausse de nouveau les épaules.

— Tu as le chèque, maintenant.

Manifestement, elle ne me dit pas tout, mais je lui suis incroyablement reconnaissante. Je regarde le chèque, et n'en crois pas mes yeux.

— Marisa, c'est beaucoup trop. Ma valise ne valait pas tout ça.

— Non ? Peu importe, tu pourras acheter des choses nouvelles !

— Juste des choses très simples, dis-je prudemment.

Au premier abord, Catane ne me fait pas une grosse impression. Nous passons dans des banlieues mornes, et je remarque que beaucoup d'immeubles sont sombres et crasseux. Mais après nous être garées, quand nous nous engageons dans le centre, la vue s'améliore. Il y a de très beaux bâtiments de style baroque, et j'aperçois des ruines de monuments grecs ou romains ici et là. À part les palmiers trapus un peu partout, cela ressemble à l'image que je me fais de

Rome. Où que nous allions, nous voyons l'Etna qui se dresse au bout de la plupart des rues. C'est étrange de voir une montagne au sommet enneigé alors qu'il fait si chaud.

Nous émergeons sur une belle place bordée de constructions imposantes, dominée par une immense église, une cathédrale même, avec au centre une magnifique fontaine en pierre. Il y a de nombreux cafés, où les gens assis en terrasse regardent le monde passer. Un homme nous double, vêtu d'un costume bleu marine et d'une chemise rose, portant un attaché-case et tenant en laisse un petit caniche. Tout le monde, même les hommes et les femmes manifestement habillés pour aller au travail, ont l'air d'être en vacances. Voilà comment je m'imaginais une ville italienne.

— Waouh. C'est charmant.

Marisa rit et me presse le bras. Elle m'entraîne vers une large rue piétonne qui donne sur la place, remplie de passants qui vont et viennent sans se presser, sortant de boutiques très chics. Nous trouvons un magasin d'électronique où j'achète un chargeur pour mon téléphone, puis Marisa me propose d'aller me trouver des vêtements. J'ai peur qu'elle ne m'emmène dans un de ces magasins de luxe, mais nous entrons dans une enseigne qui porte le nom mystérieux de *Pièce*. J'espère que cela donne une indication des prix pratiqués.

Pendant que Marisa examine des écharpes, je prends l'escalator. Consciente qu'elle m'attend, je ne veux pas passer des heures à choisir des affaires ; de toute façon, il s'agit juste de me dépanner jusqu'à la fin du séjour. Première priorité : les sous-vêtements. Je sélectionne deux soutiens-gorge blancs tout simples et des pochettes de culottes en coton. Je prends quelques tee-shirts bleu marine supplémentaires, qui ressemblent à celui que j'ai déjà, un tee-shirt blanc qui, je pense, ira bien avec mon pantalon, un short en lin, et une robe noire en solde pour sortir. Je trouve aussi un cardigan bleu marine qui m'a l'air pratique et confortable. Contente de moi, je me dirige vers la caisse. Je ne pense pas qu'il soit nécessaire d'essayer ces articles ; je sais qu'ils m'iront.

Marisa vient vers moi alors que je fais la queue.

— Qu'est-ce que tu as pris ?

Je lui montre, et elle a carrément un mouvement de recul, comme si je lui avais montré un sac de serpents.

— Alice ! Non !

— Pourquoi pas ? Qu'est-ce qu'ils ont ?

Je suis complètement perplexe.

Elle se contente de secouer la tête, très sérieuse. Elle me ramène à l'étage, où elle m'entraîne dans les rayons, saisissant des articles au passage puis me les tendant. D'abord, elle trouve deux petits chemisiers blancs et des hauts en coton à motifs différents, un haut noir dos nu et une jupe tulipe rose. Je n'aurais jamais opté pour ce genre de modèles moi-même, mais je dois admettre qu'ils sont très beaux. Elle choisit aussi un blazer en coton à rayures blanches et noires, un superbe foulard en soie aux motifs bleus et verts, une robe bain de soleil blanche, un cardigan bleu pâle et un autre chemisier blanc, et elle m'oblige à tout essayer. Ensuite, nous ajoutons des sandales plates style gladiateur et une paire de talons hauts aux semelles en bois. Je veux garder le short, mais Marisa me trouve une jupe évasée à la place, ainsi que de grosses lunettes de soleil et un chapeau à larges rebords. Je trouve aussi un magnifique Bikini bleu pâle et un ensemble de sous-vêtements bleu marine pour assortir à mes culottes en coton, et une chemise de nuit. Marisa me fait penser à acheter un nouveau sac de voyage et un sac de plage, ce qui ne me serait jamais venu à l'esprit. Ces tenues, bien que peu coûteuses, sont si bien assorties que j'ai l'air plus sophistiquée, plus stylée.

— Toutes ces choses sont adorables, Marisa.

— Alors pourquoi ne les avais-tu pas sélectionnées toi-même ?

— Je ne sais pas.

Je sais que j'ai tendance, quand je suis nerveuse, à choisir des ensembles passe-partout, « barbants », comme dirait Ruth.

— Peut-être parce que je les trouvais trop tape-à-l'œil ? ajouté-je, tout en me rendant compte à quel point c'est minable. Et je ne voulais pas trop te retarder.

— Ne t'en fais pas, *brava*. Je n'ai pas d'autre occupation aujourd'hui.

Elle a l'air un peu triste en disant cela.

— De toute façon, j'ai autre chose à faire en ville, annonce-t-elle sur un ton mystérieux.

Après avoir fait le plein de crème solaire et de différents produits de beauté, nous quittons le magasin et descendons la rue jusqu'à un grand café au coin, en face de l'entrée d'un jardin botanique. Marisa me laisse là, me disant qu'elle reviendra quand elle aura fini sa commission. J'entre avec mes sacs, ravie de toutes mes nouvelles et belles affaires.

Le café est bondé d'hommes âgés, petits, en chemise blanche et pantalon gris, d'adolescents en jean et tee-shirt, de femmes âgées minuscules, en robe marron ou noire et de femmes magnifiques de mon âge ou plus, très bien habillées et maquillées. Tous ne sont pas installés à une table ; la plupart sont debout au comptoir et parlent à plein volume. Des serveurs en gilet bleu et chemise blanche se précipitent de derrière le bar, servant des boissons à la vitesse de la lumière, et posant bruyamment la note et la monnaie dans de petites soucoupes en métal. Sur le bar, sous une cloche en plastique, se trouve un assortiment extraordinaire de pâtisseries, de gâteaux et de friandises que je ne reconnais même pas. Tout en écoutant la clameur des voix italiennes, je me rends compte que je n'ai pas vu un seul touriste de la journée.

Tout le monde, même la minuscule dame aux allures d'oiseau qui se tient à côté de moi, habillée en noir, est si stylé que je décide soudain de quitter ce pantalon en lin, qui tient presque debout tout seul. Sam avait raison : il ressemble vraiment à un bas de pyjama. Je me dirige vers les petites toilettes pour me changer. J'enfile la jupe rose et le dos-nu noir. Comme je n'ai pas de soutien-gorge sans bretelles, je décide de m'en passer. Je me brosse rapidement les cheveux et les entortille en chignon. Quand je sors, j'ai l'impression d'être une personne complètement différente. Est-ce mon imagination, ou me jette-t-on plus de regards que tout à l'heure ?

Je vais commander un café au bar, comme le font les locaux. Je demande un cappuccino, mais le serveur secoue la tête et me montre l'horloge. À la place, il me donne un expresso avec du lait. Je n'ai aucune idée de ce que cela signifie, mais c'est peut-être toujours comme ça à Catane.

Quand Marisa arrive, elle s'apprête à passer devant moi quand je lui tapote le bras.

— Ah, tu t'es changée ! s'exclame-t-elle d'un air approbateur en me prenant par les épaules. Magnifique !

— Merci ! Je porterai peut-être ça ce soir.

— Non. On va aller ailleurs pour tes tenues de soirée.

Elle est tellement autoritaire. Je crois que j'aime bien ça.

— Tu veux un café ? lui demandé-je. Je t'en offre un. Mais ne demande pas de cappuccino, il n'a pas voulu m'en donner.

Elle rit.

— Le cappuccino, c'est pour le petit déjeuner, et il est midi ! C'est pour ça.

Comme c'est bizarre. Pour un pays apparemment si détendu, il semble y avoir tout un tas de règles à observer : des pâtes avant la viande, pas de cappuccino après le petit déjeuner… Marisa boit un café avec moi, puis nous retournons à la voiture. Je n'avais pas compris que nous allions reprendre la route, et, soudain, ma conscience professionnelle se rappelle à moi. Je ne suis pas censée passer la journée à faire du shopping.

— Marisa… euh… est-ce que c'est loin, l'endroit où on va ?

— À une demi-heure. Pourquoi ?

J'hésite à lui dire que je n'ai pas besoin de tenue de soirée et que je préférerais retourner à la villa. Mais je ne sais même pas si Luther est rentré. Je sais en revanche qu'il veut encore sortir ce soir, alors il vaut sans doute mieux que je trouve quelque chose à me mettre pour l'accompagner.

— Comme ça. Je me posais la question.

Nous quittons la ville et nous engageons sur une autoroute. Après la dure journée d'hier, je me sens plus détendue, et Marisa est de très bonne compagnie. Elle me parle de la Sicile, me pose des questions sur ma famille et ma vie à Londres. Elle me rappelle un peu ma sœur Erica. Elle me demande aussi si j'ai un petit ami, et elle fait preuve de beaucoup d'empathie quand je lui parle de ma rupture avec Simon.

— Il ne te méritait pas, dit-elle avec assurance. Quelqu'un de mieux viendra.

Je ne suis pas sûre de la croire. Si Simon ne me méritait pas, pourquoi l'ai-je perdu ? Mais j'apprécie cette idée. J'aimerais lui demander ce qu'elle fait dans la vie, mais je me retiens, car j'ai le sentiment qu'elle ne fait rien de particulier.

Après une demi-heure environ, nous arrivons dans un village perché sur une colline, au milieu de nulle part. En sortant du véhicule, je vois des vagues de collines de couleur sable vert qui s'étalent au soleil, avec de vieux villages nichés çà et là à leur sommet. Celui où nous nous trouvons me semble plus récent. Il n'est pas particulièrement pittoresque : juste une rue avec un bar, un salon de coiffure et une boutique sans enseigne.

— C'est ici, dit Marisa en m'entraînant dedans.

L'intérieur est bien plus grand qu'il n'y paraît, et cela ne ressemble pas du tout à une boutique normale. Il y a des rayons et des rayons de vêtements, tous pressés les uns contre les autres et alignés de manière très professionnelle. Une grande femme en robe verte avec des lunettes à monture d'écaille s'approche et, après un bref échange avec Marisa, elle nous laisse jeter un coup d'œil.

Ce n'est pas tout à fait comme dans la scène des essayages dans *Pretty Woman*, mais presque. Elle me fait essayer des tonnes de robes, y compris une superbe, d'une couleur rose pâle, en soie et avec un dos-nu, et une autre, bleu-vert et brodée de perles, qui me donne l'impression d'être un paon. Je ne crois pas que je les aurais essayées de moi-même, mais je les adore toutes les deux. C'est à peine si je me reconnais dans le miroir. J'aimerais que Simon me voie comme ça. Me reconnaîtrait-il seulement ?

— Tu ne trouves pas que ça fait un peu trop ?

Marisa secoue la main.

— Être belle, ce n'est jamais trop.

Elles sont toutes les deux à prix réduit – je viens de comprendre qu'il s'agit d'une boutique de vente au rabais –, et je peux me permettre d'acheter les deux, surtout avec mon chèque miraculeux. J'essaie aussi une robe portefeuille noire, qui m'a l'air pratique, soldée à moins soixante-quinze pour cent, mais Marisa secoue la tête.

— Le noir va bien aux blondes, mais ce style fait trop âgé pour toi. Et n'as-tu pas déjà plein de vêtements noirs ?

Je m'apprête à lui demander comment elle le sait, mais je me rends compte qu'elle me taquine. Cela m'est égal. Pour la pièce de résistance, je déniche une veste de motarde en cuir très doux, bleu pétrole, ajustée, aussi légère qu'une plume et extrêmement flatteuse. Marisa me suggère de l'essayer avec les robes, ce qui ne m'aurait jamais traversé l'esprit. Elle est splendide, mais j'ai peur qu'elle ne soit trop chère.

— Tu ne devrais pas l'acheter si elle ne te plaît pas, dit Marisa, très sérieuse. Mais elle te plaît.

Elle a raison. Je me hâte de la donner à la femme derrière le comptoir avant que quelqu'un me la chipe. J'hésite un temps fou entre les deux robes, et je me surprends à me demander laquelle Luther préférerait. Alors, chassant cette pensée de mon esprit, et sur un coup de folie, je prends les deux. Marisa me dit que c'est un bon investissement. Elle essaie quant à elle un jean, mais ne le prend pas à cause d'une infime imperfection.

Il est presque 14 heures, et je lui dis que j'aimerais l'inviter à déjeuner. Nous allons dans le petit bar un peu plus loin. Il y a une poignée d'habitants à l'intérieur, qui nous regardent avec curiosité, puis se désintéressent de nous quand ils voient nos sacs de courses. Marisa lance un « *Buona sera* » général, et tout le monde lui répond. Une adolescente s'interrompt dans la rédaction d'un texto pour nous montrer une table, et elle nous apporte deux bols de gnocchis avec de la sauce tomate fraîche, un peu de pain et du vin rouge. Je me rends compte subitement que je suis affamée. Marisa attaque ses pâtes avec tout autant d'appétit, les saupoudrant de parmesan. Je lui suis vraiment reconnaissante de m'avoir aidée aujourd'hui alors qu'elle aurait pu passer la journée sur le yacht avec Federico, ou même aller au rallye avec Luther.

— Comment connaissez-vous Luther, Federico et toi ?

— J'ai rencontré Sam à Cannes il y a quelques années, et l'un de ses clients a tourné dans un film que je produisais. Nous sommes restés en contact… Et, quand il est venu en Sicile avec Luther, il m'a appelée. Et maintenant Federico et moi sommes très contents de les connaître tous les deux.

— Je ne savais pas que tu avais travaillé dans le cinéma.

— J'ai été productrice pendant cinq ans, à Rome. On faisait beaucoup de coproductions avec des compagnies britanniques et françaises, japonaises et coréennes… Beaucoup de films magnifiques, avec d'excellents réalisateurs.

— Et que s'est-il passé ? Pourquoi as-tu décidé d'arrêter ?

— Nous avons fait faillite.

— Oh.

— Et ensuite j'ai épousé Federico. Il travaille ici. Il ne peut pas quitter la Sicile, alors j'ai quitté Rome et je suis revenue ici.

— On ne fait pas de films en Sicile ?

— Pas vraiment. L'industrie cinématographique italienne est petite comparée à celle de la France, ou de l'Espagne, et presque tout se passe à Rome. Il y a très peu de travail ici, en général. C'est splendide, comme tu le vois, mais pas très riche. Presque toutes les personnes avec lesquelles j'ai grandi ont quitté la ville pour s'installer à Palerme ou à Messine, voire sur le continent.

Je suis sous le choc. A-t-elle abandonné toute sa carrière pour Federico ? Mais je ne peux pas lui demander ça comme ça.

— Alors tu es originaire de Sicile ?

— Bien sûr ! Tu as rencontré ma mère !

— Vraiment ? Quand ?

Elle prend une expression malicieuse.

— Tu ne l'as pas vue au petit déjeuner ce matin ?

— Maria Santa ? C'est ta mère ?

D'abord, je n'en reviens pas, mais, maintenant que j'y pense, cela me paraît évident ; il y a vraiment une ressemblance.

— Comment se fait-il qu'elle travaille dans la maison ?

— Elle a pris sa retraite ; mes parents tenaient un hôtel à Cefalu, sur la côte Nord. Depuis la mort de mon père, elle aime quitter la maison de temps en temps. Quand j'ai raconté ça à Sam, il a demandé si elle aimerait venir travailler à la villa. Elle a dit oui.

— Je l'ignorais.

— Et nous avons le même prénom, tu sais. Marisa, c'est le diminutif de Maria Santa. Il y a quelques années, je crois que s'occuper de Luther aurait été trop pour elle, mais d'après Sam il semble aller mieux. Il ne fait pas trop la fête.

Je pense à Sam. C'était plutôt gentil de sa part, de proposer cet emploi à Maria Santa, mais existe-t-il quelque chose qu'il ne contrôle pas ? Je me rends compte, avec une terrible pointe de culpabilité, que cela fait des heures que je n'ai pas pensé au livre. J'ai pensé à Luther, certes, mais pas à son texte.

— Alors, *bella*, comment ça se passe, avec Luther ? Il fait son travail ? demande-t-elle, comme si elle lisait dans mes pensées.

— Eh bien, pas encore.

— Demande à Sam de t'aider. Il peut faire avancer les choses.

— C'est ça, dis-je évasivement.

Elle sourit.

— Tu ne l'aimes pas ? C'est un mec super. Il n'a rien de l'agent hollywoodien typique.

— Vraiment ? (Ces deux affirmations me laissent dubitative.) Pour être honnête, je le trouve très impoli… et peu coopératif.

— Non ! Alice, tu n'as pas idée de la chance que tu as. Sam est très raisonnable, très fiable. Il veut juste protéger Luther. Quand tu l'auras de ton côté, tu pourras faire ce que tu veux.

J'ai l'impression de ne pas connaître cette version reluisante de Sam. Et, plus important encore, il n'est pas de mon côté.

— Luther n'est pas une mauvaise personne, continue-t-elle. Vraiment, il est très facile à vivre, comparé à d'autres dans ce milieu. Mais il est influent, et il n'a pas l'habitude de travailler ailleurs que dans le cinéma. Alors il faut y aller doucement avec lui, tout en restant ferme. Il t'aime bien, c'est important. Quand tu auras gagné sa confiance, tu pourras le pousser un peu, et il suivra ton exemple. Crois-moi, ajoute-t-elle en me voyant m'affaisser. J'ai eu affaire à beaucoup d'acteurs. Ils veulent tous qu'on les dirige.

Je préférerais que tous les gens qui me donnent des conseils sur la façon de m'y prendre avec Luther s'en chargent eux-mêmes. Mais elle n'a pas tort, et j'imagine bien qu'elle devait être formidable dans son travail.

— Ça te manque, de bosser dans la production ? demandé-je avec curiosité.

En temps normal, je ne lui poserais pas une question pareille, mais j'en suis à mon second verre de vin.

— Peut-être. Oui, probablement. Mais, parfois, il faut faire des choix.

Je me demande quels choix elle a faits exactement. Elle ne semble pas follement amoureuse de Federico.

À vrai dire, on dirait que quelque chose cloche entre eux. Et je me demande si elle est intéressée par Sam. Sûrement pas, sinon elle ne m'aurait pas chanté ses louanges aussi ouvertement. Si ?

— Enfin, dit-elle. Peu importe. Ce soir, on ira au *Tesoro*, on passera un bon moment, on deviendra tous amis, et, demain, ta collaboration artistique avec Luther pourra commencer !

Elle lève son verre, et nous trinquons à Luther et à moi.

Chapitre 9

Au lieu de rentrer à la villa, Marisa suggère que nous allions nous changer chez elle, en bordure de Taormina. Sur le trajet du retour, nous bavardons et écoutons la radio. La route qui longe la côte est magnifique, et nous montons encore plus haut, jusqu'à ce que j'aperçoive une petite ville très pittoresque accrochée à une falaise, au-dessus de la mer. La ville que je vois depuis la villa.

Nous nous garons près de l'appartement de Marisa, situé dans un immeuble moderne. Federico n'est pas là. Même s'il n'est pas très grand, l'appartement paraît très spacieux, et ils (ou, sans doute, Marisa) l'ont aménagé avec beaucoup de goût. Il y a des fleurs partout, un grand tissu en soie à motifs cachemire a été jeté sur un des canapés blancs, et, sur le sol en pierre, il y a un superbe tapis qui doit coûter des centaines de livres sterling.

— C'est ma tante qui l'a fait, dit Marisa quand je la complimente sur ce tapis. Aimerais-tu un Campari ?

Je ne sais pas exactement ce que c'est, mais cela me paraît extrêmement sophistiqué, alors j'accepte. Elle me dit d'aller sur la terrasse, où elle va me l'apporter.

Avant d'y aller, je pense à charger mon téléphone. Je suis tellement contente d'avoir trouvé un chargeur ! J'ai une tonne de messages. Un texto d'Erica qui me souhaite bonne chance, et trois de ma mère, un qui me demande comment je vais, un qui me parle de l'amie d'une amie à elle qui vit à Rome, et que je devrai contacter si j'ai besoin d'aide, et un autre me demandant pourquoi je n'ai pas encore répondu. Honnêtement, on croirait que je suis partie en Mongolie. J'envoie le même message à elle et à Erica : « Tout va bien. L'endroit est magnifique, Luther très gentil, le livre avance bien. » C'est vrai, en grande partie. Il y a aussi un appel manqué d'Olivia. Oups. J'attendrai d'avoir bu une gorgée de Campari avant de la rappeler.

Je sors sur la terrasse, et la vue qui s'offre à moi me laisse bouche bée. Toute la ville s'étale dans un fouillis de toits aux tuiles rouges, d'arches en pierre et de vieilles maisons magnifiques, aux couleurs ambrées, rose crème glacée et pêche. Il y a deux plages dorées en contrebas, courbées comme des cimeterres et se rencontrant au niveau d'une minuscule île verte. La mer est bleu marine, parsemée çà et là de yachts blancs fendant les flots de la baie, laissant des traînées blanches entrecroisées. La ville est perchée au sommet d'une falaise luxuriante, chargée de pins, de cactus et des sempiternels palmiers, qui descend abruptement jusqu'à la côte. Avec toute cette verdure exotique, le paysage semble presque tropical. En contrebas, j'aperçois un amphithéâtre grec qui se déploie en bordure de la ville.

Si je regarde plus à droite, revoilà l'Etna et son sommet enneigé. Je regrette de ne pas avoir d'appareil photo.

— C'est beau, n'est-ce pas ? demande Marisa en me rejoignant avec nos verres.

— Je n'arrive pas à croire que tu vis vraiment ici, dis-je en prenant mon Campari.

Je bois une gorgée, et je dois réprimer un haut-le-cœur. On dirait du sirop pour la toux. Marisa voit mon visage et éclate de rire.

— Le Campari, ce n'est pas pour tout le monde. Tu veux un peu de limonade ?

— Non, ça va. Je vais bien finir par aimer ça.

Cela a toujours un goût médicinal, mais je trouve ça rafraîchissant ; ça change du vin. Et j'ai l'impression qu'il s'agit exactement de la boisson à siroter sur ce balcon, en admirant la vue. Nous passons environ une heure à nous prélasser sur la terrasse, à boire et à discuter, jusqu'à ce que Marisa suggère que nous commencions à nous préparer.

Elle a un véritable dressing, avec une coiffeuse et des penderies encastrées des deux côtés. Il n'y a pas que ses vêtements, cependant. Tout un côté est réservé aux costumes et aux chemises de Federico. Je n'arrive pas à me décider entre la robe rose et la bleue. La bleue est éblouissante, mais je pense que ce serait un trop grand écart avec mon look habituel. Avec toutes ces perles, on dirait un peu un déguisement.

— C'est une boîte de nuit très chic, fait remarquer Marisa.

Mais j'ai l'impression que la robe rose me ressemble plus. Elle est vraiment très jolie. Elle me moule de façon séduisante, et sa couleur met en valeur ma peau pâle. Quel dommage que j'aie ce coup de soleil. Je n'ai jamais rien porté avec un décolleté aussi profond dans le dos, et je suis étonnée que cela soit aussi sexy. Je ne peux pas porter de soutien-gorge. Cela dit, je pense pouvoir m'en passer : c'est l'un des avantages d'avoir une petite poitrine.

— Tu as de la chance, dit Marisa en secouant la tête. Sans soutien-gorge, je ressemble à un monstre.

J'aurais du mal à imaginer quelque chose qui ressemble moins à un monstre que Marisa. Elle est absolument sublime dans une robe vert émeraude sans bretelles, avec un fin bracelet en diamant autour de son mince poignet bronzé. Je la regarde, fascinée, passer ses cheveux autour de rouleaux chauffés et les envelopper d'un foulard en soie pendant qu'ils refroidissent.

— Tu veux que je te coiffe ?

Je secoue la tête.

— Oh non. Les cheveux bouclés, ça ne m'irait pas.

— Je ne vais pas les friser. C'est juste pour le volume. Allez.

On dirait une petite fille avec une poupée. Elle me fait asseoir et met de gros rouleaux en Velcro dans mes cheveux, puis elle les passe à l'air froid du sèche-cheveux. Je suis dubitative, mais je vais lui faire confiance.

— Et maintenant, ton maquillage ! Je peux le faire ?

Je ne sais pas trop si elle plaisante ou non.

— Je suis déjà maquillée.

J'ai couvert mon nez et ma lèvre rouges de correcteur, mis du mascara, du fard à paupières brun et du gloss. Elle ne le voit donc pas ?

Elle secoue la tête.

— Le maquillage « nude », c'est bien, mais pas pour le soir, dit-elle avant de se mettre à l'ouvrage.

J'ai peur de ressembler à un drag queen, mais pas du tout. Elle se sert de mon matériel, mais l'applique avec ses brosses ; elle en possède une dizaine. Elle passe un temps fou à étaler, à mélanger, à estomper. À la fin, je ressemble à moi, mais en mieux : mes yeux sont plus grands, mes lèvres plus pleines, et ma peau absolument parfaite. Même mes joues sont d'une jolie couleur rose, et pas rouges. Elle se sert aussi de mon fond de teint, associé à de la lotion pour le corps, pour couvrir le coup de soleil sur mon épaule. Finalement, elle retire les rouleaux et libère mes cheveux ondulés. Je me reconnais à peine : je suis tellement différente. Je m'exclame devant ce résultat quand mon téléphone se met à sonner.

C'est Olivia. Oh, merde. Je prends l'appel dans le couloir.

— Alice ! (La ligne crépite.) Enfin ! Je n'ai pas arrêté de vous appeler !

— Oh, je suis désolée, Olivia. J'ai perdu mon chargeur…

Je l'entends soupirer depuis Londres.

— Alice, vous devez apprendre à faire attention. Comment ça se passe ? Avez-vous progressé ? Nous attendons tous des nouvelles, vous savez.

— Euh…

Le miroir du couloir me renvoie mon expression coupable. Je suis infiniment soulagée qu'elle ne puisse pas me voir, tirée à quatre épingles, un Campari à la main.

— Eh bien, pour l'instant j'ai surtout appris à le connaître.

— À le connaître ? répond-elle, incrédule. Et vous avez avancé sur le livre ?

Je ferme brièvement les yeux et inspire profondément.

— Olivia, je fais de mon mieux. Mais il n'est pas facile. Il vient de terminer un film. Il a des amis avec lui, et il veut se détendre. Pour le moment, j'essaie de construire une relation avec lui, et ensuite j'espère que nous…

— Une relation ! Alice, vous n'avez pas le temps de construire une relation. Si vous êtes là, c'est pour lui mettre la pression. Vous devez le forcer à s'asseoir et à travailler.

Pendant qu'elle me sermonne, je suis passée dans le salon. Agenouillée sur le rebord d'une chaise, je regarde par la fenêtre le soleil qui se couche sur la ville dorée.

— C'est ce que je vais faire, Olivia. C'est promis. Je ne suis là que depuis deux jours.

Je sais que je passe pour une idiote. Ce que je veux, c'est lui demander comment faire, comment le mettre au boulot, mais je ne peux pas.

— Si on ne m'avait pas interdit de prendre l'avion après mon opération, je serais déjà là pour tout régler.

Il y a une pause pleine de mauvaise humeur.

— Comment vous sentez-vous ? demandé-je.

— Je vais bien. Mais je manque encore de mobilité. Et je m'inquiète beaucoup pour ce livre.

J'inspire à fond.

— Tout ira bien, Olivia, honnêtement. Il est très gentil, et il a l'air d'avoir envie de faire ce livre. Je pense qu'il me faut juste encore un jour ou deux pour gagner sa confiance.

En me regardant dans le miroir, je me vois rougir, parce que, pour être honnête, je ne sais pas si je suis habillée pour gagner sa confiance ou autre chose.

— Alors allez-y. Et servez-vous de son agent. Il est là, n'est-ce pas ? Demandez-lui de faire pression sur Luther pour vous. Rappelez-lui la clause de contenu.

— Sans faute, murmuré-je, nauséeuse.

Oh, mon Dieu ! La clause.

— Je ne peux pas tout faire pour vous, Alice. Vous devez apprendre à contrôler la situation et à décider.

— Je sais, dis-je humblement.

— Je dois y aller.

Elle raccroche.

— Tout va bien ? demande Marisa, qui vient d'apparaître derrière moi.

— Oh oui. C'est juste ma supérieure qui m'interroge sur Luther.

Manifestement, elle déchiffre mon regard morose.

— Ne t'en fais pas. Il y a un proverbe sicilien : « Nous nous faisons du souci… »

Elle cherche la traduction adéquate.

— « Nous nous faisons du souci, et ensuite nous mourons. » Dans un an, quelle importance aura tout cela ?

J'ai envie de répondre que ça en aura si nous n'avons pas eu le livre, si nous avons perdu des millions de livres sterling et si j'ai été renvoyée pour incompétence. Mais cela ne servirait à rien.

— Je peux avoir un autre Campari ?

Chapitre 10

Alors que nous descendons les marches de l'appartement en talons hauts, toutes deux aspergées de l'Acqua di Gioia de Marisa, j'ai chassé le coup de fil d'Olivia dans un recoin de mon esprit, et je suis tout excitée par la soirée qui nous attend. Enfin, on va me voir dans une autre tenue que la robe de bure. Soudain, une pensée me frappe : je vais passer la soirée avec Luther ! Je ne l'ai peut-être pas vu de la journée, mais ce temps a été mis à bon usage. Je vais enfin être capable d'aller à son rythme et de faire sa connaissance sur un pied d'égalité, dans un contexte détendu, informel. Et demain on fera du super boulot sur le livre. J'en oublie mes sacs de shopping, mais Marisa me dit qu'une de ses cousines doit aller voir Maria Santa un peu plus tard et pourra les déposer à la villa.

Si la vue depuis le balcon était spectaculaire, la ville elle-même évoque un décor de cinéma. Nous marchons dans des rues médiévales étroites et sinueuses, apercevant la mer au bout de ruelles où des fleurs rouges et rose vif se déversent de balcons en fer forgé perchés haut sur les murs. Les arches en pierre et les palmiers lui donnent presque un air oriental. Je me rends compte que notre allure est lente en comparaison de celle que j'adopte à Londres. Ici, les gens semblent se promener, ou plutôt traîner. En partie parce qu'il fait si chaud, sans doute ; je sens que ma robe en soie colle déjà à mon dos. Cependant, marcher ici m'apparaît comme une activité sociale, comme boire un verre dans un bar : toute la ville est un défilé de mode géant. Marisa semble connaître tout le monde et s'arrête plus d'une fois pour échanger des baisers et des *« ciao »*. Les gens qu'elle salue sont tous plus glamour les uns que les autres et ils me regardent avec curiosité quand Marisa fait les présentations.

Alors que nous passons devant une église, une femme superbe aux cheveux blond foncé avec des mèches, vêtue d'une longue robe noire, sort en tenant un bébé dans ses bras, suivie par un homme aux cheveux noirs en costume gris. Leur discussion me semble plutôt aimable, mais je décèle une certaine tension. J'ai l'impression que Marisa est un peu énervée, même si elle ne le montre pas.

— Qui était-ce ? m'informé-je après qu'ils sont partis.

— J'étais à l'école avec elle. Elle me demande toujours quand nous allons fonder une famille, tu te rends compte ? Les gens sont tellement grossiers.

Elle a l'air furieuse, et je la comprends.

— Ça arrive aussi à ma sœur Erica, dis-je.

C'est drôle : même dans cet endroit qui ressemble au paradis, les gens se préoccupent des mêmes choses qu'à la maison.

Le restaurant où nous devons retrouver les autres se trouve dans un vieil immeuble en pierre, sur l'une des places principales. On dirait la place à Catane, en plus beau encore. En marchant à côté de Marisa, j'ai l'impression d'être dans un film. Je m'imagine revenir ici avec Luther, tard le soir, sa veste sur mes épaules… Bon, il faut que je me reprenne.

À l'intérieur, tout est brillant et moderne, avec des murs blancs et des œuvres d'art décalées un peu partout, et des serveurs filant entre les tables, vêtus de jean noir et de tee-shirt blanc. Les tables à l'extérieur ont l'air très agréables, mais apparemment nous avons une table privée à l'intérieur. Quand nous entrons, je sens que les têtes se tournent. Tout le monde regarde Marisa, évidemment, mais je me rends compte que certaines personnes m'observent aussi. J'entends des bribes de conversation de jeunes Européens branchés en anglais, alors que nous traversons le restaurant :

— Je la connais. Ce n'est pas cette actrice française ? Tu sais, celle qui…

— Française, mon cul. C'est ce qu'elle t'a dit ? Elle est libanaise.

— Tu savais que Luther Carson était ici ? Je vais essayer de lui parler ! J'ai entendu dire qu'il allait au *Tesoro* plus tard.

Notre groupe se trouve dans une salle à manger privée, et tout le monde est déjà assis. Annabelle est encore plus bronzée ce soir. Elle est splendide et extrêmement sévère dans une robe noire sans manches, à col haut, avec une garniture en plumes autour du cou. Ses cheveux sont coiffés dans une sorte de choucroute impressionnante. Son visage se décompose quand elle me voit.

— Alice, tu es tellement plus jolie, dit-elle, ébahie. C'est étonnant.

Luther se lève.

— C'est une robe très sexy, dit-il en m'embrassant sur la joue.

C'est la première fois qu'il fait ça, et cela me fait un choc, presque une décharge électrique. Il tire la chaise à côté de lui, et je m'y glisse. Je me sens un peu empruntée quand je fais glisser de mes épaules ma veste de motarde ; la robe est vraiment très suggestive. Luther s'apprête à prendre ma veste, mais un serveur le devance. Il me donne une grosse clé dorée qui, je suppose, est celle du vestiaire. Sam a lui aussi l'air surpris, et il ne me quitte pas des yeux.

— Alors, tu as bien profité de ta journée de shopping ? me demande Annabelle. Brian a travaillé dur à la maison. Il y est encore, d'ailleurs.

Je m'apprête à répondre quand Sam dit :

— À vrai dire, moi aussi j'ai fait un peu de shopping aujourd'hui. (Il porte une veste très chic et une chemise bleue.) Je vais à Venise pour le festival en septembre, et je veux avoir la classe d'un Européen.

Je le trouve en effet étonnamment élégant, moi qui ne l'ai jamais vu qu'en tee-shirt, et il ne porte pas ses lunettes.

— Bien essayé, mon vieux Newland, dit Luther en passant paresseusement un bras autour de ma chaise. (Je me tiens hyperdroite, osant à peine m'appuyer contre le dossier.) Tu as beau être un fan refoulé de l'Europe, tu ressembleras toujours à un Yankee. Franchement, regarde comme tu es grand, mon pote. Il ne s'agit pas que des vêtements, mais de la façon dont tu les portes.

— Je suis d'accord, dit Federico, très sérieux. Le style est très important pour les Italiens.

Marisa tapote son bras d'un air approbateur, mais c'est Sam qu'elle regarde.

— Chaque fois que je vais rendre visite à mes grands-parents à Salt Lake City, si j'ai le malheur de porter une chemise qui ne soit pas en tissu écossais, les gens déclarent que je fais « très L.A. », dit Sam. Je ne peux pas gagner.

— Je pense que j'ai un look international, dit Annabelle. Cela dit, il faudrait peut-être que je me fasse blanchir les dents pour pouvoir jouer une Américaine.

— Ouais, dit Luther, l'écoutant à peine.

Annabelle en reste bouche bée. Je n'ose pas la regarder. Je suis intensément consciente du bras de Luther sur le dossier de ma chaise. Je l'ai déjà vu s'asseoir comme ça, néanmoins ; ça ne veut rien dire, il aime juste s'étaler.

— Alice, je peux changer de place avec toi ? demande Annabelle.

— Euh… pourquoi ?

— Je veux pouvoir me regarder dans le miroir, répond-elle.

C'est vraiment n'importe quoi, même pour elle, et je ne sais quoi répondre. Luther vient à la rescousse.

— Restons comme nous sommes, dit-il. Je veux commander. Qu'est-ce que vous prenez, tous ?

— Le veau au marsala, répond Federico.

— De l'espadon pour moi, dit Marisa.

— Je n'arrive pas à me décider, dis-je. (J'ai lu le menu environ cinq fois, et je n'y comprends rien.) Tout a l'air délicieux.

— Tu veux que je commande pour toi ? demande Luther. Ce sera une surprise.

— Oui, pourquoi pas ?

Luther suggère un risotto à la truffe blanche, suivi de poulet poché aux asperges. Je remarque que Sam m'observe d'un air sceptique, mais je m'en fiche. Quand le serveur arrive, je commande exactement ce qu'a proposé Luther.

Le serveur est maintenant arrivé à Luther, qui étudie toujours le menu. Tout le monde attend, mais il continue de lire.

— Je peux avoir un steak à point, avec des frites ?

Je suis surprise : ce n'était pas au menu. Néanmoins, le serveur hoche la tête et s'éloigne rapidement.

Le repas se passe dans une sorte de brouillard. Luther est en grande forme. Il me verse d'innombrables verres de vin et nous fait tous rire en déclarant qu'il va apprendre à imiter l'accent anglais. Alors que l'alcool coule à flots, un sentiment d'euphorie s'empare de moi. Je nous vois reflétés dans le miroir; nous formons un groupe tellement glamour. Je regarde la blonde en robe rose qui discute avec Luther : c'est vraiment moi ? Je me demande si les gens qui nous voient pensent que nous sommes trois couples. Auquel cas, comme je suis assise à côté de Luther, cela ferait de moi... Je sais que je me fais des films, mais, chaque fois que je regarde Luther, je suis submergée par la façon dont il me regarde à son tour.

Pendant ce temps, Annabelle se comporte comme une gamine gâtée, formulant une liste interminable de requêtes : « Cette eau minérale a un goût bizarre. On peut avoir une autre bouteille ? J'ai trop chaud. On peut leur demander d'augmenter l'air conditionné ? Sam, j'ai commandé une salade sans huile. Comment on dit "sans huile", en italien ? »

— Il n'y a pas d'expression italienne pour dire ça, répond-il.

Une jeune Anglaise s'approche de notre table.

— Luther ? J'adore vos films ! Je peux vous prendre en photo ?

— Bien sûr, tant que tu photographies aussi ma copine.

Il passe le bras autour de mes épaules et m'attire vers lui, si près que mon visage touche le sien.

— Merci ! dit-elle avant de s'en aller, rayonnante.

Mon cœur bat très vite. Je sens encore la joue de Luther contre la mienne.

— Tu veux que j'en touche un mot au propriétaire ? demande Sam.

— Du calme, mon grand, dit Luther sur un ton paresseux, en me souriant. On aurait dû lui en demander un tirage, pas vrai ?

C'est drôle, car c'est exactement ce à quoi je pensais.

Annabelle est de plus en plus furieuse, et sa robe noire semble s'accorder à merveille avec son humeur. Avec ses plumes, on dirait un corbeau malveillant. Je bois une autre gorgée de vin. Il fait chaud dans le restaurant, et je suis contente que ma robe soit aussi légère, sinon je serais en nage.

La jeune fille revient et s'adresse à Annabelle.

— Désolée, dit-elle. J'ai oublié de vous dire que je crois vous connaître, vous aussi. (Annabelle sourit avec modestie.) Vous ne jouez pas dans *Hollyoaks* ?

Annabelle ne prend même pas la peine de répondre ; elle foudroie simplement la demoiselle d'un regard débordant de mépris. Je réussis à ne pas rire, mais, quand je croise le regard de Marisa, nous échangeons un sourire.

— Cet endroit est tellement vulgaire, dit Annabelle. Et la maison ne nous a même pas offert le champagne. Je ne remettrai plus les pieds ici.

— J'aimerais bien prendre un café, dit Sam.

— Non, allons-y, dit Luther.

Quand nous nous levons, je me rends compte que j'ai beaucoup bu. La pièce ne tourne pas vraiment, mais je tangue un peu, comme sur le yacht. Un café ne m'aurait pas fait de mal, mais, de toute évidence, Luther est impatient de s'en aller, alors nous sortons en file. Je manque d'oublier ma veste, jusqu'à ce qu'un serveur se précipite derrière moi et me la donne. J'essaie de l'enfiler, mais il insiste pour m'aider, ce qui tombe bien parce qu'il se trouve que j'ai du mal avec les bras.

— Tu as vraiment fait un effort, j'espère que tu ne te sentiras pas trop habillée dans la boîte de nuit, me dit Annabelle avec un petit rire, alors que nous nous dirigeons vers la voiture qui nous attend. J'ai remarqué que les étrangères en faisaient toujours des tonnes, alors que les Italiennes sont plus décontractées.

À en juger par ce que Marisa m'a dit plus tôt, je ne pense pas que ce soit vrai, et elle-même n'est pas particulièrement décontractée, mais je ne prends pas la peine de lui répondre. De toute façon, je ne suis pas sûre d'en être capable : j'ai besoin d'une minute pour respirer. J'espérais que l'air frais me revigorerait, mais j'oscille encore légèrement. Sam me voit trébucher à moitié, mais il ne dit rien.

La voiture, une énorme Jeep, a déjà le moteur en marche quand nous arrivons, et nous nous entassons tous à l'intérieur. Luther se dirige vers le siège avant, mais, au dernier moment il se tourne vers Sam.

— Hé, mon pote, c'est toi le plus grand. Tu passes devant.

Sans lui laisser le temps de protester, il contourne l'arrière du véhicule et monte à côté de moi.

Je sens son après-rasage de luxe et, pendant tout le trajet, je suis extrêmement consciente de son corps pressé contre le mien.

— On ne peut qu'aimer ces virages, me dit-il avec un sourire malicieux.

Être aussi près de lui me fait tourner la tête.

La boîte de nuit se trouve au milieu de nulle part. On dirait une maison privée au bout d'une longue allée, où nous nous garons. Alors que nous nous approchons, le bruit des grillons se noie petit à petit sous le son assourdissant de la musique. Il y a une longue file de personnes magnifiques qui fument et bavardent en attendant, mais on nous laisse directement entrer par la porte de derrière. Un homme portant un casque à écouteurs nous conduit dans une petite zone séparée par un cordon, à l'étage, où quelques tables sont occupées par des petits groupes de personnes plus resplendissantes encore. Tout le monde nous a vus, entrer, mais fait comme si de rien n'était, même si toutes les femmes dévisagent Luther.

Nous sommes à peine assis que plusieurs bouteilles de champagne arrivent dans des seaux en argent, distribués par de jeunes hommes très efficaces portant eux aussi des écouteurs. Soudain, je me rends compte que j'ai besoin d'un verre d'eau, et j'en demande à un des serveurs, qui répond : *« Pronto, signorina. » Pronto !* Je pourrais m'y habituer.

Luther s'assoit à côté de moi, et, une seconde plus tard, Annabelle est juste derrière lui, me marchant presque dessus dans sa hâte de s'installer à côté de lui.

— Luther, devine quoi, dit-elle. Tessa a appelé et elle pense que je pourrais tout à fait convaincre Martin, je veux dire Marty, de diffuser *La Morsure de son maître*. C'est pas génial ?

— Si, excellent, répond vaguement Luther.

Il me sert une coupe de champagne puis vide la sienne. Federico et Marisa nous rejoignent et ils se mettent à discuter. Annabelle a l'air folle de rage. Elle me foudroie du regard, et, l'espace d'un instant, je me demande si elle pourrait me frapper, ou avoir un geste déplacé. Au lieu de ça, elle retrousse les lèvres et se met à passer la pièce en revue.

— Ah, voilà un homme séduisant, dit-elle d'une voix forte.

Je suis son regard jusqu'à un homme en costume couleur crème. Il est assez beau, mais il a un front très bas qui lui donne un air vaguement préhistorique. Il voit qu'elle le regarde et lève son verre dans sa direction, de la façon la plus ringarde qui soit.

— Je vais aller dire bonjour, dit-elle.

En lançant un regard mauvais à Luther, qui ne s'en rend même pas compte, elle se dirige d'un air digne vers sa proie.

Bon débarras.

Soudain, je me rends compte que j'ai dit ça à voix haute. Heureusement, personne ne semble m'avoir entendue. Une fille s'est approchée sous prétexte de parler à Federico, mais elle n'arrête pas de regarder Luther. Il se tourne vers moi.

— Alors, madame. Que pensez-vous du *Tesoro* ?

— C'est fantastique, dis-je en regardant attentivement autour de moi pour la première fois.

L'endroit est censé ressembler à une grotte, mais avec plein de tables et de chaises en Plexiglas, des tapis rouges en velours et de grands miroirs dorés un peu partout. De là où nous sommes, nous pouvons voir la piste de danse en contrebas, qui se remplit déjà. Mon verre d'eau n'est pas encore arrivé, mais, comme j'ai du champagne, j'en bois à la place. Cela m'hydratera bien un peu, en quelque sorte.

— Du bon vieux Moët, dit Luther. Je déteste le champagne Cristal.

Il est assis tout près de moi et a de nouveau passé le bras autour de ma chaise. À cause de la musique, il est obligé de me parler à l'oreille. Sam est assis en face de nous et discute avec Marisa, mais je vois bien qu'il n'arrête pas de nous jeter des coups d'œil.

Malgré mes pensées embrouillées, je me dis que nous devrions avoir une conversation.

— C'est vrai que ta boisson préférée est la margarita glacée ?

— Non ! Je déteste la tequila. Mais je sais dire des cochonneries en espagnol.

Il me décoche un autre de ses sourires voraces et malicieux. Je ne comprends pas, mais je souris quand même.

Trois filles ont commencé à danser sur une chanson de Shakira. Leurs mouvements me paraissent un peu bizarres, un peu guindés, mais elles sont toutes superbes, et semblent danser pour Luther, une en particulier, vraiment éblouissante, qui porte un haut bandeau blanc.

En les regardant danser, je me dis qu'elles ont beaucoup de chance. Elles sont libres de s'amuser en soirée sans devoir bien se tenir ou se soucier de leur travail. N'est-ce pas ça, être jeune ? Je bois un peu plus de champagne, savourant le goût âcre, doux-amer, et les bulles. Soudain, la tension de ces derniers jours – semaines, années – me semble sans importance. Je suis là avec Luther. Tout va bien se passer. Il se met à me raconter des bêtises sur Shakira, ce qui me fait rire. Je sais que je devrais faire attention, parce qu'elle est sur la liste des personnes dont Olivia aimerait publier l'autobiographie, mais je n'arrive pas vraiment à suivre son histoire, qui parle du jour où il l'a rencontrée en coulisses : je me contente de le dévorer des yeux. Il est tellement beau.

Une minute plus tard, la fille avec le bustier vient parler à Luther, m'ignorant complètement. Il bavarde avec elle pendant quelques minutes, mais il devient vite évident qu'il veut la voir partir.

— Écoute, l'entends-je hurler par-dessus la musique. Je suis avec des amis. On se reparle plus tard.

— Quoi ? fait la fille, comme si elle n'avait pas entendu.

— Je suis avec ma petite amie, dit Luther en me désignant. On se parle plus tard. C'était sympa de faire ta connaissance.

Sur ce, il se détourne et passe ostensiblement le bras autour de mes épaules. Furieuse, la fille s'éloigne comme un ouragan. Je suis sous le choc. Luther Carson vient de dire que j'étais sa petite amie. Cela faisait partie d'une ruse, mais quand même !

— Et voilà. Maintenant elle va raconter au journaliste le plus proche que je suis un connard. (Il remplit mon verre.) Merci de m'avoir servi d'alibi. Je vais juste aux toilettes, ajoute-t-il en se levant, tanguant légèrement, et je reviens, ma puce.

Il me tapote brièvement l'épaule d'un doigt. Un frisson parcourt tout mon dos. Oh, waouh. S'il arrive à faire ça avec un seul doigt…

Je remarque que Sam, qui est toujours assis en face de nous, me regarde et a manifestement observé tout l'échange. Qu'il aille au diable. C'est à Luther de décider à qui il veut parler. Je m'aperçois qu'il a rencontré une autre fille sur le chemin des toilettes, avec qui il a une brève discussion. Oh non. Est-ce qu'il la drague ? Mais je n'arrive pas bien à voir, car, une seconde plus tard, un type vêtu d'une combinaison-pantalon complètement dingue apparaît et demande à prendre Luther en photo. La fille lui tombe dessus, et, pendant la dispute qui s'ensuit, Luther se faufile dans les toilettes.

Je suppose que je pourrais en profiter pour dessoûler, mais je n'en ai pas envie. Je sais que j'ai trop bu, mais j'ai l'impression que mon moi ivre déborde de sagesse et que mon moi sobre aurait beaucoup à apprendre de lui. Il me dit que la vie est faite pour être vécue. Je me fais toujours du souci, à n'importe quel propos, et quand est-ce que ça m'a été bénéfique ? Ruth me conseille toujours de me détendre et de ne pas prendre les choses trop au sérieux. Je suis avec une star du cinéma dans une boîte de nuit en Sicile. Quand une chose pareille m'est-elle déjà arrivée, et quand m'arrivera-t-elle de nouveau ? Pourquoi tout gâcher ? Je m'affaisse de plus en plus, et soudain je me rends compte que je vais tomber de ma chaise. Je me redresse avant que quelqu'un le remarque.

Sam et Marisa viennent s'asseoir à côté de moi, et, un instant plus tard, Annabelle apparaît, les joues roses, ravie de son succès avec l'homme de Cro-Magnon.

— C'est un millionnaire ! Il est vraiment super. Il s'appelle Nikos. Il vient d'Afrique du Sud. Ou peut-être de Grèce. Il est vraiment, vraiment impliqué dans le cinéma, et il dit que ça l'intéresserait d'en savoir plus sur *La Morsure de son maître* !

— En savoir plus sur la morsure de quoi ? dis-je.

Je sais que je ne suis pas en pleine possession de mes moyens, mais ça ne sort pas très bien.

— Pour le financer, tiens ! réplique Annabelle.

— *Bella*, il t'a dit qu'il était millionnaire, juste comme ça ? demande gentiment Marisa.

— Non, ça lui a échappé. Mais c'est vrai. (Une expression dubitative traverse son visage, et elle se tourne vers Sam.) Sam, comment peut-on savoir si c'est un vrai millionnaire ?

— Je crois qu'il existe une application iPhone, répond-il.

Un très bel homme d'un certain âge, aux cheveux bouclés, s'approche de nous.

— Bonsoir, je suis Giancarlo, le directeur de cette boîte de nuit. Je suis désolé de ne pas être venu me présenter plus tôt. M. Carson, c'est un honneur, dit-il en serrant la main de Sam.

Je m'attends à ce que Sam le rembarre, mais il se contente de sourire.

— C'est très aimable.

Le fond sonore a changé, passant d'une musique d'ambiance à des chansons plus fun, sur lesquelles il est plus facile de danser. Même dans notre petit coin, la piste s'est remplie. Je tape du pied, et j'en suis presque à me tortiller sur ma chaise. Je vois que Marisa et Sam se moquent de moi, mais je m'en fiche. Soudain, ma chanson préférée de l'été se met à passer.

— J'adore cette chanson ! crié-je à leur intention.

— Ma cousine de huit ans aussi, répond Sam, tout en souriant, pour une fois.

Annabelle lève les yeux au ciel.

— Allons danser ! dit Marisa.

Je me lève d'un bond. Sam et Federico ont un air amusé, mais ça m'est égal. J'adore cette chanson – je sais qu'elle me rappellera toujours cet été –, et nous dansons, et je chante, et je me dis que les paroles, sur des choses complètement dingues et des gens célèbres, sont on ne peut plus vraies. Elles parlent de ma vie à ce moment précis. Luther s'est joint à nous. Il a trouvé un chapeau de cow-boy et se met à faire des pas de country, et les gens le regardent en riant. Il en fait des tonnes, et je ne peux pas m'arrêter de rire.

— Tu es une très bonne danseuse, me crie-t-il à l'oreille.

— Vraiment ? Non ! dis-je, à bout de souffle.

— Si, je t'assure, dit-il en m'entraînant dans une pirouette.

Et nous dansons ensemble. Même si je regarde beaucoup de films de danse, je ne danse pas très bien. Mais là je n'ai aucun effort à fournir. Je n'ai qu'à suivre Luther quand il me guide, m'entraîne ou me fait tourner. Je me rends vaguement compte que les autres ne nous quittent pas du regard. Pourtant, c'est comme un rêve ; il n'y a que lui et moi, ses bras autour de moi, ma robe qui se gonfle, ses yeux qui capturent les miens. C'est un danseur exceptionnel, évidemment, je le sais bien, je l'ai vu à l'écran. Mais je n'avais aucune idée de ce que cela représenterait en vrai. Grâce à lui, je deviens une danseuse exceptionnelle moi aussi. Il est Jimmy dans *Fever*, et je suis Donna, la fille coincée des beaux quartiers dont il tombe amoureux et qu'il sauve... Soudain, je prends conscience que je suis complètement bourrée, mais peu importe. C'est une bonne chose.

Quand la chanson se termine, il ne me lâche pas.

— C'était drôle, dit-il alors que commence *La Isla Bonita*.

Je commence à m'écarter, à contrecœur, mais il m'attire contre lui. Il me serre, me repousse, me ramène encore plus près de lui, prenant un rythme plus lent, plus sexy. Je sens la chaleur de son corps, si proche du mien, ses mains sur la soie de ma robe. C'est un peu chaud, mais ça va. Ça reste amical. Même si, maintenant, nous dansons de façon vraiment osée.

— Tu es une très belle fille, me dit-il. Tu le sais ?

Je n'en crois pas mes oreilles.

— Oh non… Non.

— Oh que si. Tu ne le sais pas, c'est tout. Tu sais, dans le genre rose anglaise. Un visage frais, un genre innocent… Mais pas trop innocent…

Sa bouche frôle mon oreille alors qu'il prononce ces mots, et ses lèvres caressent presque ma peau.

Je sens que mes paupières se ferment, puis je les ouvre brusquement, et je me rends compte qu'absolument tout le monde a les yeux rivés sur nous. Quand la chanson se termine, je décide, dans le brouillard, de m'éloigner tout de suite de Luther et de me reprendre.

— Je reviens dans une seconde, dis-je.

— Ne sois pas longue, me souffle-t-il à l'oreille.

Je n'ai jamais trouvé le chemin des toilettes aussi rapidement de ma vie. Heureusement, il n'y a pas la queue, et j'entre et ressors en quelques minutes. Je regarde mon reflet dans le miroir. « Tu es une très belle fille. » Le pense-t-il vraiment ? Mon reflet semble bouger légèrement de droite à gauche, parce que j'oscille un peu, mais je vois que mon maquillage est intact ; mes yeux sont grands et mes joues roses, mais pas rouges. Même mes cheveux ont belle allure. J'avais prévu de profiter de cette pause pour réfléchir, mais ça n'arrive pas. Je ne veux pas prendre le risque

que Luther s'en aille ou parle à une autre fille. Ma conscience me souffle que ce n'est pas sage, mais ce n'est pas ma conscience qui est en charge de la situation pour le moment.

En sortant, je fonce droit sur Sam ; à vrai dire, je m'écrase presque contre lui. Il s'écarte et me lance un regard désapprobateur. J'en ai assez d'être polie avec lui. Il me déteste, et je le déteste : à quoi bon jouer la comédie ?

— Quoi ? lui demandé-je. Tu vas encore me faire la leçon ?

— Est-ce que ça changerait quelque chose ? répond-il, les sourcils haussés, d'un air méprisant.

J'essaie de soutenir son regard, mais je n'y arrive pas, alors je m'éloigne. Je vois qu'un petit groupe de filles s'est formé derrière Luther, mais il leur tourne le dos et discute avec Marisa.

— Hé, où étais-tu passée ? s'exclame-t-il en me voyant.

— Nulle part, j'ai juste...

— Dansons, dit-il.

Il m'attire vers lui et glisse un bras autour de mes épaules. Une chanson lente en italien est en train de passer. On ne m'a jamais tenue comme il me tient maintenant, aussi fermement, avec autant d'assurance. Alors que nous bougeons lentement, je devine l'odeur de sa peau, de ses cheveux. Il a posé la main droite sur mon cou et la déplace lentement sous mes cheveux. Je dirige ma main libre sur sa nuque. Je sens son corps pressé contre le mien. Je ne peux pas le regarder. Si je le regarde, il verra à quel point j'ai envie de l'embrasser…

L'embrasser… J'imagine ses lèvres se refermant sur les miennes, leur douceur. Même si nous bougeons à peine, mon pouls bat à tout rompre, et mes genoux tremblent. Soudain, je me sens très bizarre, comme si tout mon sang se précipitait dans ma tête puis s'en allait, me laissant toute faible. J'inspire, et cette sensation se dissipe, puis revient. Je dois alors m'accrocher plus fermement à lui pour me stabiliser.

Il dit quelque chose que je ne comprends pas.

— Quoi ?

Je relève les yeux. Oh non. Je le regarde fixement. Son visage est si proche du mien. Il se penche, et il va vraiment m'embrasser…

Le noir.

Chapitre 11

Je suis allongée sur un canapé, dans une sorte de bureau. Des visages inquiets flottent au-dessus de moi. Giancarlo, le directeur, est là, ainsi que Sam et Marisa. Je distingue un fond musical lointain à l'extérieur.

— Quoi ? demandé-je, perplexe. Que s'est-il passé ? Et où est Luther ?

— Tu t'es évanouie, dit Sam. Pendant que tu, euh, que tu dansais avec Luther.

Je ferme les yeux. Je n'arrive pas à le croire. Il est évident que par « danser », Sam veut dire « se donner complètement en spectacle. »

— Bois un peu d'eau, dit Marisa en me tendant un verre.

J'en avale une gorgée.

Sam m'assomme de questions :

— Tu as pris quelque chose ? Est-ce que tu t'évanouis souvent ? Fais-tu de l'hypoglycémie ?

Il se tait. Je parie qu'il veut me demander si je suis enceinte.

— Je fais juste des baisses de tension. J'ai déjà fait un malaise dans le métro. Mais jamais dans une boîte de nuit.

La mortification commence à me gagner. Oh, mon Dieu ! Je me suis évanouie comme une écolière pendant la kermesse.

— Tu as eu de la chance que Luther te rattrape avant que tu heurtes le sol, continue Sam.

— Où est Luther ? murmuré-je.

— Je ne sais pas, dit Marisa. Oh, regarde, le voilà.

Je lève les yeux. Luther entre, un verre à la main.

— Hé, ma belle ! Tu m'as fait une sacrée frayeur.

— Désolée. Je vais bien, dis-je en me redressant difficilement.

— Allons prendre un taxi pour te ramener à la maison, dit Marisa. Giancarlo…

Elle lui parle en italien, il hoche la tête et quitte la pièce.

Maintenant, ils sont tous partis, me laissant seule avec Luther. Je suis morte de honte. J'arrive à peine à croiser son regard.

— Eh bien, dit-il, je n'avais encore jamais fait s'évanouir une fille. J'espère que ce n'était pas mon haleine.

— Je me suis déjà évanouie une fois ou deux, mais jamais dans une boîte de nuit. J'ai peut-être un peu trop bu, avoué-je. Voire beaucoup trop.

Ma tête commence déjà à m'élancer, et j'ai très soif.

— Je suis vraiment désolée.

— Pourquoi ? C'est flatteur.

Il repousse les mèches de cheveux qui cachent mon visage. Cela me fait frissonner, et je n'en reviens pas. Comment peut-il encore m'apprécier ?

Juste à ce moment, Sam revient. Il enregistre la scène, mais ne dit rien, à part :

— La voiture est avancée. Vous êtes prêts à partir ?

— Bien sûr, dit Luther. Viens, ma puce.

Il me tend la main, mais je fais mine de ne pas la voir et me lève toute seule. Alors que nous sortons, je me maudis. Quelle idiote ! Je sais pourquoi je me suis évanouie : c'était la boisson, évidemment, mais j'ai aussi été littéralement lessivée par Luther. Et maintenant il le sait. Où avais-je la tête ? Est-ce que je veux mettre un terme à ma carrière ? Il est mon auteur, un auteur très difficile et très important que je dois mettre au travail aussi vite que possible. Je dois gagner son respect, pas le bécoter en boîte de nuit.

Quand nous rejoignons les autres, Annabelle fait une scène, pour changer.

— Je n'irai pas, répète-t-elle. Vous, faites comme vous voulez.

— Très bien, répond Sam.

— Sam, on ne peut pas, intervient Marisa.

— Que se passe-t-il ? demandé-je.

— Elle ne veut pas rentrer à la maison, explique Marisa. Elle veut rester ici avec son nouvel ami.

— Alors pourquoi ne la laisse-t-on pas faire ?

— Je ne pense pas que ce soit une bonne idée, dit Marisa.

Oh, bon sang.

— C'est une adulte, enfin, plus ou moins, rétorqué-je, me mettant soudain à tanguer. Écoutez, si vous voulez rester, allez-y. Je peux prendre la voiture toute seule.

— Je viens avec toi, dit Luther.

— C'est ça, vas-y ! s'écrie Annabelle. Ramène Cendrillon avant qu'elle se transforme en citrouille.

Elle nous tourne le dos et va retrouver son nouveau jules, qui s'est maintenant installé à la table VIP que nous occupions.

Une citrouille : c'est assez spirituel, me dis-je, l'esprit embrouillé, alors que nous nous dirigeons vers la sortie. Ma sobriété semble aller et venir par vagues, comme je m'en rends compte en manquant de foncer dans un gros fauteuil en velours rouge. Je prends mon courage à deux mains alors que nous passons devant le miroir, mais, en fait, je suis toujours jolie. Waouh ! J'aimerais bien que Marisa m'aide à me préparer tous les soirs. On dirait que tout le monde nous regarde. Ils pensent sans doute que je me suis effondrée sous l'effet de la drogue, ce qui me va très bien ; c'est toujours mieux que la vérité, à savoir que je me suis évanouie à cause de la proximité inhabituelle d'un homme terriblement séduisant.

Nous sommes presque arrivés à la porte de derrière quand un des membres du personnel équipé d'un casque se précipite vers nous et dit quelque chose à Sam en italien, tout en jetant un coup d'œil à Luther.

— Il y a des photographes dehors, dit Sam. Sortons par devant.

— C'est super, dit Luther. Je commençais à croire qu'ils m'avaient oublié. Allez, ma puce, ça va être marrant.

Il passe le bras autour de mes épaules et m'entraîne vers la porte.

Dès que nous sortons, les flashs commencent à crépiter. Il doit y avoir une petite dizaine d'hommes, mais je n'en suis pas sûre. Ils me paraissent plus nombreux que ça. Le barrage de lumières n'est pas aussi impressionnant que je ne le craignais ; ce sont les cris qui me perturbent, surtout d'Italiens parlant anglais, mais il y a aussi quelques accents anglais.

— Luther ! Par ici !

— Luther, qui est votre amie ?

— Comment s'appelle-t-elle ?

— Ma jolie, quel est votre prénom ?

Je suis photographiée par des paparazzis ! Je suis contente d'être habillée pour l'occasion. Je commence à sourire par habitude, avant de me rappeler que nous ne les aimons pas et de froncer les sourcils d'un air mystérieux. Puis je me souviens d'avoir lu dans des magazines qu'il fallait poser le bras sur la hanche et présenter la taille sous un certain angle. Je fais un essai, mais je suis bien trop soûle, et Sam m'entraîne dans notre voiture. Je monte à contrecœur, serrant les cuisses au cas où ils prendraient une horrible photo du haut de mes jambes. Une fois à l'intérieur, je me tourne vers Luther, mais c'est Sam qui s'est installé à côté de moi.

— Ce n'était pas nécessaire, dit-il à Luther, assis de l'autre côté.

— C'était marrant pour Alice, réplique Luther avec mauvaise humeur.

Tout le monde est calme à part Federico, qui est devenu inexplicablement bavard et se lance dans un long monologue barbant sur le succès de Giancarlo avec cette boîte de nuit, et la manière dont il aimerait l'imiter. Marisa, assise à l'avant avec lui, répond par monosyllabes.

Après que nous les avons déposés, il ne reste qu'un quart d'heure de route pour rentrer chez nous. Mes yeux commencent à se fermer. La soirée repasse dans ma tête : l'habillage, le dîner, le club, les paparazzis et, oh, mon Dieu ! la danse… Danser avec Luther était merveilleux. Déraisonnable, mais merveilleux.

Nous sommes arrivés. La voiture nous dépose et nous marchons vers la maison. Cela me fait bizarre d'être là sans Annabelle. C'est bizarre, et très agréable. Comme si la maison était possédée par un esprit malveillant, et qu'elle est maintenant exorcisée.

La baie est plus calme que jamais ; l'air est si doux, si frais que je me sens aussitôt mieux.

— Qui veut boire un dernier verre ? demande Luther. Il n'est que 2 heures du matin. La nuit ne fait que commencer !

Je sais que je ferais mieux d'aller me coucher, mais on est tellement bien dehors. Je ne vais absolument rien faire de fâcheux avec Luther. Mais ce serait sans doute bien de prendre un verre avec eux deux, pour qu'il n'y ait aucune gêne entre nous.

— Ça va aller, dit Sam.

— Je peux avoir un Sprite ? demandé-je.

Luther secoue la tête.

— Vous me décevez, tous les deux, dit-il avant d'entrer dans la maison.

Il ressort la tête une minute plus tard.

— Vous avez remarqué que je vais vous chercher à boire ? C'est très sympa de ma part, vous ne trouvez pas ?

Et il disparaît de nouveau.

Je m'effondre sur un transat et regarde les étoiles, qui tournent peut-être un peu sur elles-mêmes.

— Bonne nuit, dit Sam.

J'écarquille les yeux, alarmée.

— Tu vas te coucher ?

— Oui. Je ne veux pas te priver de tes moyens.

— Je ne vois pas de quoi tu parles.

— Tu sais exactement de quoi je parle. Ton discours d'hier sur les options légales et le reste m'a donné l'impression que tu étais très impliquée dans ton travail. Mais, à en juger par le spectacle que tu nous as donné ce soir, je n'en suis plus aussi sûr. Tu es ici pour travailler ou pour te trouver un mec célèbre ?

— On a seulement dansé. Qu'y a-t-il de mal à ça ?

Je me sens rougir. Je sais très bien ce qu'il y a de mal à ça. Et ce qu'il y a de bien. Sam prend un air dédaigneux.

— Si c'est ce que tu as envie de te raconter, vas-y. Mais je me serais attendu à un peu plus de professionnalisme.

Et il s'en va.

Je le foudroie du regard, cherchant une réponse cinglante. Quel sale type ! Quel cochon content de lui !

Comment ose-t-il me faire la morale ? En quoi ça le regarde, d'abord ?

Néanmoins, je suis ébranlée, et je devrais sans doute aller me coucher. Je me relève à contrecœur et me dirige vers la maison, où je manque d'entrer en collision avec Luther. Il a une bouteille de champagne ouverte sous un bras, et deux coupes à la main, dont une pleine.

— Hé, pas si vite. Où vas-tu comme ça ?

Il pose le champagne sur la table et me tend le verre plein.

— Voici ton Sprite.

— Luther, je sais que c'est du champagne. Et je vais me coucher.

— Oh non. On va nager.

— Nager ?

— Oui, nager.

En le regardant, je me rends compte qu'il ne s'agit plus du Jimmy romantique de la piste de danse : il est sérieux. Cette fois, il n'en restera pas à quelques pirouettes, et s'évanouir ne sera pas une option… Je le trouve toujours splendide, mais j'ai aussi l'impression de ne plus maîtriser la situation. Et je vois quelque chose, accroché à l'intérieur de sa narine : une minuscule masse blanche.

Je ne suis pas bête. Je sais bien ce qu'il fait chaque fois qu'il passe un quart d'heure dans la salle de bains. Mais ce n'est pas ça qui me ramène à la raison. Je suis très ivre, certes, mais une infime part de moi conserve la capacité de réfléchir. Et elle me dit que j'ai deux choix. Je pourrais l'embrasser, coucher avec lui, peut-être même entamer une liaison. Mais alors je pourrais dire au revoir à son livre, et à ma carrière.

— Je ne peux pas, dis-je. Je suis vraiment désolée.

Avant qu'il puisse répondre, je me rue à l'intérieur et file dans ma chambre. J'espère que Sam entend claquer ma porte.

Chapitre 12

Je dois être en train de mourir.

Ma langue est collée à mon palais, et ma tête est pleine de marteaux qui tapent, comme une tour d'horloge. Je suis desséchée ; même mes mains et mes pieds me semblent secs, comme si mon corps avait été vidé de toute son eau. Il faut que je boive quelque chose. Je lève la tête de mon oreiller, et les battements s'accentuent, tout comme ma nausée. Je crois que je vais être malade. Je repère un verre à moitié plein à côté de mon lit : c'est comme une oasis dans le désert. Au prix d'un effort immense, je me penche, réussis à l'attraper et le bois. L'eau est tiède, mais, au moins, c'est du liquide.

Je porte toujours ma robe rose. Mon oreiller est couvert de mascara. J'ai chaud et froid en me rappelant cette soirée horrible. Oh, mon Dieu ! J'ai dansé comme une allumeuse avec Luther. J'ai failli l'embrasser, puis je suis littéralement tombée en pâmoison dans ses bras. Au souvenir de cette humiliation, je me recroqueville dans mon lit. J'ai été prise en photo avec lui, et ensuite… Ouf. Nous sommes rentrés à la maison, et je suis allée me coucher. Dieu merci.

Malgré ma nausée, je me rends compte que je m'en suis bien sortie. Sam, cependant, croit que j'ai couché avec Luther, je parie. Et tout le monde m'aura vue le regarder avec des yeux pleins d'adoration… Danser un slow avec lui… M'évanouir… Soudain, j'entends un couinement à un volume intolérable. Je me penche et tâtonne par terre à la recherche de mon téléphone. C'est un texto de Ruth. « Comment ça se passe ? LC est sexy ? Ne fais rien que je ne ferais pas ! » Et il y en a un autre de mon père, envoyé hier soir. « Content que tout se passe bien. Où en est le livre ? As-tu pris des chèques de voyage ou te sers-tu de ta carte de crédit ? Dans ce dernier cas, attention à la fraude. »

Je grogne et je m'extirpe des draps. Il faut que je boive quelque chose de frais. Je réussis à me traîner jusqu'à la cuisine très lentement, essayant de me tenir droite. Tout le monde semble dormir encore. Je n'ai aucune idée de l'heure qu'il est. Je trouve de l'eau et l'engloutis. Alors que je retourne dans ma chambre en titubant, j'aperçois la piscine, et repense à ma résolution de faire des longueurs tous les matins avant de passer une journée studieuse à travailler sur le livre de Luther.

J'entends des pas derrière moi. Je me retourne : c'est Annabelle. Je devrais sans doute me sentir soulagée que son Cro-Magnon l'ait ramenée à la maison plutôt que de la découper en petits morceaux et de l'abandonner quelque part, et c'est presque le cas. Je suis contente de voir que, tout comme moi, elle n'a pas l'air au mieux.

— Tu as passé un bon moment hier soir ? (Elle se colle juste devant moi, au point que nos nez se touchent presque.) Dans quelle chambre as-tu fini ? demande-t-elle, agressive.

— Je ne peux pas m'occuper de toi pour l'instant, dis-je avant de retourner me coucher.

Mince alors, c'était osé de ma part. Peut-être suis-je encore soûle ? Je m'allonge avec précaution. Puis je me rends compte que je vais bel et bien être malade. Je me précipite dans ma salle de bains, juste à temps.

Je me sens légèrement mieux ensuite. J'envisage de prendre une douche, mais il faudrait que je me tienne debout. J'en conclus que la seule chose qui me fera du bien, c'est d'aller dans la piscine. Mes sacs de shopping sont bien alignés à côté de la porte, mais il me faut un temps fou pour trouver mon nouveau Bikini et l'enfiler ; j'ai à peine la force d'enlever les étiquettes. Je sors tout doucement, tête basse, les yeux plissés à cause du soleil. Alors que j'entre dans l'eau, d'une fraîcheur miraculeuse, je sens que je me régénère comme par magie. Rapidement, j'arrive même à faire quelques brasses. C'est un peu trop, cependant, alors je reste allongée sur le dos, flottant sans bouger, laissant l'eau me soigner.

Soudain, j'entends des cris. Quelqu'un saute et se met à nager bruyamment vers moi. Avant que je puisse tourner la tête, je me fais traîner par deux bras d'une force incroyable.

Je crachote :

— Qu'est-ce…

C'est Sam. Il me hisse hors de la piscine et me dépose sur le côté.

— Qu'est-ce que tu fais ? arrivé-je finalement à demander.

— Je pensais que tu te noyais ! crie-t-il d'une voix qui m'ouvre la tête en deux. Tu m'as fichu une peur bleue !

Je pose mes mains sur mes yeux.

— Je faisais juste la planche, dis-je d'une voix plaintive.

Je le regarde en plissant les yeux. Il est accroupi juste à côté de moi, vêtu d'un tee-shirt et d'un jean. Il a dû plonger tout habillé. Ça me coûte de l'admettre, mais le tee-shirt mouillé lui va bien.

— Comment étais-je censé le savoir ? Et je te rappelle que tu as fait un malaise hier soir, au cas où tu l'aurais oublié.

Je ris faiblement.

— Tu as cru que c'était comme au début du *Boulevard du crépuscule*, avec le cadavre dans la piscine ? (Je me mets à tousser.) Oh, mon Dieu ! Je me sens trop mal. Je crois que tu m'as fait boire la tasse.

— Tu en as bien besoin, dit-il d'un ton acerbe, après tout l'alcool que tu as bu hier.

— Je n'étais pas la seule, tu sais. Quelle heure est-il ?

— Tu as de la chance que ma montre résiste à l'eau, rétorque-t-il en regardant son poignet. Il est midi.

Si tard que ça ? Oups.

— Où sont-ils tous ?

— Brian est descendu à la plage. Je crois qu'Annabelle vient de rentrer de chez son, euh, son ami. Et moi, je lisais un scénario et je t'ai sauvé la vie. Et Luther…

— Je ne suis pas restée hier soir, dis-je rapidement.

— Je sais. Il est parti avec Marisa et Federico.

Oh. À sa façon de dire ça, je pense qu'il sait qu'il ne s'est rien passé entre Luther et moi. Mais comment ? Est-ce Luther qui le lui a dit ?

Il se lève.

— Je vais aller me changer. Essaie de ne pas te noyer.

Et il s'en va, me laissant là, assise au bord de la piscine, ma baignade relaxante bel et bien terminée.

Je viens juste de penser à une autre personne qui pourrait être en colère contre moi. Luther. Il va sans doute être furieux que je l'aie allumé toute la soirée pour ensuite reculer au dernier moment. Et si son ego de star de cinéma est sous le choc et qu'il s'en prend à moi ? Pourquoi, mais pourquoi suis-je allée dans cette boîte de nuit avec lui ? Pourquoi fallait-il que je danse comme ça avec lui ? J'étais censée apprendre à le connaître plus intimement, au lieu de… eh bien, au lieu de ce qui s'est passé.

Je prends mon téléphone et regarde la date. J'en suis à mon troisième jour entier, et j'ai réussi à me mettre dans la pire situation qui soit, enfin, juste après coucher avec lui. Je pousse un grognement. Pour éviter une autre montée de panique, je cherche un moyen de limiter les dégâts. Si Luther m'en veut, je ne peux pas faire grand-chose, à part m'en remettre à sa merci.

Je vais devoir faire appel à son bon cœur. Je vais lui dire qu'on a besoin de lui, que j'ai besoin de lui. Je lui dirai à quel point j'ai envie d'entendre son histoire…

Alors, je me rappelle qu'il m'a déjà confié une partie de cette histoire ! Le rappel après la pièce de théâtre du lycée, et l'avocat du coin qui a signé le contrat de *Fever*. Cela ne fera qu'une page ou deux, mais, au moins, Brian aura quelque chose à se mettre sous la dent.

Comme Sam me l'a dit, Brian est sur la petite plage de galets attenante à la maison, essayant de faire ricocher des pierres à la surface de la mer. Soudain, je me sens terriblement désolée pour lui. Je parie qu'il voudrait être rentré à Londres. Depuis mon arrivée, les choses ont encore dû empirer pour lui.

Il se tourne vers moi, et cela me fait un choc. Même s'il est resté à la maison hier soir pendant que nous faisions la fête, il a une mine absolument épouvantable. Son visage d'ordinaire rougeaud est pâle, et il a d'énormes poches sous les yeux.

— Brian ! Qu'est-ce qui ne va pas ? Tu es malade ?

Je fais un pas vers lui. Il secoue la tête.

— Juste quelques… quelques soucis. Je vais bien. Comment s'est passée la soirée ?

Je baisse la tête.

— Bien. Mais cela ne nous fait pas avancer sur le livre. Quand Luther reviendra, je vais lui parler. Je le jure. En attendant, j'ai des petits trucs pour toi, si tu ne les as pas déjà.

Je lui raconte l'incident de la pièce de théâtre au lycée et l'histoire de l'avocat. Il hoche la tête.

— Merci. Ce n'est pas grand-chose, mais je peux l'intégrer, pour ce que ça vaut.

Pendant que Brian travaille, je fais les cent pas sur la terrasse, me préparant psychologiquement pour le retour de Luther. Je ne vais pas penser à ce qui s'est passé hier soir. Je vais le convaincre de se mettre au boulot. Vraiment.

Annabelle s'est installée sur la terrasse, où elle prend un bain de soleil tout en écoutant son iPod. À côté d'elle, Sam lit toujours son scénario. Maintenant, elle applique sa lotion solaire hyperchère, cette garce. Sam relève les yeux de son scénario et la regarde. Je me demande s'il va la reluquer, mais il reprend sa lecture.

Voir Sam lire un scénario réveille manifestement les instincts compétitifs d'Annabelle. Elle file dans la maison et, peu après, elle ressort avec son propre scénario. Elle souligne de façon ostensible trois lignes – je les compte – et se met à marmonner dans sa barbe.

À environ 15 heures, j'entends crisser le gravier. Luther est de retour, seul, heureusement. Il entre, portant ses lunettes de soleil et paraissant un peu chiffonné, mal rasé, typiquement la tête de celui qui a passé la nuit dehors. Ce look lui va particulièrement bien, mais je refuse de penser à ça.

— Hé, madame, dit-il en passant devant moi sans s'arrêter.

Oh, merde. Je me précipite derrière lui.

— Luther, je peux te parler ? J'ai vraiment, vraiment besoin de ton aide.

— Que se passe-t-il ?

Il baisse ses lunettes, et je suis soulagée de voir qu'il n'a pas l'air particulièrement énervé, juste épuisé. OK. C'est bon signe.

— C'est juste… (Je m'apprête à parler d'hier soir, mais je change d'avis.) J'ai besoin de deux heures de ton temps cet après-midi. Pour travailler sur le livre.

Il me contemple longuement. C'est incroyable de voir comme sa gueule de bois le rend sexy et canon, alors que la mienne me rend juste affreuse. Je continue laborieusement.

— Nous sommes tous fans de toi. Tous ceux avec qui je collabore sont hyperenthousiastes à l'idée de faire connaître ton histoire. Je te promets qu'on ne te forcera pas à raconter des choses que tu ne veux pas raconter, ajouté-je, faisant fi de toute prudence. Mais nous n'avons presque plus de temps. Et, pour être honnête, mon emploi est en jeu. J'ai vraiment, vraiment besoin de toi.

— OK.

— OK ?

Waouh. Ça va vraiment être aussi simple que ça ?

— Il y a une terrasse à l'arrière. Allons-y, annonce-t-il.

— Je vais aller chercher Brian.

— Non, on va faire ça à deux, pour l'instant.

Chapitre 13

Je cours à l'intérieur pour prendre le dictaphone de Brian, puis je me hâte de suivre Luther sur une petite terrasse carrée qui surplombe l'autre côté de la baie. Je ne connaissais même pas son existence ; cette villa est vraiment très vaste et pleine de recoins. Un mur est occupé par un fauteuil rembourré, et il y a un transat de l'autre côté. Luther se jette sur le transat, pose une cheville sur son genou et croise les mains derrière sa tête.

— Alors, que veux-tu savoir ? demande-t-il.

Je n'arrive pas à déchiffrer son expression.

— Eh bien, on pourrait peut-être commencer par ton enfance. La période où tu as été temporairement sans domicile fixe ?

— Vraiment ? Tu as envie que je te parle de ça ?

— Oui ! J'adorerais !

Alors qu'il commence à relater cet épisode, je mets la cassette en marche.

— Ça a été une période dingue, qui a duré environ un an. Mon père est parti quand j'avais treize ans, et ma mère ne pouvait plus rembourser l'emprunt.

Au début, nous sommes restés chez des amis à elle, mais ça n'a pas marché.

Je me contente de hocher la tête.

— À cette époque, ma mère a trouvé un nouveau petit ami. Amos. Quel abruti. Ce n'était vraiment pas un mec typique de Camden. C'était le frère d'une copine de ma mère, celle chez qui nous séjournions. C'était un hippie, je crois, drogué à la marijuana, en tout cas. Il n'arrêtait pas de parler d'un endroit qu'il connaissait au Mexique, où les gens pouvaient s'installer gratuitement. Ma sœur et moi espérions qu'il y partirait rapidement, et qu'il ne reviendrait pas.

Il me regarde, les yeux plissés.

— Un jour, je suis rentré du collège, ma mère et ma sœur étaient assises autour de la table de la cuisine, et il y avait aussi Amos. Je m'en souviens tellement bien. Elle nous a dit de faire nos bagages. Nous partions au Mexique. (Il secoue la tête.) Alors nous avons emballé toutes nos affaires et, le lendemain, nous sommes montés dans son van et nous avons mis les voiles.

— Un long trajet.

— C'est sûr. Ça nous a pris environ trois semaines, et nous avons dû dormir dans son van pourri pendant tout ce temps. Maman n'avait pas de voiture à l'époque, au passage. Elle l'avait vendue. Quand nous sommes arrivés à la frontière, nous étions si fatigués que nous avions presque des hallucinations. Nous n'avions même pas de passeports, alors nous avons dû passer la frontière en douce, sans nous faire remarquer par la police. Heureusement, ils ne font pas très attention aux gens qui sortent des États-Unis.

» Et puis nous sommes arrivés. Près de... Tijuana. C'était un endroit très, très bizarre. (Il se laisse aller en arrière et regarde le ciel.) Je ne sais pas comment décrire ça. C'était une secte, en gros. Ils s'habillaient en blanc, et se faisaient appeler les Enfants de Dieu, et...

— Les quoi ?

— Les Enfants de Dieu ?

Il me lance un regard vide. Je ne sais pas trop pourquoi je l'ai interrompu ; c'était juste tellement inattendu que j'ai voulu m'assurer que j'avais bien entendu. Et puis ce nom me paraît familier.

— Désolée. Continue.

— Ils faisaient dormir tous les gamins ensemble, loin des parents. Ils disaient que les enfants ou les parents n'existaient pas, que nous étions tous les enfants de Dieu. (Il secoue la tête.) Ma sœur et moi nous échappions aussi souvent que possible. Nous allions chanter des chansons dans la rue pour essayer de nous faire un peu d'argent.

— Pourquoi ?

— J'économisais pour m'enfuir. (Il baisse les yeux.) C'était affreux. Sans blague. Les gamins plus âgés nous parlaient d'un rite d'initiation. Je ne savais pas de quoi il s'agissait, je savais juste que je ne voulais pas être là quand ça arriverait.

J'ai du mal à croire ce que j'entends. Est-ce vrai ? Comment est-il possible que tout cela soit arrivé et que je n'aie jamais rien lu là-dessus, que je n'en aie jamais entendu parler ? Pourtant, cela me semble vaguement familier. Je suis à la fois ébranlée par ces révélations, désolée pour Luther, tout en pensant aux problèmes juridiques et en me disant qu'il s'agit certainement d'un sujet sensible.

Il me raconte que sa mère s'est brouillée avec Amos, a repris ses esprits et a réussi à partir avec lui et sa sœur. Il raconte le trajet du retour avec beaucoup d'humour, évoquant toutes les expériences dingues qu'ils ont vécues en retournant en stop dans le Queens, où vivait la famille de sa mère. Cela pourrait sembler peu plausible, mais il y a quelque chose dans sa façon de raconter qui donne une impression d'authenticité.

Au bout d'un moment, comme il commence à avoir l'air fatigué, je lui suggère de faire une pause.

— OK, dit-il. Je crois que je vais aller faire la sieste.

Ça alors. Ce n'était pas si dur. Je vais chercher Brian, qui est assis dans la salle de réception, au frais, et pianote sur son ordinateur. Il semble n'y avoir personne d'autre dans le coin.

— J'ai réussi ! J'ai eu un entretien avec lui ! (Je lui tends la cassette, presque pleine.) Tu devrais l'écouter.

— Bien joué, Alice. Au fait, il faut que je te dise quelque chose.

— Ah ? Quoi ?

J'espère qu'il va me dire ce qui le préoccupe.

— Eh bien, j'écrivais l'histoire de la pièce de théâtre, et j'ai parlé à une femme qui était dans la classe de Luther. Elle m'a été très utile pour me faire une idée du contexte. Elle dit que ce n'est pas vrai.

— Qu'est-ce qui n'est pas vrai ?

— Toute cette histoire, comme quoi il n'a pas pu saluer le public. Elle a scanné et m'a envoyé une photographie de lui, au milieu de la scène, en plein salut. Elle ne sait pas pourquoi il a raconté ça.

— Pourquoi l'aurait-il inventé ? demandé-je, incrédule.

Il hausse les épaules.

— C'est très commun. Souvent, les gens te racontent ce qu'ils pensent qu'il s'est passé, ou ce qu'ils auraient voulu qu'il se passe ; parfois, c'est dur de faire la différence. Peut-être que le principal le lui a interdit au début, et qu'il ne se rappelle que ça. Mais ne t'inquiète pas trop. Je lui poserai la question.

— Non, je vais lui poser la question, dis-je, indignée. Je ne veux pas qu'il pense qu'il peut me mentir. Oh, merde ! ajouté-je brusquement, alors qu'une idée malvenue fait irruption dans mon esprit.

— Quoi ?

— Je crois qu'il vient de me raconter un autre paquet de mensonges.

— À quel propos ?

— À propos de sa mère les emmenant, lui et sa sœur, dans une sorte de secte. Je savais que cette histoire me disait quelque chose. Il a dit qu'ils s'appelaient les Enfants de Dieu.

— Et ? demande Brian. Ça paraît bizarre, mais c'est peut-être vrai.

— Non. C'est arrivé à River Phoenix. Oh, mon Dieu ! C'est la chose la plus malsaine que j'ai jamais entendue. Il a volé l'enfance de River Phoenix !

Je me saisis de l'ordinateur portable de Brian et tape « River Phoenix secte » sur Google. C'est bien ça : River et sa famille sont partis rejoindre les Enfants de Dieu au Venezuela, pas au Mexique ; ça, c'était une invention de Luther.

— Je ne crois pas un mot de son histoire.

— Cela semble en effet étrange que nous n'en ayons jamais entendu parler auparavant, admet Brian.

— Je suis une vraie idiote. Et lui ! (Je regarde furtivement autour de nous, mais il n'y a personne.) Et nous tous qui sommes aux petits soins pour lui, à essayer de le faire parler… Toi et moi pourrions être chacun chez nous !

Il baisse les yeux sur son ordinateur portable. Il a vraiment une mine affreuse.

— Brian, mais quel est le problème, bon sang ? Je ne veux pas me mêler de ce qui ne me regarde pas, mais je vois bien que quelque chose ne va pas. Que se passe-t-il ?

— C'est ma femme. Je… Elle a passé des examens. Et, ce matin, nous avons reçu de mauvaises nouvelles.

— Quoi ?

— C'est un cancer. Un cancer des ovaires.

Son visage se contracte, et des larmes se mettent à couler sur ses joues rebondies.

J'ai plaqué la main sur ma bouche. Je n'arrive pas à le croire. Pauvre Brian !

— Je suis vraiment désolée, dis-je en passant le bras sur ses épaules.

Je suis au bord des larmes aussi. Il ne pleure plus, mais pousse de gros soupirs saccadés. Dès que je l'estime en mesure de m'écouter, je reprends :

— Mais Brian, qu'est-ce que tu fabriques ? Pourquoi es-tu encore ici ?

— J'ai signé un contrat, dit-il d'un air hébété.

Mon cerveau tourne à toute allure. J'ai envie de lui dire qu'il doit rentrer chez lui immédiatement, mais je ne peux pas le faire sans en parler à Olivia au préalable.

— Attends, Brian. Je vais appeler Olivia. Je pense que tu devrais rentrer chez toi, mais je dois d'abord lui en parler. Ça te va ?

Il hoche la tête. Il semble m'avoir à peine entendue. Je retourne rapidement dans ma chambre et compose le numéro de la ligne fixe d'Olivia. Pas de réponse. J'essaie ensuite sur son portable. Ça sonne. Je laisse un message : « Olivia, c'est Alice. Il est arrivé quelque chose à Brian, et je crois qu'il devrait rentrer chez lui. S'il vous plaît, rappelez-moi dès que vous aurez ce message. Merci. »

Je retourne dans la pièce où Brian est assis, les yeux rivés sur ses mains.

— Je lui ai laissé un message, dis-je. Voyons s'il y a un vol ce soir.

Je lui prends doucement son ordinateur portable et commence à chercher. Il y a un vol à 19 h 30, mais il faudrait partir d'ici une demi-heure pour qu'il puisse l'avoir. Le suivant n'est qu'après-demain.

— Mais, et le livre ? demande-t-il.

Bonne question. Et le livre ? Que vais-je bien pouvoir faire sans nègre ? Je suis éditrice, pas écrivain. En fait, je ne suis même pas vraiment éditrice, mais laissons ça de côté. Je ne suis même pas censée faire des interviews et, à en juger par la façon dont s'est déroulée la dernière, je peux comprendre pourquoi.

— Eh bien… on peut sans doute se débrouiller, dis-je, incertaine. Je pourrais faire d'autres interviews, et tu pourrais travailler de chez toi…

Brian me regarde, dans l'expectative. L'espoir que je lis dans ses yeux me brise le cœur.

— Y a-t-il quelqu'un avec ta femme en ce moment ?

— Notre fille Jennifer termine son voyage de fin d'études. Elle est au Chili. Nous ne lui avons encore rien dit. Il ne lui reste que deux semaines, et on ne veut pas les lui gâcher.

— Alors elle est toute seule à la maison ?

Il hoche la tête.

— Je lui ai dit de demander à sa sœur de venir s'installer chez nous, mais elle a refusé.

Alors, je me rends compte que, même si ça tombe mal pour nous, je dois essayer de lui faire prendre le vol de ce soir. Je ne sais pas ce que dira Olivia, mais je ne peux pas le garder ici. Et n'a-t-elle pas dit que je devais savoir prendre des décisions ?

Je me lève.

— Brian, pourquoi ne vas-tu pas faire tes bagages tout de suite ? Je vais appeler un taxi, on ira à l'aéroport et on te mettra dans le prochain avion. Non, ne fais pas tes bagages tout de suite. Appelle d'abord ta femme.

— Merci, dit-il en commençant à composer un numéro.

Il relève les yeux. Ils sont pleins de larmes.

— Figure-toi que j'ai oublié l'indicatif de l'Angleterre. C'est stupide, je le compose tout le temps...

— C'est 00 44, puis ton numéro, sans le 0. Attends, je vais le faire.

Il était calme quand nous avons commencé à discuter, mais, maintenant qu'il s'est confié, il semble se décomposer devant moi. Je crois qu'il est encore sous le choc.

Après avoir composé le numéro pour lui, j'entreprends de trouver celui d'un taxi. Pourquoi n'ai-je pas pensé à le noter avant ? C'est dingue. Et s'il y avait une urgence ? Qu'est-ce que je raconte ? C'est une urgence ! Je me précipite dans la cuisine pour demander des renseignements à Maria Santa, mais elle n'est pas là.

Soudain, j'aperçois un classeur sur le buffet, qui ressemble à un guide de la maison. À l'intérieur – hourra ! – je trouve une feuille de papier avec les numéros de chauffeurs de taxi du coin. Malheureusement, la première personne qui répond ne parle pas plus anglais que je ne parle italien.

— Aéroport ? répété-je sans succès.

Finalement, il comprend.

— *Un'ora.*

— Oh non, il m'en faut un maintenant.

J'indique ma montre, ce qui est inutile, bien sûr, puisqu'il ne peut pas me voir. Juste à ce moment-là, Sam entre et se sert du café laissé à chauffer sur la cuisinière. Super. Je fais exprès de lui tourner le dos, et j'insiste :

— Maintenant ?

— *Un'ora*, répète l'homme.

Je raccroche et compose le numéro suivant.

— Tu vas quelque part ? demande Sam.

— Non, c'est Brian. (Autant tout lui raconter.) Sa femme ne va pas bien, et il doit partir immédiatement à l'aéroport.

J'entame la même conversation avec la personne suivante, qui parle anglais, mais ne peut pas venir assez tôt non plus. Sam ne quitte pas la pièce ; il se contente de siroter son café en me regardant avec intérêt… Quel salaud ! Alors que je compose un troisième numéro, il énonce :

— On n'est pas sur la Ve Avenue, tu sais. Il ne suffit pas de claquer des doigts pour arrêter un taxi.

— J'en suis bien consciente, dis-je, les dents serrées.

— Écoute, je vais le conduire.

Je suis ébahie.

— Tu es sûr ?

— Qu'il soit prêt dans cinq minutes, sinon je vais changer d'avis.

— Oh… OK. Merci.

Pourquoi Sam propose-t-il de nous aider ? Je n'en ai aucune idée, mais ça n'a pas d'importance. Ce qui compte, c'est que Brian puisse rentrer chez lui.

Après lui avoir dit que nous y allons, je me dirige vers la chambre de Luther. Je suis tellement furieuse contre lui ! Quand je pense à ce que Brian traverse, je n'arrive pas à croire qu'une personne puisse être aussi égoïste et nous mettre ainsi des bâtons dans les roues. Pourquoi fait-il semblant de vouloir faire ce livre, alors qu'il n'en a visiblement pas envie ?

Je me tiens devant sa porte, le poing levé, prête à le réduire en miettes. Mais ensuite quoi ? Je lui hurle dessus, il fait une crise, il s'en va, et il n'y a plus de livre ? Ou je lui hurle dessus, il se reprend miraculeusement, et nous faisons un livre fantastique ? C'est peu probable. De toute façon, je n'ai pas le temps. Je dois aller à l'aéroport. Je m'éloigne de sa porte et retourne aider Brian à rassembler ses affaires.

Chapitre 14

Cinq minutes plus tard, nous chargeons Brian et sa valise à roulettes dans la Fiat de Sam. Brian s'assoit à l'arrière, et, après un moment d'hésitation, je m'assois à l'avant avec Sam.

— J'aurais dû dire au revoir à Luther, regrette Brian alors que nous partons.

Il semble encore hébété.

— Ne t'en fais pas, on lui dira, dis-je pour le rassurer. On devrait arriver à temps pour ton vol. Quelqu'un peut venir te chercher à l'aéroport ?

— Oui. Sheila…

Sa voix se fêle, et il se tait pendant un moment. De façon ridicule, mes yeux se remplissent de larmes.

— On va te conduire là-bas à temps, dit Brian en le regardant dans le rétroviseur.

Il conduit beaucoup plus vite que quand il m'a ramenée de l'aéroport. Je ne l'avais pas remarqué auparavant, mais il a un beau profil, avec son nez légèrement retroussé et sa bouche ferme. Et il a de très beaux avant-bras. J'adore regarder les bras des hommes quand ils conduisent ; je vois jouer ses muscles quand il tourne le volant… Il me jette un coup d'œil, et je détourne rapidement le regard, avant qu'il me voie le reluquer.

Oh, mon Dieu ! Est-ce que je le reluque ? Sam ? Je dois avoir perdu la tête. Il fait peut-être une bonne action pour Brian, ce qui ne lui ressemble pas, mais il n'en reste pas moins un sale type arrogant. Sans mentionner le fait qu'il a sans doute envie que Brian s'en aille, de toute façon, alors il se rend service à lui-même.

Je me racle la gorge et me redresse, regardant la mer et les montagnes qui défilent, illuminées par le soleil du soir. Je jette un coup d'œil à mon téléphone. Pas de nouvelles d'Olivia. Je suis contente : plus longtemps elle mettra à répondre, plus j'aurai d'excuses pour avoir renvoyé Brian chez lui. Mais je dois admettre que ça ne va pas lui plaire ; en fait, elle va flipper. Cette situation ne pourrait être plus mal engagée. Je pensais avoir connu des projets cauchemardesques, mais celui-là remporte le pompon.

Heureusement, il n'y a pas de file d'attente au guichet, et nous prenons immédiatement un billet pour Brian. Je suis prête à payer avec ma carte bancaire, mais Brian insiste pour le faire lui-même. Tant mieux : après ma frénésie de shopping, hier, je dois être limite, et je ne sais toujours pas comment encaisser mon chèque italien.

— Merci, Alice, dit Brian après avoir enregistré ses bagages. Je crois que je vais te laisser ça, au cas où, ajoute-t-il en me tendant son ordinateur portable. C'est celui que j'utilise pour travailler. Tu me le rendras à Londres.

— Merci. Oh, attends. Et les cassettes et le Dictaphone ?

— Je les ai laissés dans le salon. Il y a aussi un ordinateur et une imprimante, si besoin.

— Super. Je vais t'accompagner à la porte d'embarquement. Euh…

Je me tourne à moitié vers Sam. Je veux parler à Brian seul à seul, mais je ne sais pas trop comment le lui dire.

— On se retrouve dans la voiture, dit-il sèchement. Prends soin de toi, ajoute-t-il en serrant la main de Brian, avant de s'éloigner à grands pas.

— Écoute, je pense qu'on peut y arriver, dis-je à Brian tout en marchant. Il faudra juste que je fasse les interviews, et je t'enverrai les cassettes chez toi pour que tu puisses les retranscrire. Ça va aller.

Je ne suis pas convaincue par ce que je lui propose, mais Brian a l'air si malheureux que je veux lui remonter le moral.

— Je suis vraiment désolé, Alice. Je n'ai jamais laissé tomber un client comme ça auparavant.

— Ne sois pas bête. Ce n'est pas ta faute. (Nous sommes arrivés à la file devant la porte d'embarquement.) Brian, oh, mon Dieu, j'aurais dû te demander ça plus tôt ! Est-ce que tu as, je ne sais pas, des conseils ?

C'est minable, mais je veux juste savoir s'il peut m'apprendre quelque chose avant de me laisser toute seule. Il réfléchit un instant.

— Il y a tellement de choses, mais… Un truc, c'est de ne jamais se hâter de combler un blanc lors d'une interview. Si tu parviens à garder le silence, il finira par reprendre la parole, et ce sera probablement pour dire quelque chose d'important.

— Merci.

Je le serre dans mes bras et le regarde passer les portes d'embarquement, sa petite silhouette courtaude se fondant rapidement dans la foule. Je croise intérieurement les doigts pour lui. Puis je retourne à la voiture, où Sam m'attend, tapotant le volant, l'air impatient, bref, aussi charmant que d'habitude. Je décide de ne pas le remercier de nouveau et de ne pas m'excuser d'avoir mis aussi longtemps.

— Qu'est-ce qu'elle a, sa femme ? demande-t-il alors que nous faisons la queue pour sortir.

Je lui explique brièvement. Il n'exprime aucune compassion et ne prononce pas un mot jusqu'à ce qu'on soit sur l'autoroute.

— Ça va être dur pour toi, sans lui, dit-il alors brusquement.

— Eh bien, ce n'est pas l'idéal, réponds-je, aussitôt sur la défensive. Mais je vais me débrouiller. On peut toujours travailler sur le livre…

— Tu n'étais pas obligée de le laisser partir, pourtant. N'est-ce pas ? Tu aurais pu le forcer à rester.

Il me jette un coup d'œil. Où veut-il en venir ?

— Je suppose que oui, mais ça n'aurait pas été bien.

Il se contente de hocher la tête. Il semble préoccupé. Je me demande à quoi il pensait. Essayait-il de me tester ? Peut-être veut-il voir à quel point je suis déterminée à accomplir mon travail. Ou alors il pense que je ne vais pas m'en sortir sans Brian. Et il a probablement raison. C'était sans doute stupide de ma part. Je n'ai pas hâte d'expliquer ça à Olivia.

Soudain, son téléphone se met à sonner. Je suppose qu'il ne va pas répondre, mais il a un kit main libre installé dans la voiture. La majeure partie de la discussion est incompréhensible, même si je saisis quelque chose sur des jours de congés et une assistante, et ce qu'il appelle le *« play or pay »*. Soudain, la conversation prend fin. J'ai l'impression que son interlocuteur a raccroché. Il jure dans sa barbe.

— Je vais devoir m'arrêter, annonce-t-il.

Nous sommes désormais sur une petite route de campagne, après avoir quitté l'axe principal. Il conduit jusqu'à une aire de stationnement pentue, où il s'arrête et descend du véhicule pour téléphoner. Après avoir raccroché, il passe un moment à taper un mail, puis il passe un autre coup de fil. J'allume la radio et écoute de la musique pop italienne pendant qu'il fait les cent pas. C'est presque apaisant de le voir être horrible avec quelqu'un d'autre que moi.

Quinze bonnes minutes s'écoulent avant qu'il remonte dans la voiture, l'air extrêmement tendu. Il allume le contact, mais le moteur cale aussitôt. Il essaie de nouveau, mais nous sommes en côte, et, dès qu'il relâche la pédale d'embrayage, la voiture cale encore, sans doute parce qu'il est trop agité. Finalement, il réussit à la faire démarrer, et nous quittons notre place.

— Merde ! s'exclame-t-il.

La route est maintenant bloquée par un énorme troupeau de moutons, suivi par un homme dans l'une de ces voitures à trois roues que j'ai déjà vues rouler dans le coin sans se presser. Il doit y en avoir au moins une centaine, bêlant comme des fous et vagabondant sur toute la largeur de la route.

À mon immense surprise, Sam se met à rire. Il éteint le moteur, pose les bras et la tête sur le volant, et se tourne vers moi.

— Et moi qui croyais que la circulation était difficile à L.A.

Je ris aussi ; à vrai dire, j'arrive à peine à respirer quand je lui montre que d'autres moutons arrivent encore.

— Merde ! Et on va les suivre jusqu'à la maison.

Au bout de dix minutes, les moutons commencent à se disperser, et Sam fait demi-tour en disant qu'il va falloir prendre un autre chemin.

— J'espère que tu n'avais pas prévu de dîner tôt, lance-t-il. Il faudrait que je rappelle ce connard, mais tant pis. Je lui dirai qu'il y a eu une urgence ovine.

— Quelle heure est-il à Hollywood ? demandé-je, soudain curieuse.

— Environ 9 heures du matin, une bonne heure pour les coups de fil. Bien que mon assistante ne puisse pas toujours les écouter, ce qui n'est pas pratique.

— Elle écoute tes conversations téléphoniques ?

— Bien sûr. Pas la tienne ?

— Euh…

— Sur n'importe quel téléphone de L.A., au moins deux personnes écoutent et prennent des notes. Ou plus, si c'est une conférence téléphonique.

Cela me semble ridicule et légèrement terrifiant.

— C'est comme ça que ça marche, c'est tout, ajoute-t-il en voyant mon expression. Quand j'ai commencé comme assistant, je passais des matinées entières à m'occuper des appels de mon patron. Il m'appelait au bureau, de sa salle de gym, de chez lui ou de sa voiture, et je devais lui passer une personne après l'autre tout en restant au bout du fil, à prendre des notes et à marquer des choses dans son agenda. Tout le monde savait que quelqu'un d'autre écoutait. Tout le monde le fait, même si ça n'empêche personne de sortir les pires conneries. Au début, je n'en revenais pas de ce que j'entendais. Mais j'ai rapidement trouvé ça très utile.

Ce doit être l'une des plus longues tirades qu'il ait jamais prononcées. Fascinée, j'imagine un Sam humble, faisant le standardiste pour son patron. Je me fais la remarque qu'il est étrange que nous ayons une vraie conversation quand il ajoute quelque chose d'encore plus inattendu.

— Hé. Je suis désolé de ce que je t'ai dit hier soir.

— Quoi ?… À propos de Luther ?

— Oui. J'aurais dû voir ça avec lui, plutôt que de m'en prendre à toi. Et… je m'étais fait des idées. J'ai entendu ta porte se fermer. Enfin, claquer.

— Oh.

Je me sens rougir.

— Je crois que j'ai tiré des conclusions trop hâtives.

— Un peu comme dans la piscine ? dis-je pour plaisanter.

— Sûrement pas. Tu avais vraiment l'air morte.

Nous rions tous les deux. Comment est-ce arrivé ? Comment se fait-il que je rie avec Sam comme si nous étions amis ? Je n'arrive pas à le comprendre. En pensant à Luther, je suis contente d'avoir eu l'occasion de me calmer. Si je l'avais vu juste après avoir découvert ses mensonges et après les confidences de Brian au sujet de sa femme, j'aurais voulu lui arracher la tête. Maintenant, je me sens plus sereine.

Juste à ce moment-là, mon téléphone sonne. C'est Olivia.

Je n'ai pas envie de lui parler en présence de Sam, mais, si je ne réponds pas maintenant, je sais qu'elle va encore plus s'énerver. J'inspire profondément, regrettant qu'il doive entendre ce qui sera sans doute une conversation très embarrassante.

— Alice ? Je viens d'avoir votre message. Qu'est-ce qui se passe avec Brian ?

— C'est sa femme. Elle a un cancer. On vient de le diagnostiquer.

— Oh non. Le pauvre. Il faut que j'envoie des fleurs. Vous pourrez vous en occuper ? (Il y a une pause lourde de sens.) Mais... que disiez-vous au sujet de son départ ?

— Il vient de partir.

— De partir ? Juste comme ça ?

— Non ; en fait, je viens de le mettre dans l'avion.

S'ensuit un silence si long que je demande :

— Olivia ? Vous êtes toujours là ?

— Vous n'auriez pas dû faire ça sans me consulter.

Elle a raison, évidemment. Ce qui rend les choses encore plus horribles.

— Je suis désolée, Olivia. C'est juste... Il y avait ce vol, ce soir, et il était dans un tel état. Je n'ai pas pu ; enfin, il m'a semblé...

— M'avez-vous entendue la première fois, Alice ? Je vous ai dit que vous n'auriez pas dû faire ça sans me consulter.

— J'en suis consciente.

Il y a un autre silence, pendant lequel j'imagine son expression.

— Comment comptez-vous terminer ce livre sans nègre ?

Je me fais toute petite dans mon siège et baisse la voix, espérant que ça empêchera Sam de m'entendre.

— Je pense qu'on va se débrouiller. Luther ne parlait pas à Brian, de toute manière. Je pense pouvoir obtenir des entretiens avec lui, puis envoyer les cassettes à Brian chez lui.

Enfin, si j'arrive à lui soutirer la vérité.

Il y a un autre silence de mort, puis elle dit, très lentement :

— Eh bien, Alice, c'était une situation de crise avant votre arrivée, et maintenant, maintenant c'est un putain de désastre.

Je ne l'avais jamais entendue jurer auparavant. Je ne suis pas surprise quand elle me raccroche au nez. Je plante mes ongles dans mes paumes tout en me répétant : *ne pleure pas, ne pleure pas, ne pleure pas.*

Si je craque devant Sam, autant tout abandonner et rentrer chez moi.

Je n'ose pas le regarder. A-t-il entendu la fin de la conversation, ou le moment où elle m'a demandé d'acheter des fleurs ? J'ai l'horrible sentiment que oui. Rien que de l'entendre crier à l'autre bout du fil aurait suffi. Super. Maintenant, il sait que je n'ai pas de soutiens. S'il découvre que je ne suis même pas une véritable éditrice, je suis fichue, surtout après ce qui s'est passé dans la boîte de nuit. Il va me marcher sur les pieds ou, à tout le moins, se plaindre à Olivia. Je rassemble mon courage pour ce qui va suivre.

— Tu as déjà mangé de la *caponata* ? demande-t-il.

Avant que je puisse répondre, il se met à parler du plat que Maria Santa va nous servir ce soir, et que je serai bien incapable de manger. Alors qu'il discourt longuement sur la nourriture sicilienne et ce qui la différencie du reste de la cuisine italienne, je me rends compte qu'il fait exprès de changer de sujet. C'est étrange. Essaie-t-il de me sauver la face ? Ma gueule de bois fait son retour en force, et, soudain, j'ai très envie de passer cinq minutes toute seule pour reprendre mes esprits.

Finalement, nous arrivons et nous garons au bout de l'allée. Je triture la poignée, mais, allez savoir pourquoi, je n'arrive pas à ouvrir la portière.

— Y a-t-il une sécurité enfant ? demandé-je.

Avant même que je termine ma phrase, à ma grande surprise, Sam s'est déjà penché par-dessus moi et l'a ouverte.

Pendant une fraction de seconde, son bras et son torse frôlent les miens ; sa tête est proche de ma poitrine ; et soudain quelque chose de puissant se manifeste en moi… Je ne veux même pas savoir de quoi il s'agit. Je saute presque de la voiture dans ma hâte de m'éloigner.

Luther est devant la maison, appuyé contre le mur, en train de fumer une cigarette.

— Hé, où étiez-vous ? demande-t-il en venant vers nous. Je me suis réveillé et il n'y avait plus personne. Annabelle est sortie avec son nouveau mec, et j'ai passé l'après-midi à regarder les murs.

Il a sincèrement l'air de s'être ennuyé, et je me rends compte qu'il n'a pas l'habitude de rester seul. Je décide de laisser Sam s'occuper de lui et je me faufile à l'intérieur.

En réalité, il n'est pas du tout seul. Marisa et Federico sont sur la terrasse, prêts à entamer le dîner. Ils ont l'air contents de nous voir. Je m'assieds à côté de Marisa, aussi loin de Luther que possible. Sam s'assied en face d'elle, de l'autre côté de Federico.

— Vous êtes allés à l'aéroport ? demande Marisa.

Je lui explique brièvement ce qui est arrivé à Brian. Elle s'exclame et pose quelques questions ; même Federico semble poliment inquiet. Du moins, j'en ai l'impression.

— Je déteste parler du cancer, se contente de dire Luther en frissonnant.

Il se met aussitôt à parler à Sam de la nouvelle date de sortie de *The Deep End*, le film dans lequel il a tourné avant *Vacances romaines*. Je n'arrive pas à croire qu'il soit aussi égoïste. Il me déçoit de plus en plus.

— J'ai failli oublier ! dit Marisa en me prenant la main. Et toi ? Je me suis fait du souci pour toi ! Tu te sens mieux ?

Pendant une seconde, je suis confuse. Sont-ils au courant de ma conversation avec Olivia ? Alors, je me rends compte qu'elle parle de mon malaise, qui me semble déjà remonter à des millions d'années.

— Oh oui. Juste un peu gênée.

Federico hoche la tête.

— Ne t'en fais pas. On sait ce que c'est. Trop de fêtes et boum ! (Il fait mine de s'écrouler.) Un peu trop de champagne et, comment dites-vous, de la poudre ?

Il ne manque pas d'air !

— Pas de poudre, juste du champagne. Et je fais des baisses de tension.

— De l'hypo quelque chose, dit Luther, qui a l'air plus jovial maintenant. Je veux bien jouer au docteur avec toi quand tu veux. Je pense que je ferais un bon docteur. Sam, tu peux me trouver un rôle de médecin ?

Le dîner me semble durer une éternité. Je n'arrête pas de penser à Olivia. Elle avait raison. Je sais qu'elle avait raison. Je n'aurais jamais dû renvoyer Brian chez lui sans lui en parler ; c'était idiot. Quand elle a dit que je devais prendre des décisions, elle ne pensait pas à des décisions stupides et unilatérales. Dieu merci, elle n'est pas au courant de ma performance dans la boîte de nuit. Bizarrement, cependant, je me sens plus intimidée par Sam que par Luther, maintenant. À un moment, je lève les yeux et je le surprends en train de me regarder ; il détourne le regard.

Je pense que je suis juste épuisée. Je ressens le contrecoup des événements d'hier soir et d'aujourd'hui, et je m'endors presque à table.

— Alice, me dit Marisa. Tu m'as entendue ?

— Désolée, Marisa, quoi ?

— J'ai dit : est-ce que tu veux venir dîner avec moi demain soir ?

— Rien que nous deux ? demandé-je, la fatigue m'enlevant tout mon tact.

— Oui, juste entre filles ! Federico part encore pour le travail.

En entendant son nom, Federico lève les yeux et réplique d'un ton hargneux et indigné. Sam lui dit quelque chose tout aussi sèchement en italien, et Marisa s'en mêle, jouant les conciliatrices.

— Mon Dieu, il me faut des sous-titres, dit Luther.

Je me lève.

— Je vais me coucher. Bonne nuit, tout le monde.

Marisa semble gênée, et je lui souris.

— À demain, lui dis-je.

Alors que je quitte la table, Luther sort une autre blague, et la conversation reprend.

Chapitre 15

J'enchaîne les longueurs dans la piscine comme je m'étais promis de le faire chaque matin. Après quinze allers et retours, je sors et m'enroule dans une serviette. En comparaison avec les matinées magnifiques de ces derniers jours, le temps est un peu couvert, mais il fait encore très chaud. Je me sèche les cheveux en regardant la mer. Je me sens calme. Je sais exactement ce que je vais faire.

— Prête pour ta séance de thérapie avec Luther ?

Annabelle, bien sûr. Il serait trop tentant d'imaginer qu'elle se mette en ménage avec son homme des cavernes et nous fiche la paix. Cependant, j'ai pris une décision très satisfaisante la concernant : je vais l'ignorer complètement. Sans dire un mot, je passe devant elle d'un pas léger et me dirige vers la villa. À ma grande surprise, elle me suit.

— C'est devenu vraiment barbant ici, tu sais, depuis que tu es arrivée. Je vais aller m'installer un moment chez Nikos.

— Qui ? demandé-je, juste pour l'embêter.

— Nikos ! Mon nouveau mec. Il a un appart magnifique de l'autre côté de Catane. Je suis vraiment branchée

Australiens. Ils sont tellement plus machos que les Américains, ou que les Anglais. Ou que les Italiens…

— Je croyais qu'il était sud-africain ?

Elle semble confuse.

— Eh bien, il a vécu en Afrique du Sud, c'est sûr…

— Peu importe. Je comprends. Il est macho. Amuse-toi bien.

Quelle cervelle d'oiseau ! Je vais dans ma chambre, j'enfile rapidement la jupe rose et un haut noir, et je me fais un chignon. Je veux paraître soignée, mais sans plus. Je vais frapper à la porte de Luther. J'ai bien conscience qu'en allant le braver dans sa tanière je vais le prendre au dépourvu, et peut-être à son désavantage, ce qui me convient très bien. De toute manière, il est 10 h 30, une heure tout à fait raisonnable pour être réveillé. Sam est levé depuis des heures déjà, et il est parti quelque part avec Marisa.

Après une longue pause, Luther crie :

— Qui est-ce ?

— C'est Alice.

— Entre.

J'ouvre la porte. Les stores sont à moitié tirés, et la pièce est en bazar ; je vois plusieurs bouteilles de bière et de vin, et des piles de linge. À vrai dire, on se croirait dans la chambre de mon colocataire Martin, même si celle de Luther sent moins mauvais. Il est au lit, torse nu, en train de lire un tas de lettres manuscrites. Ce doit être le courrier de ses fans, je suppose.

— Qu'est-ce qu'il y a ? demande-t-il. Non pas que ce ne soit pas une bonne surprise.

Il est très beau, les cheveux ébouriffés, mais, à cet instant, je m'en fiche. Je trouve une chaise libre et je m'assieds.

—Il faut que je te parle.

—Ok, dit-il sans me quitter des yeux.

Il allume une cigarette et m'en propose une. Je secoue la tête et inspire profondément. Je vais me montrer très calme et raisonnable.

—Écoute, Luther, je sais que l'histoire des Enfants de Dieu ne s'est pas déroulée exactement comme tu me l'as racontée. Qu'elle ne s'est pas passée du tout, en fait. (Il commence à protester, mais je continue.) Pas plus que cette histoire de salut après la pièce de théâtre de l'école.

—Holà ! Qui dit que je t'ai menti sur ces putains d'Enfants de Dieu ?

Je sens que je m'énerve. J'ai horreur que les gens jurent quand ils me parlent.

—Je le sais, parce que c'est arrivé à River Phoenix, dis-je aussi doucement et calmement que possible. Et nous avons parlé à quelqu'un de ton lycée qui nous a envoyé par mail une photo de toi en train de saluer le public.

—Comment sais-tu que c'était la même pièce ?

—Tu as dit qu'il s'agissait de *Our Town*, et ça y ressemble. Écoute, je me moque des détails. Tu as le droit de te permettre quelques libertés, si tu en as envie. Mais tu dois décider, maintenant, si tu veux faire ce livre ou non.

— Qu'est-ce que ça peut m'apporter ? demande-t-il, boudeur.

Je n'en crois pas mes oreilles.

— Qu'est-ce que ça peut t'apporter ?

— Ouais. Pourquoi devrais-je le faire ?

Quelque chose se brise en moi. Toutes mes bonnes intentions s'envolent, et je pète les plombs.

— Luther, pour qui tu te prends ? Nous te payons une somme colossale pour écrire cette autobiographie. Je sais que ça ne représente pas grand-chose à tes yeux, mais en réalité, pour certaines personnes, cela signifie beaucoup, en particulier pour moi et mes collègues, qui espérons être payés cette année. Nous t'avons loué cet endroit, qui coûte Dieu sait combien, et t'avons envoyé le meilleur nègre du métier, qui est resté planté là à ne rien faire pendant que sa femme attendait les résultats d'une biopsie, et tu as refusé de lever le petit doigt. C'est à toi de décider. Tout ce que tu as à faire, c'est de t'allonger au bord de la piscine et de dicter quatre-vingt-dix mille mots. Si tu ne veux pas, alors dis-le, et on pourra tous rentrer à la maison. Mais, si tu en as envie, tu vas devoir arrêter de te comporter comme un sale égoïste et te mettre au travail.

Il ne dit rien, se contentant de me regarder fixement, bouche bée. Je lui retourne son regard. Je n'arrive pas à croire que je lui ai balancé tout ça.

— Alors tiens-moi au courant, dis-je finalement.

Je sors de la pièce et referme doucement la porte derrière moi. Mon cœur bat à tout rompre. Je viens de commettre la plus grosse erreur de ma carrière.

Et qu'est-ce que je vais bien pouvoir faire, maintenant ?

Il faut que je sorte d'ici et que je réfléchisse. Oh, comme j'aimerais avoir une voiture pour pouvoir aller quelque part, n'importe où. Je décide de prendre mon téléphone et de descendre sur la plage pour appeler quelqu'un. Mais qui ? Je ne veux pas appeler Erica ; elle pourrait me donner des conseils juridiques, ce qui pourrait se révéler utile, mais elle a parfois tendance, quand on mentionne un problème, à vous dire de penser aux orphelins dans des pays en guerre. Je sais qu'elle a raison, mais je n'ai pas envie d'entendre ça. Je sais ! Je vais appeler Poppy. Ça va me coûter cher, mais je m'en fiche.

— Allô, éditorial ? dit-elle après quelques sonneries.

En entendant sa voix, je l'imagine assise à son bureau, les jambes croisées, portant l'une de ses folles tenues… Tout cela me paraît si loin.

— Poppy ! C'est Alice.

— Alice ! Comment ça va ?

— Est-ce qu'Olivia est là ? Elle peut t'entendre ?

— Non, elle n'est pas encore revenue au bureau. Comment vas-tu ? Comment est le sublime Luther ?

— Oh, tu sais. Il est charmant, égoïste, gâté, et je crois que c'est un menteur compulsif, et je viens de lui ordonner de prendre une décision : faire ce livre ou aller au diable. Et j'ai renvoyé le nègre chez lui.

— Quoi ? Tu as renvoyé le nègre chez lui ?

— Chut ! Quelqu'un pourrait t'entendre.

— Oh, absolument. Non, dans ce cas, c'est logique. Bien sûr. Très raisonnable. Mince alors, la ligne est vraiment mauvaise. Raccroche, et je te rappelle d'une autre ligne pour voir si c'est mieux.

Je raccroche et attends, priant pour qu'elle rappelle. Quelques minutes plus tard, mon téléphone sonne, et Poppy souffle :

— Alice ? Salut. Claudine était là, les oreilles grandes ouvertes, alors je suis allée dans le bureau d'Ellen. Que se passe-t-il ? Comment ça, tu as dit à Luther d'aller au diable ?

J'essaie de lui expliquer.

— C'est un vrai cauchemar. Il ne veut rien faire, et il… (Je préfère ne pas lui raconter la sortie en boîte de nuit.) Il ne veut pas se mettre au travail. Il m'a raconté des trucs qui se sont révélés être d'énormes mensonges. Alors, j'ai essayé d'avoir une conversation calme avec lui ce matin, mais j'ai légèrement déraillé et je lui ai dit qu'il était un…

— Un quoi ?

— Un sale égoïste, avoué-je d'une toute petite voix.

— Oh, oh.

Il y a un silence.

— Ce sera peut-être comme dans *Anne : la maison aux pignons verts* ; tu sais, quand elle bat le petit garçon et que ça lui permet de s'amender.

Je ferme les yeux. Parfois, je me dis que nous lisons tous trop de livres et regardons trop de films.

— C'est une idée plaisante, dis-je en soupirant. Tu as tellement de chance de faire de la fiction, Poppy. N'arrête jamais. Ces autobiographies, c'est de la folie.

— Je ne compte pas arrêter. Mon Dieu, Alice, que vas-tu faire ?

— À vrai dire, je n'en sais rien. Je suis simplement partie, et je ne l'ai pas vu depuis. J'ai trop peur d'y penser. Il faudra que j'attende de voir comment il va réagir.

— Bon sang. Et dire que tout ce que j'ai fait, c'est d'aller à mon cours de couture et de regarder *Mad Men*.

C'est tellement agréable de parler avec elle que j'en ai presque les larmes aux yeux.

— Raconte-moi quelque chose pour me changer les idées, dis-je. Quoi de neuf pour toi ?

Poppy me déballe des nouvelles et des futilités apaisantes : elle a lu un livre super et va en parler à la réunion éditoriale, elle a un nouveau vélo, elle fabrique un chapeau. La plus grosse nouvelle, cependant, c'est que son ex loufoque, un artiste qui s'appelle Crippo, monte une installation inspirée par leur relation.

— Il va l'appeler, tiens-toi bien : « La garce m'en a fait baver. »

— Quoi ? C'est horrible ! Tu es vexée ?

— Oui, mais il dit que c'est censé être ironique. Enfin, j'espère juste qu'il ne gagnera pas un prix pour ça ou un truc du genre. Hé, tu veux connaître le dernier ragot au boulot ?

— Bien sûr.

— C'est un spécial Claudine. Un nouveau manuscrit est arrivé, et Ellen voulait que je le lise, mais Claudine s'est gentiment proposée de le faire à ma place, parce que, comme elle a dit, c'était trop littéraire pour moi. Honnêtement. Elle mériterait une bonne gifle, cette Française !

C'est tellement banal ; j'aimerais être là-bas.

— Tu sais qu'elle veut une promotion, reprend Poppy. Elle veut être la prochaine à être nommée éditrice.

— Évidemment. On le veut tous.

— Et… au fait, je ne sais pas si tu veux le savoir, mais… Ce n'est sans doute pas grand-chose, mais…

— Crache le morceau !

— Il semblerait qu'il y ait un truc entre elle et Simon. Ils se sont rencontrés lors de la soirée de lancement d'un livre. Je ne pense pas que ce soit un truc amoureux, mais je n'en suis pas sûre. Peut-être n'est-ce que du réseautage…

Aïe. Ça me pique un peu, mais pas autant que je ne l'aurais cru.

— Poppy, ça va. Je m'en moque. Elle peut l'avoir, si elle le veut.

— Bien, dit-elle, soulagée. Bon, et à part ça, que se passe-t-il ? Qui d'autre y a-t-il ? Est-ce que c'est complètement dingue, est-ce qu'il est toujours drogué et entouré de groupies ? Raconte.

— Pas vraiment. Il est très paresseux mais plutôt docile. Mais il est juste… exaspérant.

Je lui parle de cette idiote d'Annabelle, de mon bagage perdu, de Marisa et Federico, du yacht, et de Sam.

— Oh, oh, un jeune agent canon ?

— Seulement si tu aimes le genre colérique, propre sur soi. Il ne veut pas que Luther écrive ce livre ; c'est un empêcheur de tourner en rond.

Je me rends compte que je ne sais pas vraiment comment décrire Sam. Elle se ferait une idée fausse si je lui racontais qu'il a conduit Brian à l'aéroport et m'a sauvé la face avec Olivia.

— Il est très arrogant et veut tout contrôler. Il fait toujours son malin. Hier matin, j'étais dans la piscine, et il s'est mis en tête que je me noyais, et il a failli me causer une crise cardiaque en me sortant de l'eau.

— Il t'a sauvé la vie ? C'est romantique ! Mais Luther, alors ? Je pensais que c'était l'homme de tes rêves.

— Plus maintenant. Il est… Je ne sais pas, il n'est pas comme je l'imaginais. (Je ne m'étais pas rendu compte que c'était le cas avant de prononcer ces mots.) De toute façon, je vais peut-être rentrer à la maison demain, s'il décide de prendre au mot mon ultimatum.

Il y a un silence à l'autre bout du fil.

— Oui, c'était un peu risqué, dit Poppy.

— Je n'aurais pas dû ? demandé-je, hésitante.

— Eh bien… je ne sais pas. Peut-être pas. Mais écoute, Alice, quoi qu'il arrive, personne ne va mourir.

Je pense à la femme de Brian, et je frissonne.

— Non, bien sûr que non.

— Et, si tout le reste échoue, je suis sûre que Claudine te donnera du travail en free-lance, si tu lui demandes gentiment.

— Tais-toi !

Nous éclatons de rire. Cela fait des jours que je n'ai pas ri comme ça. J'avais oublié à quel point ça faisait du bien. Nous discutons encore un moment, jusqu'à ce que mon téléphone commence à me brûler l'oreille.

— Je ferais mieux d'y aller, dis-je à contrecœur. Je n'ai pas envie que tu aies des problèmes à cause de la facture de téléphone.

— Alice, écoute-toi !

Je comprends où elle veut en venir : tu viens peut-être de nous faire perdre un bouquin valant plusieurs millions de livres sterling, et tu t'inquiètes du prix d'un coup de téléphone ? Mais comme elle est gentille, et que c'est mon amie, elle dit juste :

— Tu trimes vingt-quatre heures sur vingt-quatre, même si tu es dans une villa magnifique pleine d'hommes canon. Le moins qu'ils puissent faire, c'est de te payer un coup de fil du QG.

— Tu as raison, Poppy. C'était super de te parler. Tu aimerais que je te ramène quelque chose d'Italie ? J'ai oublié de te demander.

— Peut-être un peu d'huile d'olive, dit-elle, songeuse. Je cuisine beaucoup en ce moment. Écoute, courage. Je vais croiser les doigts pour que Luther fasse de toi la fille la plus heureuse du monde en disant : « Oui, Alice, je veux faire ton livre. »

— Merci. On verra.

Après avoir raccroché, je m'assois sur la plage une minute et écoute les vagues. Simon et Claudine. C'est tellement cliché de sa part de la repérer au lancement d'un livre. Je l'ai rencontré au lancement d'un livre, bon sang. Bizarrement, je ne suis pas aussi dévastée que je l'aurais été il y a quelques jours. En fait, j'ai à peine pensé à Simon depuis cette soirée avec Luther. Correction : depuis cette soirée désastreuse et imbibée avec Luther. Je pense à mon premier jour ici, à la façon dont j'étais éblouie par lui. Je n'ai même pas remis en question le fait que nous allions naviguer plutôt que de travailler sur le livre. Finalement, je n'avais pas besoin de m'inquiéter de la clause de contenu et d'avoir peur que quelqu'un ne s'aperçoive que je l'avais oubliée ; j'ai réussi à tout ficher en l'air toute seule.

Quelque chose d'autre me frappe. Je ne suis pas sûre d'avoir eu raison de m'en prendre à Luther au sujet de Brian. J'étais tellement moralisatrice que je n'ai même pas pris la peine d'envisager les choses sous son angle. Il n'était même pas au courant avant hier soir. Et j'aurais dû faire plus d'efforts pour le mettre au travail. Ce n'est pas sa faute si je n'ai pas réussi à être ferme avec lui. Maintenant, je suis grillée. Le temps est encore plus couvert maintenant, et je commence à avoir froid. Je remonte lentement jusqu'à la maison.

Chapitre 16

Je trouve Marisa et Sam sur la terrasse, en pleine conversation ; ils ne me remarquent pas avant que je me poste à côté d'eux.

— *Ciao, carissima*, dit Marisa.

Je ne me lasserai jamais de l'entendre me dire des choses comme ça. Ça me donne l'impression d'être dans un film.

— Bonjour, dis-je, ayant l'impression d'avoir interrompu quelque chose. Euh, où est Luther ?

— Nous pensions qu'il était avec toi, répond Sam.

— Sa voiture n'est plus là, dit Marisa. Il n'est pas avec Annabelle non plus. Elle est partie avec Nikos.

— Je vais l'appeler sur son portable, dit Sam.

C'est un peu déconcertant, mais il ne peut pas s'être enfui, si ? Je suis sûre qu'il est juste allé s'éclaircir les idées, ou quelque chose comme ça. Du moins, je l'espère.

— Ça ne te dérange pas si on déjeune ensemble plutôt que de dîner ? demande Marisa. Je ne veux pas rentrer trop tard ce soir. Federico a dit qu'il pourrait peut-être revenir tôt.

— Bien sûr.

Si Luther est parti faire une course, autant déjeuner tôt. D'autant plus que je n'ai pas particulièrement envie de l'affronter seule s'il revient.

— Tu veux manger ici ?

— Non, merci. Allons en ville.

Nous ne retournons pas au même endroit que la dernière fois, mais dans un restaurant sur la même place, où nous nous asseyons dehors, sous une marquise, et mangeons des *pasta alla Norma* en buvant du vin rouge. C'est très joli, mais je ne suis pas dans le meilleur état d'esprit pour en profiter. Le serveur, extrêmement charmant et attentif, nous a indiqué plusieurs tables et nous a laissées choisir notre préférée. Je me demande si c'est toujours comme ça pour Marisa, où qu'elle aille. Je ne peux m'empêcher de remarquer qu'elle semble déprimée, cela dit, et qu'elle n'est pas aussi bavarde que d'ordinaire.

— Quelque chose ne va pas ?

Elle secoue la tête. Son portable sonne, et elle répond. Je n'entends que sa réponse.

— *Si… si… si… va bene. Va bene. Va bene.*

Je sais que « *Va bene* » signifie que tout va bien, mais ça n'a pas l'air d'être le cas. Elle se lance ensuite dans une tirade furieuse, puis elle raccroche, visiblement en colère.

— Tout va bien ? demandé-je timidement.

— Federico. Il ne va pas rentrer ce soir, finalement.

Elle hausse les épaules. Je regarde mon assiette. Je sais que, dans ce genre de situations, rien de ce qu'on peut dire n'arrange les choses.

— Comment vous êtes-vous rencontrés, Federico et toi ?

— Ah ! Probablement à l'église, ou chez un voisin. (Elle regarde au loin.) Nous avons tous les deux grandi dans un village à l'intérieur des terres, pas très loin de Cefalu. Il avait deux ans de plus que moi. Je ne le connaissais pas très bien, mais j'ai toujours trouvé que c'était le plus beau garçon du village. J'avais le béguin pour lui ! Ensuite, après le lycée, je suis partie à l'université, et il est resté ici pour travailler dans l'entreprise de son père.

— Ah oui. Le ciment.

— Oui. Ils possèdent une grosse usine près de Messine. Bref, après l'université, je suis allée travailler à Rome. J'ai commencé à bosser pour une chaîne télé, puis pour une compagnie de production cinématographique. Mais je rentrais trois semaines chaque été, et deux semaines à Noël, et je voyais Federico chaque fois. Les hommes à Rome sont très arrogants, encore plus que les Siciliens. Ils pensent que toutes les femmes du monde sont amoureuses d'eux. Federico était différent, plus sincère.

J'essaie de mettre ça en rapport avec le Federico que je connais. Je suppose que la bêtise peut être sincère.

— Après la mort de mon père, reprend-elle, voilà deux ans et demi, il y a eu une période terrible. J'ai perdu mon emploi, et je suis rentrée pour être avec ma mère. Fede était l'une des personnes de mon âge qui vivaient encore ici. Il venait souvent à la maison et faisait beaucoup de choses pour nous… C'était agréable de l'avoir à proximité. Nous nous sommes mis en couple. Et puis…

Elle me regarde avec une expression qui semble dire : « Je te laisse deviner la suite. »

— Oh, dis-je.

— Nous en avions tous les deux envie. On ne pouvait pas s'imaginer faire autre chose. Et j'étais prête à me poser. J'en avais assez de Rome, et je voulais être là pour ma mère. Et j'avais trente ans. Je trouvais ça tellement vieux !

Elle rit, mais, à ma grande horreur, je vois ses yeux se remplir de larmes.

— Que s'est-il passé ?

— J'ai perdu le bébé. Mais, à ce moment-là, nous étions fiancés. Et je pensais honnêtement que nous pourrions être heureux ensemble. C'est différent, maintenant…

— Et depuis ?

— Depuis, rien. Je ne sais pas pourquoi. Je pensais que nous ferions des tests, mais cette idée faisait horreur à Federico. Et maintenant je ne suis pas sûre que ce serait une bonne idée.

Elle regarde ses mains, parfaitement manucurées, son bracelet en diamant scintillant à son poignet.

— Je suis désolée, dis-je.

Elle lève les yeux ; ils sont pleins de larmes.

— Alice ! C'est moi qui devrais l'être. Tu as assez de soucis comme ça sans mes histoires. Tout va bien, dit-elle en souriant. Fede est un bon mari, vraiment. Et il a beaucoup soutenu ma mère financièrement.

Mon père n'avait pas beaucoup d'argent. Et mon salaire à Rome ne suffisait pas à l'entretenir.

Pauvre Marisa. Je me rappelle que, quand je l'ai rencontrée pour la première fois, je ne l'ai pas trouvée belle. Maintenant, je la trouve superbe. Je me demande si, sans sa mère, elle n'aurait pas quitté Federico. Pauvre Marisa, et pauvre Brian… Je ne suis vraiment pas la seule à avoir des problèmes.

Nous payons l'addition et retournons à la villa. Il est 15 heures, et j'espère que Luther a donné des nouvelles. Mais, alors que nous nous garons, je vois que sa voiture n'est toujours pas là. Sam est sur la terrasse, pianotant comme toujours sur son BlackBerry.

— Des nouvelles de Luther ? demandé-je.

— Non, mais je n'en suis pas encore à appeler les *carabinieri*.

— Je devrais y aller et vous laisser travailler, tous les deux, dit Marisa, en nous regardant alternativement.

— Non, reste, dit-il. J'ai fini pour aujourd'hui.

Je dis que je vais les laisser, mais Marisa insiste pour que je me joigne à eux. Maria Santa nous apporte de la limonade glacée, et nous nous affalons sur les transats, passant l'heure suivante à lire et à bavarder à propos de tout et de rien. Cet interlude se révèle étonnamment agréable. Sam et Marisa me racontent des histoires amusantes à propos du film sur lequel ils ont travaillé à Rome, et sur les réalisateurs et les producteurs qu'ils ont rencontrés. Je n'en reviens pas d'apprendre que, dans une de mes comédies romantiques préférées, l'actrice récitait la plupart de ses textes à une doublure parce que le comédien à qui elle donnait la réplique allait se reposer quand il n'apparaissait pas à l'écran. Et je suis perturbée de découvrir qu'un célèbre acteur de films d'action doit peser la moindre bouchée de nourriture qu'il ingère. Mais ils ne me révèlent rien de classé X.

— Sam, toujours si discret, le taquine Marisa. Tu ne nous racontes jamais les bons ragots.

— Honnêtement, je ne les connais pas. Les techniciens sont les mieux placés pour ça. Ils voient tout, et personne ne fait attention à eux.

— Je ne te crois pas. Tu connais plein d'histoires, dit Marisa en lui donnant un petit coup avec son magazine.

Il se contente de sourire en secouant la tête.

Je les regarde et me demande s'il y a quelque chose entre eux. Ce qui est sûr, c'est qu'ils s'entendent comme larrons en foire. Et Marisa est splendide : n'importe quel homme serait intéressé.

Elle se lève et s'étire.

— Je vais aller parler à maman un moment. Excusez-moi.

Et elle entre dans la maison, nous laissant seuls, Sam et moi.

Je me sens de nouveau gênée. Il est allongé dans un transat juste à côté du mien, à quelques centimètres seulement. Quand je me surprends à observer de nouveau ses bras bronzés, je me rends compte que c'est vraiment trop bizarre de rester couchés comme ça, en silence. Il faut qu'on bavarde.

— Tu as toujours voulu être agent dans le cinéma ? lui demandé-je jovialement.

À ma grande surprise, il rit.

— Non, je voulais être joueur de basket professionnel.

— Oh.

Je ne m'attendais pas à ça, même s'il est très grand.

— Que s'est-il passé ?

— J'ai obtenu une bourse pour jouer à UCLA, mais je me suis blessé au genou en licence. Je n'ai plus jamais joué en compétition depuis.

— Alors comment en es-tu venu à faire l'agent ?

— Eh bien, j'envisageais la fac de droit, mais je me suis dit que je préférerais gagner un salaire, même un tout petit, plutôt que de m'endetter avec les frais de scolarité. Je voulais rester à L.A., alors j'ai décidé d'essayer de trouver un poste dans une agence. Un de mes amis est acteur, alors j'ai passé un entretien avec son agent.

— Pour être son assistant ?

— Non, pour travailler au courrier. J'ai gravi les échelons. Huit étages, précise-t-il, pince-sans-rire.

— Et ça te plaît ?

Il rit de nouveau.

— Tu sais, personne ne m'a jamais posé cette question. Bien sûr, ça me plaît. C'est excitant. Quand les affaires vont bien, ça fait une vraie poussée d'adrénaline. Et j'aime construire une relation avec mes clients, prendre soin d'eux. Mais c'est un travail vraiment dingue. Ça ne s'arrête jamais. Ce sont les vacances les plus longues que j'ai prises en deux ans.

— Ce sont des vacances ? Mais tu travailles !

— Non, officiellement, je suis en vacances. Mais je dois être tout le temps disponible. Je ne peux me permettre ça que parce que mon assistante est très solide.

Waouh. Je trouve cette façon de vivre très déprimante. Je pensais qu'Erica travaillait beaucoup, mais, au moins, elle peut partir en vacances.

— Et toi ? demande Sam.

— Et moi quoi ?

Il agite la main.

— Comment es-tu entrée dans l'édition ? Est-ce que tu as toujours voulu faire ça ? Ça te plaît ?

— Oh. Oui, j'ai toujours voulu travailler dans l'édition. Dès que j'ai compris que les livres ne se fabriquaient pas tout seuls. J'adore les bouquins, et j'adore faire partie de quelque chose qui divertit autant de monde. Et j'adore travailler avec les auteurs...

Ma voix se perd. Parler avec Sam de son travail m'a brièvement distraite, mais maintenant je me fais de nouveau du souci pour Luther. Il aurait dû rentrer il y a des heures.

— Si tu t'inquiètes au sujet de Luther, dit Sam, comme s'il lisait dans mes pensées, il ne faut pas. De temps en temps, il va dans les collines. Il faisait ça à Rome aussi ; une fois, il a appris à conduire avec une boîte manuelle, et on ne pouvait plus l'arrêter. Il va revenir.

— Je sais, dis-je rapidement.

Je ne compte pas lui dire que, la dernière fois que j'ai parlé à Luther, je lui ai dit d'aller au diable.

Marisa réapparaît peu de temps après et reste pour dîner. Luther n'est toujours pas rentré quand je vais me coucher. Je mets un temps fou à m'endormir : je ne peux pas m'empêcher de m'inquiéter, de me demander où il est et ce qu'il fait. À un moment, je me lève pour aller chercher un verre d'eau. Alors que je passe dans la salle de réception, j'entends la voix de Sam en provenance de la terrasse. Marisa est encore là ; je ne m'en étais pas rendu compte. Ils sont encore à table, leurs têtes très proches l'une de l'autre. Il tend la main et lui touche le bras.

— Dis-le-moi, chuchote-t-il. Je ferai tout ce que tu veux.

Mince alors ! Qu'est-ce que ça veut dire ? Je me hâte de retourner au lit sur la pointe des pieds, avant qu'ils me voient. Plus tard, dans les rares moments où je ne me torture pas au sujet de Luther, rejouant notre conversation dans ma tête, je me demande ce qui se passait dehors.

Chapitre 17

Je suis réveillée par des bruits venant de l'extérieur : Dieu merci, j'entends la voix de Luther. Je suis tellement soulagée ! Cela dit, que craignais-je qu'il arrive ? Qu'il se jette d'un pont parce que j'ai été méchante avec lui ?

Après m'être habillée, je m'assieds au bord du lit pendant une minute et je réfléchis. J'ai trop peur de sortir et de l'affronter. En fait, j'ai la nausée. Que vais-je bien pouvoir lui dire ? Que dira-t-il ?

Peut-être a-t-il déjà appelé Olivia pour se plaindre de la manière dont je lui ai parlé. Je n'ai pas été en contact avec elle depuis notre conversation désastreuse. Oh, mon Dieu ! Si lui ou Sam l'appellent, lui disent que j'ai posé un ultimatum à Luther… Mais pourquoi m'inquiéter de la colère de ma supérieure, quand les conséquences pourraient être pires ? Olivia pourrait bien ne plus être ma supérieure ; elle pourrait s'être fait renvoyer pour m'avoir confié ce travail important, que j'ai fichu en l'air. Mon cœur se met à battre la chamade, sous le coup du stress et de la terreur.

Je me lève et regarde la vue magnifique par ma fenêtre. C'est encore une journée splendide, et le soleil tape de nouveau, des vagues de chaleur s'élèvent du sol. Le ciel et la mer sont du même bleu incroyable. Le rebord de la fenêtre est trop chaud pour que je puisse le toucher. C'est un endroit tellement beau, mais, après ce séjour, je ne voudrai plus jamais revenir en Italie.

On frappe à ma porte. C'est probablement Sam, ou cette satanée Annabelle voulant m'emprunter quelque chose. Ou pourrait-ce être Luther, avec des fleurs et des excuses ? Oui, bien sûr…

Avant que je puisse répondre, la porte s'ouvre doucement, et une tête apparaît. C'est Luther. On dirait qu'il a passé toute la nuit dehors, ce qui est sans doute le cas.

— Je peux entrer ?

Il pénètre dans la pièce en longeant les murs. Il s'approche de ma coiffeuse et prend le foulard en soie que Marisa a choisi pour moi.

— Luther, je suis vraiment désolée pour hier. C'était terriblement grossier de ma part. Et stupide. Je ne le pensais pas.

Il ne semble pas m'entendre. Il enroule le foulard autour de son cou.

— Ça me va ?

— Euh…

Je souris et secoue la tête même si, bizarrement, ça fait plutôt cool sur lui, comme tout ce qu'il porte.

Il repose le foulard.

— Allons faire un tour, dit-il.

Nous descendons à la plage. Je ne dis rien, parce que je ne comprends pas ce qui se passe et que je veux qu'il parle le premier. Quand nous arrivons sur la plage, il ramasse une pierre et la fait ricocher, tout comme Brian l'autre jour, mais de façon plus experte.

— Je crois que c'est moi qui devrais être désolé, dit-il. Tu dois me prendre pour un vrai con.

Mon soulagement est si fort que je le ressens physiquement.

— Pas du tout.

— Ah…, dit-il en lançant une autre pierre. Le truc, c'est que je veux écrire ce livre. Vraiment. Il y a un tas de choses…

Il se tait et regarde la mer. J'attends qu'il reprenne.

— Il y a un tas de choses que je veux raconter à quelqu'un.

— Tu peux me les raconter à moi.

Il hoche la tête. Je compte lentement jusqu'à dix dans ma tête, comme me l'a conseillé Brian. J'attends.

— C'est drôle, ce que tu as dit. « Tu te prends pour qui ? » Parce que je crois que j'en suis arrivé à un point dans ma vie où je ne sais presque plus qui je suis. Tu vois ce que je veux dire ? Je joue tous ces rôles, mais je ne sais pas qui je suis quand je ne suis pas devant la caméra, en fait.

Je ne réponds rien ; je me contente de hocher la tête, osant à peine respirer. Je ne l'ai jamais entendu parler comme ça auparavant.

— Alors quand on discutait, hier, je crois que j'essayais de gagner du temps. Je veux le faire, mais quand il s'agit de vraiment parler de ces trucs…, c'est assez effrayant, en fait. C'est juste bizarre de penser à tout ça, étalé au grand jour.

Je ne sais pas quoi dire. Je me sens submergée par le remords et la compassion. Il a raison. J'ai eu beau faire la mauvaise langue, dire que tout était facile pour lui, ce n'est pas moi qui m'apprête à révéler l'histoire de ma vie.

— Je sais, dis-je, mais on peut y aller doucement. Et on n'est pas obligés de mettre ce dont tu ne veux pas parler.

Il hoche la tête.

— Bien. Je suis prêt, vraiment. Si tu l'es aussi.

— Bien sûr.

Je suis tellement heureuse !

— Alors, qu'est-ce qu'on fait, maintenant ?

— Eh bien, on peut parler, toi et moi. Et ensuite on enverra les cassettes à Brian, et il les retranscrira. Quand il aura fini, tu pourras tout relire, et on fera des modifications ensemble. Et ensuite ce sera terminé.

— OK, dit-il en se levant d'un air décidé. Tu sais quoi ? Je suis excité. Sans déconner. J'ai envie de le faire.

Je suis très soulagée ; je n'arrive pas à croire qu'il se soit décidé. Ça aura pris un moment, mais je pense que je m'approche enfin du vrai Luther.

Je le laisse prendre de l'avance pendant que j'envoie un message à Olivia. Je ne veux pas l'appeler maintenant, parce que je ne veux pas interrompre ce moment avec Luther. Mon texto dit : « J'avance avec Luther. Lui et moi organisons des entretiens.

Je m'attends à de bons progrès. » Je l'envoie d'un doigt hésitant, espérant qu'elle le prendra bien.

Je m'approche de la terrasse, où Sam et Luther discutent.

— Est-ce que tu sais qui ils ont pris ? demande Luther.

— Pas encore. Je le saurai bientôt. Je sais qu'il a été envoyé à Seph Banks…

— Ce type ! Il ne reconnaîtrait pas un bon film si on le lui collait sous le nez. Je m'en fous. Dis-leur que je fais l'impasse. Dis-leur que je vais plutôt travailler sur mon livre.

Sam semble atterré.

— Tu vas travailler sur ton livre, répète-t-il.

— Absolument.

— Écoute, Luther. C'est une mauvaise idée. Il n'en ressortira rien de bon.

— Je m'en fous ! Je veux le faire. Et je te l'ai dit des milliers de fois. Alors arrête de me mettre des bâtons dans les roues et d'inventer tous ces projets pour me distraire, parce que ça ne marchera pas. (Il se tourne vers moi.) Tu es prête ?

— Oui ! Je vais juste chercher les cassettes et mes affaires.

J'adresse un sourire radieux à Sam et fonce dans la maison. Sam me suit, absolument furieux.

— J'espère que tu es contente maintenant, crache-t-il. Tu as décidé Luther à commettre la pire erreur de sa carrière.

Je comprends pourquoi il est agacé, mais je m'en moque.

— Sam, ce n'est pas à toi de prendre cette décision. Luther veut écrire un livre digne de ce nom. Alors, si ça te pose un problème, il faudra que tu règles ça avec lui.

Il ne dit rien, et je sais que c'est parce qu'il n'y a rien à répondre à cela. Si Luther a décrété qu'il voulait vraiment aller au bout, Sam ne peut rien faire pour l'en empêcher.

— Tu vas me montrer les transcriptions de chacune de ses interviews, au fur et à mesure, aboie-t-il. Tout ce qu'il te dira passera par moi. Sans exception.

Alors que je le regarde s'éloigner, rageur, je me rends compte que je commençais presque à l'apprécier. Pas d'un point de vue sentimental, évidemment, juste en tant que personne. Mais on n'y peut rien. On a fait les choses à sa manière, maintenant c'est moi qui prends les choses en main. Je ramasse mes affaires et, avant d'aller voir Luther, je tape un texto très rapide à Poppy. « Tu avais peut-être raison pour *Anne : la maison aux pignons verts*. Je croise les doigts. Je te tiens au courant ! » Et j'espère, et je prie, pour que ce ne soit pas prématuré.

Chapitre 18

Nous sommes sur la terrasse à l'arrière de la villa. Luther est sur un transat, et je suis assise en face de lui, sur une chaise. Le Dictaphone est allumé. Je sens qu'il y a quelque chose de différent chez lui. C'est son comportement : il a l'air plus sérieux qu'il ne l'a jamais été. Cela lui va bien.

— Alors… tu pourrais peut-être commencer par ce que tu me racontais l'autre fois, sur la période où tu as dû partir de chez toi. Est-ce que ça s'est passé comme tu me l'as décrit ?

J'ai failli lui demander s'il avait dit la vérité, mais je ne veux pas insister sur le fait qu'il a menti.

— Eh bien, en quelque sorte. C'est vrai que mon père est parti quand j'avais treize ans. Et ensuite nous avons séjourné chez une amie de maman, pendant un mois ou deux, peut-être. Et elle avait un frère, Amos, que maman a commencé à fréquenter. C'est à ce moment-là que son amie nous a demandé de partir. Tout ça est vrai. Et nous avons emménagé avec Amos pendant un moment. Mais il ne nous a pas demandé de partir au Mexique, ni où que ce soit, d'ailleurs. Un jour, il a simplement disparu. Maman était effondrée.

— Oh.

Pauvre Luther. Deux figures paternelles disparaissant en l'espace de quelques mois.

— Nous avons dû partir de chez lui et, alors, on a commencé à dormir dans la voiture de maman. Au début, on n'en a parlé à personne. On se garait juste à des endroits différents. Ma mère travaillait dans un supermarché à l'époque, et on se garait sur le parking. Elle nous faisait entrer à 6 heures du matin, ma sœur et moi, pour qu'on puisse se laver et s'habiller pour aller à l'école. Les gens de l'équipe de nuit étaient au courant, mais, comme elle travaillait de jour, elle pensait qu'elle pourrait s'en tirer. Mais, finalement, ils s'en sont rendu compte, et on a dû partir.

Un frisson court le long de ma colonne vertébrale alors que je pense à la mère de Luther et à ses deux enfants, en train de se préparer dans les toilettes du personnel.

— Et tes grands-parents ? Vous n'aviez pas de la famille en ville ?

— Pas à Camden, parce que ma mère est originaire du Queens. Elle s'est fâchée avec sa famille quand elle a épousé mon père ; ils le détestaient. Alors on était seuls.

— Et vous alliez à l'école pendant tout ce temps ?

— Au début. Mais ma mère ne supportait pas que les gens soient au courant de notre situation, là où nous vivions. Elle avait peur que quelqu'un en ville ne l'apprenne, même si, pour être honnête, je pense que tout le monde le savait déjà. Elle travaillait avec une femme qui allait en Floride pour les récoltes. Elle a dit qu'elle pourrait lui trouver un travail, alors ma sœur et moi avons quitté l'école, et nous avons roulé jusque là-bas dans la vieille Ford Maverick de maman.

— C'était comment, la Floride ?

— Ça allait. C'était agréable de ne plus avoir froid. Il faisait drôlement froid, dans cette voiture. Mais j'en avais marre de manger des oranges ; on en avait environ dix chacun par jour. Le soir, on sortait, moi et ma sœur, et on se faisait de l'argent. Comme je te l'ai raconté.

Il rit.

— Euh, comment ?

— On faisait des spectacles pour les touristes. On chantait des chansons, on faisait des sketchs. J'avais mémorisé tout un dialogue de *Retour vers le futur*. (Il secoue la tête.) Ma mère avait un nouveau copain à cette période, et elle était un peu distraite.

» Mais, quand elle l'a appris, elle nous est tombée dessus comme une tonne de briques. Peu après, elle s'est réconciliée avec sa famille, et nous sommes allés vivre chez eux, dans le Queens. Mais c'est à cette période que j'ai découvert à quel point j'aimais jouer la comédie, je crois. C'était un moyen d'attirer l'attention, mais cela nous aidait aussi à fuir ce qui se passait à la maison.

Mon cerveau d'éditrice a bien conscience que cela représente une base formidable. Mais, en même temps, je me sens terriblement désolée pour Luther et sa famille. Je n'arrive pas à imaginer une telle existence, sur la corde raide.

Alors que la matinée avance, Luther fume un paquet entier de cigarettes. Il m'en dit plus sur ses jeunes années, avant que son père – qu'il semble avoir vénéré – s'en aille. Il avait toujours des ennuis : il séchait les cours, piquait à l'étalage, essayait de voler des voitures. Il me parle de sa mère, qui semble avoir été à la fois très affectueuse et très absorbée par sa vie chaotique, et de sa grand-mère, qui était beaucoup plus stable. Je ne savais pas qu'elle l'avait convaincu de prendre des cours de danse, qui l'ont aidé à obtenir le rôle dans *Fever*.

— C'était comment ? demandé-je. Enfin, on connaît tous les faits, mais qu'est-ce que tu as ressenti ?

— C'était comme un rêve devenant réalité, dit-il simplement. Comme si toutes ces caravanes, ces câbles, les maquilleurs et les cantiniers, le réalisateur et l'assistant réalisateur, tous les techniciens et tous les extras, et même les autres acteurs, comme s'ils étaient là grâce à moi. Parce que j'étais la star. C'était à moi de faire de ce film un succès.

— Ça semble effrayant.

— Non, dit-il en se penchant en avant. Ça aurait dû être terrifiant, mais j'étais tellement ignorant, j'ai adoré ça. J'étais accro à tout ça : les costumes, le scénario, la chorégraphie... Tout. Je n'avais aucune idée de ce que je faisais. Ils devaient sans cesse me rappeler que je ne devais pas regarder la caméra.

» Mais le réalisateur était bon, et, finalement, je m'en suis sorti. En fait, je ne jouais pas vraiment. Je jouais mon propre rôle. Et ensuite, quand le film a connu un succès fou, je suis devenu fou moi aussi. Mais la retombée, plusieurs mois après la sortie du film, a été horrible.

— Pourquoi ?

— Parce que c'était terminé. Je n'allais plus jamais revivre cette expérience. J'avais déjà signé pour *Des étoiles sur l'eau*, mais il n'y avait aucune garantie qu'il connaisse autant de succès que *Fever*. Et je commençais à me rendre compte que je perdais pied. Et si tout se terminait, et que je doive rentrer chez moi, la queue entre les jambes ? C'était terrifiant. D'une certaine manière, la peur que j'aurais dû éprouver en tournant *Fever* ne m'a frappé que quand ça a été terminé. (Il réfléchit.) Je crois aussi que je…

J'attends.

— Tout le temps où j'allais à des cours de théâtre ou à des auditions, j'espérais qu'un jour, si je devenais une star de cinéma, ou un acteur de télévision, ou même si j'apparaissais dans une pub, mon père me verrait, et peut-être qu'il… Je ne sais pas ce que j'espérais. Qu'il penserait que j'étais un bon petit, je suppose, ou au moins qu'il entrerait en contact et nous dirait s'il était mort ou vif. Mais ça n'est jamais arrivé. *Fever* est sorti, j'ai donné un tas d'interviews, je suis apparu sur des couvertures de magazines, mais rien.

— Sais-tu où il est maintenant ?

— Honnêtement, je n'en ai aucune idée. Il pourrait être mort, pour ce que j'en sais. Ou il pourrait, je ne sais pas, vivre des aides sociales, ou dans un village de mobil-homes, quelque part. Mais j'en doute, car, s'il était en vie, je pense qu'il n'aurait pas hésité à entrer en contact avec moi.

— Pour te voir ?

— Non, pour me demander de l'argent.

— Oh.

Je n'imagine pas à quel point ce doit être horrible de penser cela de son propre père.

— Je sais que, puisqu'il nous a abandonnés, je dois le considérer comme un salaud, continue-t-il, mais, en réalité, je m'en souviens comme de quelqu'un de très cool. Il riait et plaisantait tout le temps, et il avait tellement de potes… La pièce s'illuminait toujours quand il entrait. Il jouait au baseball avec moi pendant des heures. Il m'a donné ma première bière quand j'avais douze ans. Mais ma grande sœur ne se le rappelle pas comme ça.

— Non ?

— Non, elle dit que tout dépendait de l'humeur dans laquelle il était quand il rentrait à la maison. Qu'elle et ma mère priaient pour qu'il soit de bonne humeur, car sinon c'était l'enfer. Mais, s'il était de trop bonne humeur, ça voulait dire qu'il avait bu. (Il secoue la tête.) La première fois qu'elle me l'a dit, c'était après la première d'*Étoiles sur l'eau*. Nous étions à la fête qui a suivi. Je lui disais que j'aurais aimé qu'il soit là, et elle m'est tombée dessus, et tout est sorti. Je suppose qu'elle avait raison. Je l'ai détesté d'avoir quitté ma mère et de nous avoir quittés, mais, en même temps, je me disais… Je me rappelais ce type cool, et je n'avais pas envie de l'oublier. Mais je suppose que c'était un salaud. Je ne sais pas. Je ne m'en souviens pas, en fait.

Il a l'air tellement abattu, allongé sur ce transat. En fait, il est d'une beauté incroyable, à cet instant précis, et voir cet aspect de lui… Je me ressaisis rapidement et lui demande quelles sont ses relations avec sa famille.

— Maman et moi nous entendons très bien maintenant. Cela fait environ dix ans qu'elle a épousé un type super. La vie est plus facile pour elle, maintenant, tu vois ? Je leur ai offert une maison en cadeau de mariage. Je crois que ça lui a fait bizarre de l'accepter, à lui, mais je m'en fiche.

— Et ta sœur ?

— C'est une autre histoire. Nous étions très proches quand nous étions gamins, mais plus trop maintenant. Je crois qu'elle trouve que j'ai beaucoup accaparé maman avec mes histoires, alors qu'elle menait sa vie de son côté. Mais elle s'en est bien sortie. Elle est mariée, elle a trois enfants, elle vit dans un quartier sympa. Elle ne me laisse jamais lui payer quoi que ce soit, mais je fais des cadeaux aux enfants, alors ça va.

C'est bon à savoir : nous devons savoir qui risque de se plaindre ou non.

— Et ta grand-mère ?

Il reste silencieux un moment.

— Elle est morte. Pendant que je tournais *Fever*, elle luttait contre un cancer. Je me sens toujours coupable de ne pas avoir passé plus de temps avec elle. J'allais la voir aussi souvent que possible, mais ce n'était pas assez. En fait, de tous les trucs nuls que j'ai faits, je pense que c'est ce que je regrette le plus.

Pauvre, pauvre Luther. Voilà qui explique sa réaction quand j'ai parlé de la femme de Brian. Je m'en veux d'avoir douté de lui.

Nous parlons pendant encore une heure environ, jusqu'à ce que je me rende compte que je ne vois plus mes notes parce qu'il fait sombre. Complètement absorbée, j'en ai oublié le temps qui passait.

— Luther ! Tu te rends compte que ça fait plus de six heures que nous parlons ?

— Ah bon ? Tu as eu ce que tu voulais ?

— Absolument. Tu as été fantastique. Bien joué, et merci beaucoup.

Je m'apprête à me lever, mais il reste là à regarder par terre, la tête basse. Dans l'obscurité, je vois qu'il a l'air un peu accablé, et très triste. Oh, mon Dieu !… J'éprouve une envie subite de le prendre dans mes bras et de m'excuser de lui avoir fait passer un moment aussi dur.

— Ça va ?

— Oui, je vais bien, dit-il en relevant les yeux. Ça m'a fait du bien de parler de tout ça. On pourrait continuer plus longtemps, tu sais.

Il regarde sa montre, et je me sens déchirée. Je suis épuisée, mais, s'il veut parler, je veux être là pour lui.

— En fait, non, faisons une pause, dit-il finalement.

J'acquiesce.

Luther part chercher Sam pendant que je me lève et m'étire lentement. Je me rends compte que mon cou, mes épaules et mes bras me font mal, même si je n'ai fait qu'écouter et prendre des notes, et changer occasionnellement la cassette du Dictaphone. Mais c'est génial. Aujourd'hui, il m'a donné au moins trente mille mots, et, jusque-là, c'est ce que nous avons eu de plus intéressant.

Je trouve Federico et Marisa sur la terrasse, en train de parler avec Sam et Luther. Ils veulent tous aller dîner et boire des verres à Taormina. Ils sont tous très élégants, alors que je suis toute débraillée, après ma journée de travail.

— Tu viens avec nous, Alice ? demande Federico.

Marisa et Luther me regardent aussi, mais je remarque que Sam fait exprès de détourner le regard. Il n'a probablement pas envie de me voir à cet instant.

— Je crains de ne pas pouvoir.

Je leur explique que je dois taper la transcription de mon entretien avec Luther et l'envoyer à Brian. Je me suis rendu compte que ce serait plus efficace que de lui envoyer les cassettes.

— Tu es sûre ? demande Marisa. Ma cousine Giulia parle très bien anglais. Elle pourrait t'aider à taper tout ça.

— Non merci, je dois le faire moi-même.

Je suis la seule à savoir ce qui doit être accentué pour Brian et ce qui peut être laissé de côté. Sans compter que tout cela est hautement confidentiel ; je ne veux pas que quiconque y ait accès, peu importe le nombre de formulaires qu'ils auraient signés. Je veux qu'Olivia et Brian soient les premiers à voir ça.

Quand ils partent tous enfin, je me sens soulagée ; je peux réfléchir.

Je suis encore étourdie par tout ce que Luther m'a confié. J'en ai appris plus sur lui lors de ces six dernières heures que pendant tous ces derniers jours. Son enfance me semble terrifiante. Perdre sa maison et devoir vivre dans une voiture ; voir son père partir et ne jamais le voir revenir… Pas étonnant qu'il soit aussi perturbé. Tout le monde le serait. J'essaie encore de faire coïncider la personne que je connais avec ce qu'il m'a dit. Je ne m'étais pas rendu compte qu'il était aussi lucide vis-à-vis de lui-même, aussi perspicace concernant ses propres motivations ; comme, par exemple, quand il a décrit son sentiment de déchéance après *Fever*, ou sa déception que son père ne l'ait jamais contacté. C'était déchirant.

Cela prouve qu'on peut être riche et célèbre, comme Luther, mais que tout ça n'a pas d'importance s'il manque les choses essentielles : l'amour, la stabilité, un foyer, des parents qui vous aiment, ou du moins se soucient de l'endroit où vous êtes et de ce que vous faites. Peut-être est-ce pour cela qu'il voulait devenir célèbre : pour essayer d'obtenir cet amour qu'il n'avait pas trouvé chez lui.

Je mets mes écouteurs et m'installe pour une soirée de travail. Le son de la voix de Luther emplit mes oreilles alors que je commence à taper ses mots.

Chapitre 19

Je suis sur le plateau d'un film, ou sur scène, et je suis censée jouer la fille qui intéresse Luther, mais, pour je ne sais quelle raison, je suis assise à un petit bureau et je tape sur un clavier avec acharnement. Tout autour de moi, des gens répètent, installent des lumières et mettent les caméras en place. Ils m'attendent tous et commencent à s'impatienter, mais je ne peux pas m'en empêcher : il faut que je finisse d'écrire le livre avant de pouvoir embrasser Luther. La seule solution est de taper plus vite, alors c'est ce que je fais, frappant les touches de plus en plus frénétiquement pour pouvoir m'échapper. Le tapement de mes doigts sur le clavier produit un bruit de plus en plus fort, jusqu'à ce que je me rende compte qu'il s'agit de coups à ma porte. Je suis réveillée, et quelqu'un cogne bruyamment. Je ferme les yeux, espérant que cela cesse, mais ça continue encore et encore.

— Qui est-ce ? croassé-je.

La porte s'ouvre. C'est Luther. Je tire le drap sur ma jambe exposée et essaie de m'asseoir et de prendre un air respectable. J'espère que je n'ai pas le visage tout bouffi.

— Hé, désolé. Ça ne te dérange pas si on commence bientôt ? Je suis levé depuis un moment, à réfléchir…

— Super. Accorde-moi juste une minute.

— Ne sois pas longue, dit-il avant de disparaître.

Je m'écroule sur mon oreiller. Je peux à peine ouvrir les yeux tant je suis fatiguée. Hier soir, la transcription m'a pris bien plus longtemps que prévu. J'ai travaillé jusqu'à 2 h 30, supprimant ce dont nous n'avions pas besoin et écrivant des notes à l'intention de Brian. Je ramasse ma montre par terre et regarde l'heure.

Il est 6 h 30.

Bon. C'est un peu tôt, mais ça va. Le plus important, c'est que Luther soit motivé. C'est super ! Je suis un peu groggy, mais ça ira mieux après une douche.

Dix minutes plus tard, les cheveux encore humides et attachés en queue-de-cheval, je suis sur la terrasse de derrière avec Luther, dans la même position qu'hier. Je tiens une tasse de café et un petit pain que j'ai pris dans la cuisine en venant. Luther ne s'est pas rasé, mais il a l'air frais et dispos, et il est très beau en jean et sweat bleu à capuche. Il doit avoir la résistance d'un bœuf.

— Comment ça s'est passé, hier soir ? demandé-je.

— Bien. Ils voulaient tous aller quelque part après dîner, mais je n'en avais pas envie. J'étais préoccupé. Je pensais à des trucs, je me rappelais tout ce dont je voulais parler.

— C'est fantastique. Je suis ravie que tu… que tu t'impliques enfin.

Je suis sincère. C'est absolument génial.

Luther et moi passons la matinée à parler du début de sa carrière et des deux films dans lesquels il a tourné après *Fever*. Il me raconte des anecdotes super sur certains des acteurs et réalisateurs avec lesquels il a travaillé, toutes publiables, à mon avis. C'est tellement divertissant de l'écouter que j'en oublie presque ma fatigue.

Après trois heures de discussion et trois cassettes, je décrète que nous avons tous les deux besoin d'une pause. J'attends le bon moment, quand il arrive à la fin d'une histoire, pour dire :

— Hé, Luther, il est déjà 11 heures. Et si on faisait une pause d'environ une demi-heure ?

— Je ne préférerais pas. Je voulais te parler de Don.

Je suis complètement perdue. Il a l'air de croire que je sais exactement de qui il parle, et je ne veux pas être grossière, mais je n'ai pas le choix : je dois lui demander qui est Don.

— Dom ! dit-il. Dominique !

— Oh, bien sûr. Désolée ! J'avais mal entendu.

Il parle de son ex-femme, Dominique Rice. D'après tout ce que j'ai lu, elle a l'air complètement folle. Apparemment, elle s'est fait tatouer le nom de Luther sur la plante des pieds après leur divorce pour pouvoir lui marcher dessus tous les jours. Je sais que c'est vrai parce que j'ai vu des photos d'elle sur un transat, avec « Luther » écrit en fausse écriture gothique sous ses pieds.

— Ce serait super, dis-je. Mais si on faisait d'abord une petite pause ? Comme ça, tu seras vraiment frais, et tu pourras en parler dans les meilleures conditions.

Il me regarde pendant une seconde, puis se tourne en direction de la mer.

— Je ne sais pas. J'ai l'impression que je dois en parler maintenant, ou jamais.

Bon, d'accord. Il s'apprête à parler de son ex-femme, après tout. Je devrais sans doute être sensible à ce sujet.

— Bien sûr.

Il commence par me dire à quel point Dominique a changé depuis qu'elle s'est remariée, qu'elle a eu ses deux enfants et qu'elle s'intéresse à la spiritualité, et à quel point il est difficile de rompre avec une personne connue.

— Le truc, c'est que, quand des gens normaux se séparent, ils ne voient pas leur ex sur un panneau d'affichage de trois mètres de hauteur, tu vois ? C'est déjà assez dur de rompre avec quelqu'un, sans devoir en plus le voir sur des écrans, dans les magazines, ou lire dans des articles de journaux que c'était une décision mutuelle alors qu'il n'en était rien. Ne note pas ça, au fait.

— Je ne garderai pas ce que tu as dit sur les interviews et le fait que la décision n'était pas mutuelle, dis-je, mais j'aime bien le passage sur les panneaux d'affichage.

— J'ai lu un entretien qu'elle a donné après avoir eu son bébé. Je n'arrivais pas à croire que c'était elle. Tous ces trucs sur la mère divine et la force de vie, et les arcs-en-ciel qu'elle voit partout. Elle qui disait qu'elle ne voulait jamais avoir d'enfants parce qu'ils nous enlèvent notre force vitale et que c'est pour ça qu'elle détestait ses parents et vice-versa. Les enfants n'étaient pas à notre programme. Mais je suppose qu'il l'a convaincue. Et maintenant elle est heureuse. Et c'est super.

« Lui », c'est le nouveau mari de Dominique, et j'ai déjà compris que Luther le détestait. « Connard » est l'un des mots les plus polis qu'il a utilisés.

— Enfin, tu vois, il fait comme s'il était un artiste sensible, d'avant-garde ; il peint, il fait de la charpenterie, ce genre de trucs. Et c'est cool. Mais ce que tout le monde semble oublier, c'est qu'il a commencé dans un feuilleton à l'eau de rose et qu'il a eu à peu près autant de formation académique que moi, à savoir, aucune. Et, même s'il est censé être *bankable*, la moitié de ses films ne marche pas. Le fait cst qu'il a une réputation qu'il ne mérite pas et qui ne correspond ni à ce qu'il est ni à la qualité des films qu'il choisit.

— Hum…

Je commence à me rendre compte que, comme la plupart des auteurs, Luther a tendance à partir dans des digressions. Manifestement, il fait une fixation sur le mari de Dominique : il faudra que je m'en souvienne et que j'évite le sujet.

— Tu me parlais de Dominique, dis-je doucement.

— Oui. Dominique et la force de vie maternelle ? (Il rit, puis son sourire s'évanouit.) Je suppose que le problème, avec nos conversations, c'est qu'elles avaient toujours lieu quand nous étions défoncés. Mais on était presque toujours défoncés. C'est comme ça que ça marchait entre nous.

— Bien, dis-je, essayant de passer pour quelqu'un qui s'y connaît.

— Je ne sais pas si tu prends de la drogue, Alice.

— Eh bien, je…

— Le truc, avec la drogue… Quand tu en prends beaucoup et que tu es avec quelqu'un qui en consomme beaucoup aussi, c'est comme s'il y avait une troisième personne dans la relation. Tu vois ce que je veux dire ? Au bout d'un moment, on ne sait plus si on se drogue parce qu'on est ensemble ou si on est ensemble parce qu'on se drogue, ou les deux.

J'en prends bonne note, me répétant qu'il peut vraiment tenir des propos profonds.

— Je l'ai rencontrée lors d'une première lecture. J'avais vu des photos d'elle, mais je l'ai trouvée encore plus belle en chair et en os, et elle avait un truc en plus. Ses tatouages… Je n'avais jamais vu une actrice tatouée auparavant. Maintenant, elles en ont toutes, mais, il y a six ans, c'était inhabituel. Mais surtout c'était sa façon de regarder à travers moi, comme si elle se fichait de qui j'étais.

— Et ça t'a plu, dis-je.

Maligne, cette Dominique. La ruse la plus ancienne du monde.

— Oui ! Ça faisait deux ans que les femmes se jetaient sur moi. Je pouvais avoir n'importe qui, et je ne m'en privais pas. Je me rappelle une soirée, et je ne plaisante pas, où les filles s'alignaient littéralement devant moi. Le défilé de nanas qui attendaient pour me parler ressemblait à une file pour entrer en boîte de nuit. Alors l'attitude de Dom était très séduisante.

» Le film n'a pas fait un carton, comme tu le sais. Mais on s'est bien amusés en le tournant. Il y avait beaucoup de scènes d'action. On prenait vraiment notre pied.

Il me regarde nonchalamment, et je me redresse, espérant ne pas avoir l'air embarrassée.

— Et Dom m'a fait partager ses hobbies. Je prenais déjà de la coke et de l'ecsta, et parfois de la méthadone, mais elle jouait dans une autre catégorie.

— C'est-à-dire ?

Je jette un regard involontaire au Dictaphone pour m'assurer qu'il fonctionne bien. Je ne veux pas en rater une seconde. Soudain, j'éprouve un de ces éclairs de surréalisme qui me frappent depuis que Luther a commencé à me raconter son histoire : je suis assise là, avec Luther Carson, écoutant des choses qu'il n'a peut-être jamais racontées à personne.

— De l'héroïne. Elle prenait de l'héroïne. La première fois que je l'ai vue, je n'en revenais pas. Je voulais appeler les flics, faire quelque chose. Elle « chassait le dragon », tu sais, quand on la fait chauffer pour la fumer. Comme un putain de gangster chinois. Mais elle disait que c'était cool, et je lui faisais confiance, alors on l'a fait. C'était... Si tu n'en as jamais pris, je ne peux pas te le décrire. Mais crois-moi, c'était incroyable.

» Le seul problème, c'est que ça peut te tuer. Une fille qu'elle connaissait est morte d'une overdose, et Dom a arrêté, et moi aussi. Mais on prenait toujours quelque chose. On ne pouvait pas regarder un film ensemble à la maison sans se faire une ligne de coke d'abord. Et on en prenait toujours avant de faire l'amour, aussi. (Il fait une pause.) Je crois qu'on en abusait. Une fois, ma mère a loué une maison de vacances en Floride et nous a invités. J'ai dit à Dominique qu'on ne pouvait rien amener, parce que je savais que ma mère aurait détesté ça, alors elle a refusé de venir.

— Et qu'as-tu fait ?

— J'ai annulé. J'ai dit qu'elle était malade. Je ne supportais pas d'être loin d'elle. Mais ensuite je me suis rendu compte que la situation commençait vraiment à nous échapper. Une fois, je suis resté éveillé toute la nuit, à transpirer, en plein delirium tremens. Mon cœur battait si vite que je pensais honnêtement que j'allais mourir. Je me suis levé et j'ai commencé à chercher un stylo et du papier pour faire mon testament, tellement j'étais flippé. On pourrait croire que j'aurais pensé à appeler les urgences, mais non, il fallait d'abord que je dispose de mes biens. Et ensuite, comme tu le sais, un soir quelqu'un d'autre a appelé les urgences pour moi, et on m'a conduit à l'hôpital. J'avais beaucoup bu, et puis j'ai pris, je ne sais pas, de la mort-aux-rats, ou un truc du genre. Je ne sais pas ce que j'ai bien pu avaler. Mais ce n'est pas ça qui m'a conduit en cure de désintox.

— Quoi, alors ?

— J'ai fait quelque chose de vraiment nul. J'avais gagné beaucoup d'argent grâce à mes deux premiers films, mais, bizarrement, j'avais toujours l'impression de ne pas en avoir assez. Après avoir réglé mon agent, mes impôts, acheté une nouvelle voiture, enfin, deux voitures, pris soin de mes potes, loué une maison, être sorti tous les soirs…, il s'est simplement volatilisé. Dominique était encore pire que moi. Un soir, j'attendais d'être payé, et j'avais perdu une de mes cartes bancaires. Mais on avait besoin de liquide, immédiatement. Alors j'ai volé 100 dollars à Bruce Willis.

— Tu as quoi ?

— Oui. On était à un dîner de bienfaisance, pour les malades du Sida. J'étais assis à sa table, et je l'ai vu mettre quelques billets dans l'enveloppe des dons sur la table. Quand il s'est levé, je l'ai prise, et je suis parti. Personne n'a rien remarqué. C'était minable, je sais, mais, en même temps, je trouvais ça hilarant. Et elle aussi. Pour être honnête, ce n'est pas comme si nous manquions d'argent. Il fallait juste que je paie mon dealer ce soir-là, et je me suis dit que ce serait plus simple de le prendre sur la table que de rouler dans le quartier pour trouver un distributeur. Mais ensuite je n'arrêtais pas d'y penser. Je me disais, tu as failli te tuer deux fois, et maintenant tu voles l'argent des victimes du Sida. J'ai appelé un centre de désintoxication, et j'y suis allé. Dominique n'était pas contente.

— Pourquoi ?

— Elle avait l'impression que je l'abandonnais, je suppose. Comme je le disais, elle avait besoin que je me drogue pour justifier sa propre consommation. Et je pense qu'elle se disait qu'elle avait plus de risques de faire une overdose ou de s'attirer des ennuis si je n'étais pas là pour veiller sur elle. Mais au final elle s'en est sortie. Elle s'en est bien tirée, conclut-il avec un certain ressentiment.

— Alors c'est pour ça que vous vous êtes séparés ? Parce que vous ne preniez plus de drogue ensemble ?

— Je suppose, oui. Tu sais, on était tous les deux accros, et on se poussait à continuer. On parle souvent de codépendance. Mais, en vérité, c'était la drogue qui nous maintenait ensemble. Sans elle, je pense qu'on n'aurait pas eu grand-chose à se dire. C'est drôle. Je le savais déjà, mais je n'en prends vraiment conscience que parce que tu m'as posé cette question. Ne mets pas tout ça dans le livre.

J'ai du mal à croire que la conversation ait jamais été ce qu'il recherchait chez elle, mais qui suis-je pour juger ? Néanmoins, il est intéressant de savoir qu'il a conscience des faiblesses de leur relation. Il s'est visiblement rendu compte qu'il avait besoin de quelqu'un dont le style de vie soit plus stable.

— Et les tatouages sur ses pieds ? C'est vrai que, euh, qu'elle les a fait faire…

— Pour pouvoir me piétiner tous les jours ? C'est des conneries. Elle s'est fait tatouer bien avant qu'on se sépare. Elle disait que c'était parce que j'étais le sol sous ses pieds. Ils se sont sans doute effacés maintenant. Je lui ai dit à l'époque que ce n'était vraiment pas un bon endroit pour un tatouage, parce qu'il s'effacerait vite, mais elle a insisté.

Je note « pieds de Dominique, vérifier » et soupire intérieurement. C'est tout à fait le genre de choses qui pourrait devenir une pomme de discorde pour cause de diffamation, des avocats demandant des preuves, Luther jurant ses grands dieux que c'est la vérité, l'avocat de Dominique, si nous lui envoyons le manuscrit, objectant... Soudain, je suis frappée par le côté surréaliste de cette situation. Je vais sans doute passer beaucoup de temps la semaine prochaine, ainsi que plusieurs autres personnes, à essayer d'établir les faits concernant les tatouages aux pieds de Dominique. Depuis quand ce genre de recherches constitue-t-il une partie normale d'une journée de travail ? Si j'imaginais une seule seconde qu'une inconnue écrive un mémo au sujet de mes pieds, je me dirais que le monde ne tourne vraiment pas rond.

Je décide de ramener Luther à quelques questions importantes sur leur relation. Je veux savoir, par exemple, quels ont été ses premiers mots à Dominique. Il ne s'en souvient pas, ce qui est dommage, mais pas inhabituel.

— Je crois que je lui ai demandé si elle pouvait me prêter son surligneur.

Nous choisissons ensemble une meilleure réplique. Je veux aussi savoir quand a eu lieu leur premier rendez-vous, mais il me corrige rapidement : il semble qu'il n'y ait pas eu de premier rendez-vous, qu'ils aient juste filé immédiatement au lit.

— Ça fera l'affaire. Enfin, ça ira, si c'est ce qui s'est passé.

Luther ne dit rien. Je lui jette un coup d'œil. Il se concentre, sourcils froncés.

— Hé, dit-il, tu sais, cette histoire, quand j'ai volé de l'argent à Bruce. Ou quand j'ai invité ces deux filles à la même première. Ou quand j'ai appris à démarrer des voitures avec les fils de contact. Et tout l'alcool, les drogues, et compagnie..., quand j'ai envoyé mon assistant voir mon dealer...

— Oui ? dis-je nerveusement.

Tu veux dire, les meilleurs moments du livre ? Je t'en prie, ne commence pas à dire que tu veux les retirer. S'il te plaît, s'il te plaît, ne me fais pas ça. Pas maintenant... Pas après tout ce qu'on a traversé.

— Tu veux vraiment mettre tout ça dans le livre ? Je ne vais pas passer pour un con ? Enfin, même si je me fous de ce que pensent les gens, ajoute-t-il, pas très convaincant. C'est juste que je n'aime pas parler de ça aux journalistes, parce qu'ils déforment tout. Je ne vois pas pourquoi les gens voudraient lire ça.

Il semble sincèrement perplexe. Ne comprend-il pas ?

— Mais Luther, c'est exactement le genre de choses qui rend une personne intéressante et attachante. Si tu n'avais jamais commis d'erreurs de ta vie, si tu n'avais jamais déraillé, ton histoire serait ennuyeuse. Malgré tous les trucs super que tu as faits, ajouté-je rapidement.

— Vraiment ? demande-t-il, sceptique.

— Bien sûr ! Comme dans n'importe quelle histoire. Personne ne s'identifie avec un personnage parfait.

C'est trop barbant. Alors que quelqu'un qui se plante est bien plus attachant. C'est plus intéressant, et plus réaliste, parce que personne n'est parfait.

On dirait que tout cela est complètement nouveau pour lui.

— Je sais que ça marche comme ça avec les personnages, dit-il, mais je n'ai jamais cru que ce serait pareil pour une autobiographie. Enfin, c'est logique, je suppose.

— Je te le promets. Et Brian est très doué pour rendre ses sujets sympathiques. S'il est bon à quelque chose, c'est bien à mettre le lecteur de ton côté. Et c'est ce qu'on veut. Il est dans notre intérêt de donner une bonne image de toi.

Manifestement, il retourne tout ça dans sa tête.

— Bien, dit-il. Ce sera sans doute bien pour Dominique aussi. Le moins qu'on puisse dire, c'est qu'on parle de son côté imparfait. Et, à t'en croire, ça la rendra plus sympathique, non ?

Mince alors…

— Eh bien… non. C'est différent. Si encore c'était elle qui racontait cette histoire, mais là, il s'agit seulement de ta version. Si on a l'impression que tu es trop critique ou injuste avec elle, ça ne donnera pas une bonne image de toi. Alors il va falloir qu'on se mette en quatre pour rester courtois.

— Ça m'a tout l'air d'un numéro de contorsionniste, dit Sam en apparaissant dans l'embrasure de la porte.

— Hé, *man*, dit Luther.

Je suis plutôt contente de le voir. Cela fait une heure que je meurs d'envie d'aller aux toilettes, mais je n'ai pas osé laisser Luther alors qu'il me contait des choses aussi intenses.

Je me lève.

— Je vais vous laisser discuter. Je reviens dans une seconde !

Et je déguerpis avant qu'ils puissent répondre quoi que ce soit. Dans les toilettes, je m'accorde une minute pour me laisser aller et déconnecter. Je n'en reviens pas de l'intensité de cette journée, surtout que j'ai très peu dormi cette nuit et que nous avions déjà travaillé douze heures hier. Mais ça n'a pas d'importance. Tant qu'on a le livre, rien n'a d'importance. Et Luther est génial. Fantastique. Je commence juste à avoir la tête qui tourne et je crois que j'ai besoin de passer quinze minutes toute seule.

Au bout d'un moment, je me rends compte que je ferais mieux d'y retourner. Sam est toujours sur la terrasse. Il est habillé un peu plus élégamment que d'ordinaire, portant une veste par-dessus son tee-shirt et ce qui ressemble à un petit sac de voyage.

— Tu vas quelque part ? demandé-je bêtement.

— Oui, je dois aller à Londres pendant deux jours pour éteindre un incendie. Enfin, pas littéralement, ajoute-t-il en voyant mon expression. Mais… laisse tomber. Je dois aller prendre un avion pour Rome où j'aurai une correspondance. (Il regarde Luther.) Je reviens dès que possible. Et je serai joignable. Alors appelle-moi s'il se passe quelque chose. Quoi que ce soit, ajoute-t-il d'un air entendu, visiblement énervé.

— Relax ! répond Luther. On est occupés. On travaille. On est concentrés. D'ailleurs, c'est peut-être mieux, ajoute-t-il en me regardant. Un tête-à-tête. Qu'en penses-tu, Alice ? On pourrait s'enfermer ici, s'assurer que personne ne nous dérange et travailler vingt-quatre heures sur vingt-quatre, sept jours sur sept…

J'essaie de contrôler mon expression, mais, en réalité, je suis inquiète. En théorie, ce serait génial, et c'est ce dont j'aurais rêvé il y a une semaine, mais… Si Sam nous laisse, cela signifie que je resterai seule – au moins deux jours – dans la maison avec Luther, avec Maria Santa pour seul chaperon. Évidemment, ce sera super de passer autant de temps avec lui et de conduire nos entretiens librement, sans que Sam s'en mêle. Mais comment vais-je pouvoir travailler le soir ? Luther a besoin de compagnie, surtout après des journées aussi intenses, et je ne peux pas à la fois lui tenir compagnie et transcrire nos conversations. Je n'aurai pas le temps. Je vais devoir compter sur Marisa et Federico.

— Bien sûr, dis-je, en essayant de prendre un ton enjoué. Ça ira. Fais bon voyage.

Il se contente de m'adresser un regard.

— J'aurai besoin des transcriptions, dit-il sèchement. Ne l'oublie pas.

Alors que je le regarde partir, son sac à l'épaule, j'ai une impression étrange : comme si j'étais abandonnée sur une île et que je regardais un navire s'éloigner à l'horizon.

— Où en étais-je ? demande Luther.

Chapitre 20

Le soir venu, je ne suis plus que l'ombre de moi-même.

Ce n'est pas que Luther se montre difficile, bien au contraire. Les vannes se sont ouvertes. Il parle sans cesse ; on dirait qu'il a pris un sérum de vérité. Après avoir écouté ses histoires, je ne crois plus rien de ce qui est écrit dans les journaux ; la réalité semble toujours plus bizarre. Il a lâché scandale sur scandale concernant différentes stars et des gens moins connus. Après qu'il a mentionné un de ses partenaires dans un film qui avait demandé à son assistant de rompre avec sa petite amie à sa place, j'ai dû lui expliquer que nous ne pouvions pas publier tout ce qu'il raconte.

— Pourquoi ? a-t-il demandé. C'est vrai.

— Parce qu'on pourrait se faire attaquer en justice. Je ne suis pas une avocate spécialiste en diffamation, mais je sais que, si on dit des choses sur des gens, on doit pouvoir les prouver, possiblement au tribunal, et même si on peut les prouver, nous ne voulons pas finir devant les juges. Ça n'en vaut pas la peine.

— Non ?

Luther n'avait pas l'air trop contrarié, mais j'ai continué.

— On peut mentionner certaines choses, à condition de déguiser l'identité de ces personnes. Mais ça devient compliqué, parce qu'on pourrait se retrouver à créer une fausse identité qui pourrait ensuite être prise pour une autre personne réelle.

— Hum, hum…

J'ai bien vu que je l'avais perdu. Je ne peux m'empêcher de remarquer que son attention a tendance à s'égarer dès qu'on ne parle plus de lui.

En tout cas, Luther a tout un stock d'anecdotes croustillantes, mais pas complètement scandaleuses. Il y a quelques histoires super où il ramasse des filles avec Leonardo DiCaprio et s'incruste à une fête chez Tom Cruise. Ce qu'il y a de bien, chez lui, c'est que contrairement à beaucoup d'autres stars, disons, plus mûres, qui ont de gros trous de mémoire, causés par les substances chimiques, il se souvient de tout, ou presque. Entre ça et sa franchise vis-à-vis de lui-même, et les souvenirs de son enfance et de sa jeunesse, le livre va être fantastique.

C'est donc super, mais c'est éreintant. J'ai mal aux épaules ; en fait, j'ai mal à tous les muscles de mon corps. Je ne me serais jamais doutée qu'écouter pouvait être aussi éprouvant. Et il ne s'agit pas que d'écouter, mais aussi de me concentrer sur ce qu'il dit, d'essayer de poser les bonnes questions, de ne pas le laisser s'écarter du sujet, d'obtenir les faits et la chronologie, tout cela à la fois. Et je ne sais toujours pas quand j'aurai le temps de taper tout ça. J'ai essayé d'appeler Marisa pour savoir si elle allait passer, mais elle n'a pas répondu.

À 19 heures, Maria Santa sonne la cloche du dîner. Il est tôt ; je pense qu'elle a vu ma faiblesse durant notre rapide déjeuner à base de sandwichs, qui n'a pas interrompu le moins du monde le flot de notre entretien. Comme j'aimerais m'affaler sur un canapé et dîner devant la télé.

Soudain, je me rends compte de la bizarrerie de la situation. Je suis dans une villa italienne avec Luther Carson, pour lequel j'ai un faible depuis des années, qui a été élu Homme le plus Désirable par la chaîne MTV, et a été officiellement décrit comme l'un des Trente Hommes les plus Sexy de la planète. Il s'épanche auprès de moi et me dit des choses que probablement personne ne sait. Nous avons passé la journée tout seuls, et nous nous apprêtons à dîner ensemble. Cela ressemble à une description du paradis, et, il y a une semaine, j'aurais considéré cela comme un rêve impossible. Et pourtant, confrontée à cette situation dans la vraie vie, ce n'est pas du tout comme je l'aurais imaginé.

— C'est l'heure de manger, fait remarquer Luther. Et si tu prenais la cassette avec toi ? Je pourrais penser à d'autres trucs pendant le dîner.

Je prends le Dictaphone et m'apprête à insérer une autre cassette. Alors, je me rends compte de quelque chose de gênant, qui pourrait en fait se révéler positif.

— Luther, la cassette est pleine. Et c'est ma dernière. Nous les avons toutes utilisées. C'est formidable ! ajouté-je en voyant son visage se décomposer. C'est fantastique que tu aies travaillé aussi dur. Mais je vais devoir télécharger tous les fichiers sur l'ordinateur avant qu'on fasse une autre interview. Ça pourrait prendre un moment.

— On pourra simplement parler, alors, dit-il, déçu.

C'est une soirée magnifique. Le soleil coule dans la baie, et la terrasse n'a jamais été aussi accueillante. Maria Santa a mis la table avec soin, avec de petits arrangements floraux jaunes et blancs, et un nouveau service de vaisselle que je n'ai jamais vu auparavant. Elle m'adresse un sourire entendu quand nous nous asseyons et nous sert un verre de prosecco. Au secours ! Pense-t-elle qu'il s'agit d'une sorte d'occasion romantique ? Si elle a prévu un quatuor de violons, je ne sais pas ce que je vais faire.

— Elle a l'air de croire qu'on fête quelque chose, fait remarquer Luther.

— On fête tout le travail que tu as fourni pour le livre, dis-je en trinquant avec lui. Sérieusement, Luther, tu as été une vraie star.

Je suis affamée. Nous commençons à manger notre entrée, ma préférée : des légumes marinés et grillés, avec de fines tranches de jambon et de fromage. Et je prends conscience d'une chose très étrange. J'ai passé ces deux derniers jours en tête à tête avec Luther, et maintenant que nous ne parlons plus de sa vie, je ne trouve absolument rien à lui raconter. Je me creuse la cervelle à la recherche d'une question à lui poser, mais, d'un autre côté, je crains qu'il n'en ait assez de parler. Alors je cherche quelque chose d'amusant à dire, mais j'ai l'esprit complètement vide. Et j'ai peur qu'il ne me trouve barbante.

— Tu es déjà allé à Londres ? demandé-je dans l'espoir de le divertir avec des histoires sur la métropole.

Il réfléchit.

— Oui, deux fois. Pour la promotion de mon dernier film. J'ai séjourné au *Dorchester*. Je n'ai pas vu grand-chose. Quand je suis à Londres, je réserve toujours sous le nom de Joe DiMaggio. Je ne sais pas pourquoi.

— Comme c'est drôle !

Le silence s'installe.

Alors que je me torture les méninges pour trouver un autre sujet de conversation, quelque chose me frappe : une idée radicale absolument nouvelle. Pourquoi ne peut-il pas me poser une question ? J'ai beau chercher, je ne crois pas que, depuis que je le connais, il m'ait posé une seule question sur moi. J'apprends tout ce qu'il y a à connaître sur lui, et il ne sait absolument rien de moi. Bien sûr, je suis censée l'interviewer. N'empêche que la plupart des gens aurait sûrement posé une question ou deux, ne serait-ce que par politesse, à défaut d'intérêt sincère. Luther ne connaît certainement pas mon nom de famille. Si on insistait, il serait sans doute capable de dire que je vis à Londres, mais sinon, pour ce qu'il en sait, j'aurais aussi bien pu atterrir de la Lune il y a trois semaines.

Il relève les yeux, conscient que je le dévisage, et je me rends compte que je me conduis bizarrement. Je fais peut-être une overdose de Luther, mais je ne peux pas le montrer.

— Désolée. *Le Dorchester*, ce doit être charmant. J'y suis allée prendre le thé. Tu avais une suite ou… ?

Et il est parti. Tout ce que j'ai à faire, c'est d'écouter, de poser des questions et de noter mentalement ce qu'on pourra utiliser dans le livre. Alors que nous discutons, ou plutôt alors qu'il parle et que je l'écoute, je me rends compte qu'il me fait penser à quelqu'un. À qui ?

Simon. Je me souviens de notre dernière soirée horrible à *Pizza Express*, quand je cherchais désespérément quelque chose à lui dire, ou plutôt une question à lui poser. Je n'arrive pas à croire que je me sois reprochée d'avoir trop parlé de mes problèmes au travail ce soir-là. Je pense que mon pourcentage de temps de parole devait être de vingt pour cent.

Alors que Luther continue de parler, je me demande si mes conversations avec les hommes se réduiront toujours à un monologue dont je serai le public. Peut-être que je devrais simplement mettre mes doigts dans mes oreilles et parler de moi. Raconter à Luther mon enfance dans le Herefordshire, mon école épouvantable, mon envie d'être promue, ma vie sentimentale désastreuse, Simon et la façon dont je finis toujours par me faire larguer. Mais il s'endormirait probablement en quelques minutes.

Je vois bien qu'il pourrait me trouver barbante. Mais alors une autre idée apparemment radicale me vient : Luther n'est-il pas un peu barbant, lui aussi ? Il a mené une vie incroyable, bien sûr, mais, en dehors de nos entretiens, est-ce intéressant de discuter avec lui ? Je pense toujours qu'il est bon acteur, mais les gens l'aimeraient-ils autant s'il n'était pas aussi beau ? Je dois admettre que la réponse aux deux questions est « non ».

Finalement, après ce qui m'a semblé durer des heures, le dîner est terminé, et Luther se lève et s'étire.

— C'est l'heure de jouer à *Grand Theft Auto*, dit-il en me regardant d'un air pensif. Hé, tu veux jouer ?

Oh, mon Dieu ! Je ne peux pas dire non, parce que ce serait malpoli. Mais je ne peux pas dire oui, parce que j'ai été en sa compagnie pendant plus de douze heures sans interruption et que, si je ne passe pas dix minutes toute seule, je vais devenir folle. En fait, si mon état d'esprit était une peinture, ce serait *Le Cri* d'Edvard Munch. Voilà ce que je ressens, même si je souris.

— J'aimerais bien. Dans un petit moment, peut-être ? Il faut juste que je travaille un peu d'abord. J'espère que ça ne te dérange pas.

Dès qu'il est parti, j'essaie de nouveau d'appeler Marisa sur son portable. Elle répond dans un flot de paroles animées en italien, mais je ne saurais dire si elle est contente ou furieuse.

— Marisa ! C'est Alice. Comment vas-tu ? Écoute, j'ai un grand service à te demander...

Deux minutes plus tard, j'ai raccroché avec un sentiment de béatitude. Elle n'est pas libre ce soir, mais elle et Federico viendront demain soir à 19 heures et emmèneront Luther dîner et prendre un verre. Demain soir, je suis sauvée. Et le lendemain, Sam devrait être rentré. Mon soulagement est indescriptible. Marisa est vraiment ma bonne fée.

Je regarde ma montre. Il est 20 heures, et il faudrait que je commence à transcrire nos entretiens. J'estime que cela va me prendre jusqu'à 3 heures du matin. Si seulement il existait un programme informatique convertissant les cassettes audio en textes. À vrai dire, je suis sûre qu'il en existe déjà un, ou qu'il sera inventé dès que j'aurai fini de taper.

Alors que je reprends place devant l'ordinateur, je me rends compte que je suis crevée, éreintée. Je vais me faire du café, sinon, je me vois bien m'endormir sur mon clavier et me réveiller en pleine nuit avec « qsdfghj » imprimé sur la joue. Peut-être devrais-je emprunter des substances à Luther pour rester éveillée. Mais il faudrait alors que je frappe à sa porte, et je ne me sens pas capable de l'affronter pour l'instant.

Waouh. Je n'aurais jamais cru ressentir ça.

Pour me faire un petit plaisir, je jette un rapide coup d'œil à Facebook. Ruth s'est déclarée « en couple » avec Mike. Quel veinard, ce Mike. Erica a posté des photos de son nouveau chaton ; il est adorable. Par habitude, je vais regarder la page de Simon. Il a posté des photos de lui à une fête, le bras autour d'une brune, qui n'est pas Claudine. Je m'apprête à cliquer sur son profil pour voir de qui il s'agit quand je change d'avis. Pourquoi regarder ça ? Ça ne m'intéresse même pas. Je retourne sur la page de Simon et clique sur « Supprimer de ma liste d'amis ». Super ! Je me sens beaucoup mieux.

J'ai récemment trouvé un moyen de me connecter d'ici à ma boîte mail professionnelle. En plus des messages pro, il y a un message de Ciara, qui me demande comment je vais et quand je rentre. Cela me donne le mal du pays ; ce sera tellement sympa de rentrer à Londres et de voir tout le monde. Je m'apprête à lui répondre quand je vois que j'ai un mail de Sam, sans objet. Sentant mon cœur s'affoler un peu, je l'ouvre. Que va-t-il dire ?

« Alice : tu ne m'as toujours pas envoyé les transcriptions. J'en ai besoin le plus vite possible. »

Hum. C'est un message très court, très malpoli. Ne veut-il pas savoir comment nous allons, quel temps il fait ? Mais alors je me rends compte que je suis ridicule. J'ai eu ce que je voulais, après tout. C'est moi qui mène, et Sam doit me demander mon aide. Je joins les transcriptions les plus récentes et appuie sur « Envoyer », m'efforçant d'ignorer ma déception irrationnelle qu'il n'ait rien d'autre à me dire.

Chapitre 21

— Les autographes me manquent. Quand quelqu'un te demande ton autographe, c'est cool, ça donne l'impression d'offrir quelque chose de spécial. Mais, quand ils se contentent de te prendre en photo sur leur téléphone et qu'ils ne te parlent même pas, c'est comme s'ils étaient au zoo et que j'étais un singe. Tu vois ce que je veux dire ?

Luther est étendu sur le transat, les yeux fermés, la main sur la tête pour se protéger du soleil. On dirait qu'il est sur le divan d'un psy. Je suis en face de lui, sur la chaise. Nous avons passé la majeure partie de ces derniers jours dans cette position, et je connais la terrasse de derrière aussi intimement que je connais ma chambre chez moi. Les carreaux rouges par terre ; cette fissure dans le mur d'où sort parfois un lézard ; la fenêtre qui donne sur le salon, et l'Etna au loin… Je la reverrai sans doute dans mes rêves pendant des années.

La journée d'hier a été beaucoup plus facile. Après sa frénésie initiale, Luther semble ralentir un peu. Nous n'avons commencé qu'à 9 heures, si bien que j'ai eu au moins cinq heures de sommeil, et nous avons parlé jusqu'à environ 18 heures, avec une petite pause au déjeuner. Ensuite, Federico et Marisa sont venus, comme promis, pour passer du temps avec Luther, et me libérer. J'ai pu consacrer ma soirée à la retranscription des interviews, les structurant grossièrement sur le plan narratif, et à la rédaction de notes pour Brian. Encore une fois, j'ai fini vers 2 heures du matin.

Brian semble tenir le coup, Dieu merci. Le cancer de sa femme n'en est qu'au deuxième stade, ce qui est une bonne nouvelle, et il avait l'air de se sentir bien mieux que le jour de son départ. Il a aussi dit qu'il était content d'avoir à se concentrer sur le livre. Il m'a donné une liste de questions à poser à Luther.

— Ces entretiens sont super, m'a-t-il confié. Ça ne posera aucun problème. Le livre va être génial.

J'étais tellement contente d'entendre ça que j'ai sautillé sur place. Je commence à espérer que non seulement cet ouvrage va paraître, mais qu'il sera vraiment bon. La seule chose qui m'inquiète, c'est que je n'ai toujours pas de nouvelles d'Olivia, alors que je la mets en copie de tous mes mails à Brian.

Luther est en train de faire une digression, alors je tente de le ramener à notre sujet de départ, à savoir le tournage de *Vacances romaines*.

— Au fait, c'était comment de travailler avec Natasha Pullman ? Je ne t'ai jamais posé la question.

— C'était magique, fantastique ; elle est tellement talentueuse et généreuse, blablabla. En fait, c'est une petite sorcière. Peut-on écrire que c'est une petite sorcière ?

Je ris.

— Vraiment ? Eh bien… on pourrait dire que vous ne vous êtes pas liés, ou que tu t'es mieux entendu avec d'autres partenaires. Disons que tu peux donner ton opinion sur les gens, tant qu'elle est présentée comme une opinion, pas comme un fait…

— Hum, hum, dit-il, perdant tout intérêt. Non, ne lui faisons pas de publicité. C'est ce qu'elle va me faire. Attends de lire ses interviews. Elle déteste cette histoire d'amour qu'ils nous ont inventée, et elle ne dira pas un mot sur moi. C'est l'une des partenaires qui m'a le moins soutenu. Je pouvais à peine lui parler ; tout devait passer par le réalisateur, ses dix managers et ses assistantes.

— Ça alors, dis-je, un peu lassée par ses plaintes.

— Elle n'a qu'une obsession : bien faire comprendre qui est la star de ce film. Bon, d'accord, elle apparaît en premier dans le générique, et… c'est une plus grande star que moi.

Je suis très surprise de l'entendre dire ça. Je ne suis pas du tout d'accord. Je m'apprête à lui demander ce qu'il entend par là, mais alors je me rends compte que je n'ai pas envie de rentrer là-dedans. Les angoisses de Luther sur son statut de star seraient de bon ton dans une interview de magazine, mais pas dans notre livre : celui-ci doit donner une bonne image de lui.

— C'est dingue, dis-je simplement. Je trouve que tu es une plus grande star qu'elle. Hé, tu sais, on parle depuis une heure et demie. Et si on faisait une petite pause ?

— Ah bon ? Ça fait si longtemps ?

— Oui…

— Pas de problème, dit-il joyeusement. N'oublie pas que j'ai l'habitude de faire des journées de quatorze heures.

Mais moi, non, aimerais-je répondre.

— Il faut que je change la cassette, dis-je ingénieusement.

Il se lève.

— Bon. Prenons dix minutes. Mais pas plus ! Je vais aller pisser et peut-être piquer une tête dans la piscine. Mais pas les deux en même temps, ne t'inquiète pas.

Et il s'en va.

Je ferme les yeux et respire profondément, quand la matinée paisible est perturbée par de la musique stridente. Luther fait parfois ça pendant les pauses. C'est agaçant, mais je suppose qu'il a besoin de relâcher la vapeur. Enfin, c'est un petit prix à payer pour ce qu'il nous donne : son histoire. Je me laisse aller à un rêve éveillé : numéro un sur la liste des meilleures ventes du *Sunday Times*, une promotion pour moi, une fête de lancement où Poppy et moi pourrons repérer les célébrités…

J'ai acquis un joli bronzage doré, rien qu'en restant assise là avec Luther, et je suis en train de l'admirer à travers mes lunettes de soleil quand Sam apparaît dans l'embrasure de la porte. Visiblement, il arrive tout droit de l'aéroport. Il est mal rasé et a l'air très fatigué, avec des cernes noirs sous les yeux. Il a dû se lever aux aurores pour arriver si tôt. Je suis surprise d'être aussi contente de le voir. Je me redresse sur ma chaise, heureuse d'avoir eu le temps de me laver les cheveux ce matin, pour une fois.

— Bienvenue ! Comment a été ton voyage ?

— Court, dit-il, les lèvres serrées.

Oh, mon Dieu ! Quoi encore ?

— Dès que j'ai lu ces écrits, j'ai décidé de rentrer plus tôt.

— Oh. Pourquoi ?

— Pourquoi ? Eh bien, voyons voir. Les secrets d'alcôves. La mauvaise conduite de Luther, toutes ces histoires sur d'autres acteurs. La drogue. L'alcool. Tu veux que je continue ?

— Mais…

— Je ne m'attends pas à ce que tu sois au courant, mais il y a une sorte d'accord entre les gens comme Luther, à savoir qu'on ne répète pas de ragots sur ses amis. Ce qu'ils font pendant leurs loisirs ne regarde personne.

Pourquoi est-il aussi condescendant ? « Je me m'attends pas à ce que tu sois au courant. » Carrément.

— Mais les histoires ne parlent pas des amis de Luther.

— Non ? Et ce voyage au Mexique avec Colin Farrell ? L'actrice qui n'est pas nommée, mais qu'on n'a aucun mal à identifier, qui lui a donné de la coke sur le plateau ? L'acteur abruti qui a rompu avec sa copine via son assistant ?

— Mais… c'est juste…

J'aimerais lui dire que c'est juste divertissant, mais ce n'est pas la formule que je cherche.

— Mais on a fait exprès de ne pas en rajouter. La majeure partie du livre concerne l'histoire de Luther, son enfance, son adolescence, tout ça… Quant aux histoires sur Hollywood, ce n'est pas si scandaleux que ça, comparé à ce qu'on peut lire sur Gawker ou les sites du genre. C'est haut en couleur, mais ça reste bon enfant. Ce n'est pas comme si on compromettait la vie privée de qui que ce soit.

— Et Dominique Rice ?

Je ne sais pas quoi répondre à ça.

— Elle ne validera jamais ce qu'il a dit sur elle, continue-t-il. Vos avocats vous le diront bien assez tôt.

— Oui, bien sûr, et nous pourrons effectuer les changements qu'ils recommanderont. Mais, au-delà de ça, il s'agit du livre de Luther, et il peut dire ce qui lui plaît.

— Et s'il ne travaille plus jamais à cause de ce livre ? Quel genre de succès ce sera pour vous ?

— Mais ça n'arrivera pas, dis-je, incertaine.

— Vraiment ? Peux-tu me citer un autre acteur de l'envergure de Luther qui a écrit un livre pareil et y a survécu ?

Cette idée me met très mal à l'aise, mais je ne peux pas laisser cela m'arrêter.

— Écoute, il s'agit de la carrière de Luther. Je ne peux pas imaginer que ce livre y mette un terme, mais, s'il veut le faire, n'est-ce pas son droit ?

Ni lui ni moi n'avons remarqué l'arrivée de Luther. Il passe un bras autour de nous deux.

— Hé, je ne veux pas que papa et maman se disputent.

Je ne peux pas m'empêcher de rire. Sam reste de marbre.

— Tu as dit que tu avais des nouvelles pour moi, lui dit Luther.

— Oui, répond Sam en se reprenant. Des nouvelles très excitantes. Seth a eu des infos sur un pilote…

— Oh, oh. Non. Pas Seth. Pas de pilote.

— C'est un rôle génial, insiste Sam.

— Pas question. Pas la télé. Je ne fais pas de télé. Mon truc, c'est le grand écran.

— Luther, tout le monde fait de la télé. Glenn Close fait de la télé. George Clooney. Laurence Fishburne. Chloë Sevigny. Gabriel Byrne. Rob Lowe…

— Non ! Ne parle pas de Rob Lowe ! Je n'ai jamais fait de sex tape.

— Et ça paie bien. Tu sais combien ils proposent, par épisode ?

Il le dit à Luther, et j'en reste bouche bée.

— Je ne fais pas du cinéma pour l'argent, réplique Luther.

À son expression, je vois bien que Sam a envie de l'étrangler. Je compatis, parce que je sais exactement à quel point il peut être exaspérant. Sam commence à parler de toutes les louanges qu'ont reçues les acteurs et les producteurs.

— Luther, Dustin Hoffman fait de la télé maintenant. Tu ne penses pas qu'il y a une raison ?

— Je vais vous laisser, dis-je en battant discrètement en retraite.

Avant d'écrire une partie de l'entretien de ce matin, j'espère que je pourrai manger un sandwich toute seule. J'aurais trouvé grossier de laisser Luther déjeuner seul, mais, maintenant que Sam est là, je suis tirée d'affaire. Ce qu'il m'a confié m'inquiète. Je ne veux pas ruiner la carrière de Luther. Et je suis agacée que Sam s'en prenne à moi alors que rien de tout ça n'est ma faute.

Il n'y a personne dans la cuisine, mais la moitié des placards sont ouverts. On se croirait dans *Le Sixième Sens*. Je sais pourquoi : Luther s'est préparé un en-cas, et cela ne lui viendrait pas à l'idée de fermer un placard. Je les ferme tous, puis je découpe une tranche de pain, de fromage et des tomates, et je sors sur la terrasse avec mon assiette.

Juste au moment où je commence à manger, mes parents m'appellent. Je ne leur ai pas parlé depuis mon arrivée, et ça me fait plaisir d'avoir de leurs nouvelles. Ils viennent juste de rentrer de chez Erica et Raj, et ont fait connaissance avec leur nouveau chaton. Ils ont également acheté un tracteur à gazon, même si la taille de notre jardin ne justifie pas vraiment un tel achat. Mon père y est déjà accro.

— Enfin, c'est moins cher qu'une nouvelle voiture, dit ma mère. Au fait, as-tu assez d'écran solaire ?

J'ai regardé la météo en Sicile. Il faisait trente-cinq degrés hier !

Juste à ce moment-là, Luther sort et me voit au téléphone. Je couvre rapidement le combiné.

— Désolée, ce sont mes parents. Je peux prendre cinq minutes de plus ?

Luther semble contrarié.

— Je suis prêt maintenant, dit-il avant de tourner les talons.

— Maman, il faut que j'y aille.

— Tout va bien ? demande-t-elle, alarmée.

— Oui. Je vous rappelle plus tard.

Je suis Luther sur la terrasse de derrière, où nous reprenons nos places. Il a l'air un peu déprimé, voûté sur son transat, en train de fumer une cigarette.

— De la télé ? Pfff..., fait-il.

— Oh, Luther. Je suis sûr que c'est un bon rôle. De quelle série s'agit-il ?

— Ça parle d'agents immobiliers à L.A. dans les années 1980, répond-il, de mauvaise humeur. On dit que c'est un mélange de *Desperate Housewives* et de *Mad Men*. Mon personnage, ou du moins le type que Sam et Seth veulent que j'interprète, est un super vendeur véreux qui fait plein d'affaires et baise un tas de femmes canon.

— Mais ça m'a l'air parfait pour toi ! Enfin, désolée, je veux dire que tu serais super dans ce rôle. Pourquoi ne veux-tu pas accepter ?

— Je me dis juste… Bon, il se peut que ce soit un bon rôle. Mais est-ce que Clooney le ferait ? Non. Tu vois ?

Je crois comprendre : il pense que la télé est un signe d'échec.

— Je ne sais pas ce que ferait George Clooney, dis-je, mais j'aime beaucoup *Mad Men*. Et *Desperate Housewives*. Je pense que les séries américaines ont vraiment du potentiel en ce moment.

Il me regarde d'un air sceptique.

— Sérieusement. Une série comme *The Wire*, que je n'ai pas vue en entier, mais dont j'ai vu seulement quelques épisodes, c'est une œuvre d'art. En fait, j'ai lu dans un article que si Dickens ou Shakespeare vivaient aujourd'hui, ils écriraient pour la télé américaine.

Il ne semble même pas m'entendre. Il se contente de soupirer en secouant la tête.

— Bon, dit-il avec indifférence, remettons-nous au travail.

Nous travaillons jusqu'à 18 heures. Luther va ensuite faire du sport, et je commence ma séance de dactylo. Je ne vais en faire qu'une ou deux heures ce soir. Federico et Marisa viennent dîner, et je crois que je pourrai me joindre à eux. Nous avons traité presque toute l'histoire de Luther maintenant, sauf la fois où il a disparu pendant un an. Brian a travaillé comme un fou lui aussi, et nous devrions avoir un premier jet dans les prochains jours. Alors, nous serons sains et saufs. Luther voudra sans doute procéder à quelques changements, mais au moins nous aurons des mots sur des pages que nous pourrons publier ; ce qui n'était pas le cas il y a une semaine.

Pauvre Luther. Cela ne devrait sûrement pas autant m'étonner qu'une star de cinéma soit aussi égocentrique. C'est étrange qu'il ne semble pas ressentir ce qu'il y a d'intense à être ainsi enfermé en tête à tête avec moi. De toute évidence, cela ne l'affecte pas de la même manière.

C'est sans doute aussi bien qu'il ne sache rien de moi. Plus je suis anonyme, plus il peut me parler librement. C'est bizarre, cette relation à sens unique, mais je suppose que la plupart de ses relations sont bizarres et à sens unique. Qu'est-ce que ça fait d'être comme lui ? Plus j'y pense, et plus cela me semble effrayant. Encore, s'il avait une sorte de normalité à retrouver, un mariage heureux, ou une famille stable, ou un groupe d'amis évoluant dans le monde réel, mais il n'a rien de tout ça. Il n'a pas de parents qui veulent lui parler de leur nouvelle tondeuse à gazon.

Alors que je m'assois devant l'ordinateur, je repense à la compassion que j'ai éprouvée quand il m'a parlé de son passé pour la première fois. Mais en réalité, même s'il a eu une enfance difficile, ça ne le rend pas moins casse-pieds quand il s'y met, par exemple quand il me refuse cinq minutes au téléphone avec ma famille. Cela peut l'expliquer, mais ça ne l'en rend pas moins pénible. Je me rappelle m'être demandé s'il était un chiot perdu ou un charmeur égoïste. Je suppose qu'en vérité il est les deux à la fois.

Chapitre 22

Je suis penchée sur mon clavier depuis seulement vingt minutes quand mon téléphone se met à sonner. C'est Olivia. Je me redresse brusquement. *S'il vous plaît, faites qu'elle soit contente…*

— Bonjour, Olivia. Avez-vous… Que pensez-vous du contenu ?

— Je n'ai pas encore eu l'occasion d'y jeter un coup d'œil, Alice. Mais j'ai regardé le contrat…

On y est. Oh, mon Dieu ! Je plaque la main sur ma bouche…

— Et je me suis rappelé qu'il nous faut réserver les jours de promo de Luther en urgence. Je n'arrive pas à joindre sa foutue attachée de presse, et je me suis dit que Sam pourrait peut-être nous aider. Pourriez-vous le lui demander ?

— Eh bien, il pourrait probablement nous aider, mais…

— Formidable. Je vous laisse vous en occuper, alors. Au revoir.

Ma main tremble quand je pose le téléphone. Dieu merci, elle n'a pas encore remarqué qu'il manquait la clause. Peut-être qu'elle ne le remarquera jamais.

Pourvu que le manuscrit soit assez bon. Et que Sam ne nous fasse pas des histoires à propos du contenu…

La porte de la chambre de Sam est ouverte, et il écrit sur une grande feuille jaune. Je ne l'ai jamais vu ici, évidemment. Il se retourne et me voit, puis se remet à écrire. Sa chambre est dépouillée et bien rangée, avec seulement quelques accessoires masculins éparpillés : des lunettes de soleil, des clés de voiture, une liseuse, des scénarios soigneusement empilés sur son lit. J'attends qu'il ait terminé en l'observant, ou plutôt en observant sa nuque de profil. Il porte ses lunettes, qui lui vont bien, je trouve, et il y a un petit trou dans son tee-shirt, le gris UCLA qu'il porte tout le temps, et ses cheveux ont un peu poussé… Il se retourne brusquement, et je détourne les yeux juste à temps.

— Que se passe-t-il ?

J'espère qu'il ne m'a pas vue le regarder fixement.

— Sam, j'aimerais que nous puissions coopérer sur ce livre. Ou du moins ne pas être ennemis jurés.

— Ça m'a l'air d'être une bonne idée. De quoi as-tu besoin ?

— Des jours de promotion.

— Je suis content que tu m'y fasses penser. C'est le genre de choses qu'on a vite fait d'oublier.

Je m'assois sur l'autre chaise.

— Écoute, Luther a envie de faire ce livre, tu sais. Ça lui plaît. Je crois qu'il trouve ça… cathartique.

— Il aime beaucoup de choses mauvaises pour lui, dit-il d'un ton sec.

— C'est si mal que ça ?

— En un mot, oui. Son attachée de presse ne sait pas quoi en faire. Je devrais lui transmettre ces transcriptions, mais elle aurait une crise cardiaque. Tout comme son avocat, probablement. Mais tu sais ce qui m'inquiète le plus ?

— Non…

Et je ne suis pas sûre de vouloir le savoir.

— Je crains que les gens ne pensent que Luther a écrit ce livre parce qu'il a besoin d'argent. C'est le genre de trucs que ferait un has been, franchement.

— Et Michael J. Fox, alors ? Et Patrick Swayze ? dis-je, triomphante, avant de me rappeler que le pauvre Patrick Swayze est mort avant la parution de son livre. Ce ne sont pas des has been, ajouté-je, pas très sûre de moi.

— C'est marrant que tu parles d'eux. Tu sais ce que le directeur de notre agence a dit quand Marc a sorti ce contrat pour Luther ? Il a dit : « Il est en train de mourir ? Il est paraplégique ? Il a la maladie de Parkinson ? Non ? Alors pourquoi écrit-il un putain de livre ? »

— Mais c'est juste…

— Ce que je veux dire, c'est que ces types avaient une raison précise d'écrire. Alors que tout ce qu'a Luther, c'est un passé dissolu que je tente de faire oublier depuis un an et demi.

Aïe.

— Je me demande aussi comment Dominique Rice va réagir quand elle tombera sur le passage où

Sam ne dit rien pendant un moment. Il griffonne sur son bloc-notes et, sans relever les yeux, reprend :

— Je ne peux pas le faire changer d'avis. Alors je vais devoir te faire confiance. Est-ce que j'ai ta parole ?

— À quel sujet ?

— Est-ce que tu t'engages à ne pas le foutre en l'air ? À ne pas donner une mauvaise image de lui ? À ne pas sortir un livre vulgaire qui abîmera sa carrière, ou la mienne ? Ce genre de trucs.

— Sam, honnêtement. Tu peux me faire confiance.

Je prends mon expression la plus sincère, la plus fiable, ce qui, j'ignore pourquoi, le fait rire. Il jette son stylo en secouant la tête.

— Bon, d'accord. Je vous aiderai, Luther et toi, pour ce projet désastreux. Je lirai le livre en entier et indiquerai les points les plus problématiques. Et j'enverrai le manuscrit à Dominique pour essayer de lisser les choses, et je te donnerai les trois jours de promotion. Quant à toi, tu me montreras tout ce que tu fais et tu continueras de parler de la série télé à Luther. On est d'accord ?

— On est d'accord.

Alors que je passe la porte, il dit :

— J'ai oublié de te demander : comment vont Brian et sa femme ?

— Ils vont bien. Apparemment, le pronostic laisse de l'espoir. Merci de poser la question.

— C'est normal.

Il reprend son travail.

Je retourne immédiatement dans ma chambre, ravie de pouvoir donner de bonnes nouvelles à Olivia.

— Olivia ? Les jours de promotion sont fixés. Sam vous appellera pour régler les détails.

— Bien, dit-elle.

Voilà l'une de ses caractéristiques ; parfois, même quand on fait du très bon travail sur un sujet sensible, elle semble s'en moquer complètement.

— Et je commencerai à lire les notes ce soir. Je les mettrai en parallèle avec le… (J'entends un bruissement de feuilles.)… avec le contrat, pour voir où nous en sommes au niveau de la longueur et de… la clause…

Oh non. S'il vous plaît, non.

— La clause de contenu…

Je retiens mon souffle. Devrais-je raccrocher ? Faire comme si nous avions été coupées ?

— Où est-elle ? Je ne vois pas cette clause dans le contrat.

Nous y sommes. La chose que je redoute depuis si longtemps est enfin arrivée. Je pourrais mentir et dire que j'ignore complètement de quoi elle parle, mais à quoi bon ? Comme si je sautais d'une falaise, j'avoue rapidement avant de pouvoir changer d'avis.

— La clause n'est pas dans le contrat.

— Comment ça, elle n'est pas dans le contrat ? Pourquoi ?

J'inspire profondément.

— J'ai oublié de l'intégrer dans…

Apparemment, il existe une expression française, « passer un mauvais quart d'heure », qui signifie « vivre une expérience désagréable ». C'est ce qui est en train de se produire en ce moment même. Je me concentre pour tenir le téléphone, me tenir bien droite, et compter les carreaux par terre pendant que les mots d'Olivia me submergent comme un raz-de-marée. J'essaie de ne pas écouter trop attentivement, mais j'entends les mots « stupide », « incroyable », « incompétente » et « manque de confiance ».

— Vous saviez que cette clause manquait ? demande-t-elle à un moment. Vous le saviez depuis le début et vous ne nous avez rien dit ?

Je hoche la tête avant de me rappeler qu'elle ne peut pas me voir.

— Euh, oui.

— C'est juste... Nous aurions le droit de vous renvoyer. En êtes-vous consciente ?

Je ne peux qu'acquiescer.

— C'est sérieux, Alice. Je ne pense pas que vous vous rendiez compte à quel point c'est sérieux.

Je m'excuse encore une fois, mais cela semble la relancer. Avant de raccrocher, elle crache ces derniers mots :

— Ce manuscrit a intérêt à être exceptionnel.

La tonalité sonne très fort dans mon oreille. Je pose le téléphone avec précaution ; la batterie est presque vide, alors je le branche à son chargeur. À défaut de mieux, je décide de me changer pour le dîner. J'enfile une robe que Marisa m'a donnée : elle est très jolie, vert pistache avec un décolleté profond. Je crois que je suis toujours sous le choc ; je ne peux tout simplement pas penser à tout ce qu'Olivia m'a dit, et à ce qui va se passer maintenant. « Très sérieux. » « Renvoi. » Je commence à me maquiller les yeux. « Vous le saviez depuis le début et vous ne nous avez rien dit. » Au moins, elle a dit qu'elle pourrait me renvoyer. Ça doit vouloir dire qu'elle ne le fera probablement pas. J'espère. Si je ne commets pas d'autres erreurs. Je ramasse mes cheveux en un chignon torsadé qui, par chance, tient du premier coup. J'entends les autres qui arrivent dehors. Tant mieux. J'ai besoin d'un verre.

Chapitre 23

Je sors sur la terrasse et je suis presque surprise de voir que tout a l'air normal : le soleil, la piscine, la mer, tout est tel que je l'ai laissé. À part Brian, toute la bande est là : Annabelle nous fait l'honneur de sa présence, et elle a amené Nikos avec elle. Elle semble avoir opté pour un style vulgaire et clinquant, vêtue d'une robe blanche avec des trous déchirés sur les côtés. Nikos fait aussi dans le mauvais goût avec un tee-shirt blanc hypermoulant qui met en valeur ses bras gonflés aux stéroïdes ; je n'ai jamais compris comment des hommes hétéros pouvaient ne pas se trouver ridicules dans cette tenue. Je m'assois en face d'eux, à contrecœur, puisqu'il y a un siège vide. Vu ce que je viens de me prendre de la part d'Olivia, je ne devrais pas avoir trop de mal à gérer Annabelle.

— Tu m'as l'air épuisée, dit-elle d'un air satisfait. Toute... délavée. À moins que ce ne soit cette couleur.

Non. Je ne vais pas y arriver. Je me lève de nouveau et fais le tour de la table pour aller m'asseoir aussi loin d'eux que possible, en face de Marisa.

— *Carissima !* dit Marisa en m'embrassant. Je suis contente de te voir. J'ai entendu dire que tu faisais beaucoup de progrès et que Luther travaillait dur. (Elle baisse la voix.) Qu'est-ce que je t'avais dit ? Il avait juste besoin d'un peu de poigne.

— Il faut croire que oui.

Je lui verse un verre de vin puis m'en sers un. Je ne vais pas penser à Olivia, ou à Luther, ou à mes ennuis. Je vais juste boire mon verre.

Sam nous rejoint. Il semble hésiter – il y a une chaise libre à côté de Luther et en face de Federico – avant de s'asseoir à côté de moi.

— Je viens de parler au manager de Dominique, me dit-il. Apparemment, elle se trouve à Capri en ce moment, pour prendre quelques jours de vacances, alors on peut lui envoyer une copie par FedEx là-bas, et elle aura peut-être même le temps de la lire cette semaine.

L'espace d'un instant, j'ai presque oublié qui était Dominique.

— Oh, chouette. Tu veux un verre de vin ?

— Euh… oui, dit-il en échangeant un regard légèrement étonné avec Marisa.

Cette dernière est plus charmante que jamais en chemisier blanc sans manches et pantacourt rose dans lequel je ressemblerais à un éléphant. En la voyant rire à une remarque de Sam, je me sens jalouse. Eux au moins ne culpabilisent pas d'avoir commis un impair au travail. Puis je me demande, de nouveau, s'il pourrait y avoir quelque chose entre eux.

Elle pourrait faire bien pire. Voici de quoi me distraire : je vais réfléchir sérieusement à cette histoire éventuelle entre Marisa et Sam. Je dois admettre que, en comparaison des autres hommes présents – Federico, Nikos et même Luther –, Sam est dans une autre catégorie. Il n'est peut-être pas sublime comme Luther, mais il est tout à fait séduisant, si on aime le genre athlétique, bronzé, amateur de grand air. Il est intelligent et réussit dans la vie. Et ce n'est pas le type qui fait des difficultés au sujet du livre de Luther pour le plaisir. Il tente de tourner la situation en sa faveur, même si cela l'oblige à se disputer avec son client, il faut parfois en arriver au conflit. Et même si nous avons passé très peu de temps ensemble, par rapport au temps que j'ai consacré à Luther, il en sait beaucoup plus sur moi que lui. Il a également pensé à prendre des nouvelles de Brian ; Luther n'a toujours pas remarqué qu'il était parti.

Attendez une seconde. Mon faible pour Luther aurait-il été remplacé par une certaine attirance pour Sam ?

Non, bien sûr que non. Il est vrai qu'objectivement il m'apparaît comme séduisant. Il est très séduisant. Mais ça ne veut pas dire que je suis séduite. De toute façon, lui et moi n'avons rien en commun, et il vit de l'autre côté de la planète. Sans parler du fait qu'il sort sans doute avec Megan Fox ou une fille du genre.

Sam lève les yeux, et je me rends compte que je le dévisage.

— Désolée, fais-je, qu'est-ce que vous disiez ?

— Nous parlions d'une actrice célèbre que nous ne nommerons pas.

Marisa me souffle son nom.

— Oh, je la connais, dis-je.

— Elle a été l'une de mes clientes, explique Sam, pendant environ cinq minutes, avant qu'elle ait un succès énorme et qu'elle me laisse tomber. Je t'ai déjà raconté l'histoire de la gâterie d'urgence ?

Il passe la table en revue pour s'assurer que personne d'autre n'écoute. Je suis aux anges : encore des distractions. Je suis tellement contente que tout le monde soit venu dîner ce soir. Imaginez si j'avais dû manger toute seule avec Luther ! Je bois une autre gorgée de vin.

— Donc, elle tourne à New York. Et elle a son cuisinier personnel avec elle, comme il est stipulé dans son contrat. Celui-ci fête son quarantième anniversaire. Il sort dîner avec son petit ami, d'autres membres de l'équipe et des acteurs. Ils passent tous un super moment dans un très bon restaurant à Tribeca, et elle l'appelle en plein repas, et l'oblige à abandonner le dîner au beau milieu de son plat et à venir la rejoindre immédiatement parce qu'elle a besoin… roulement de tambour… d'une gâterie d'urgence.

— Elle a besoin d'une quoi ?

— D'une gâterie. Elle faisait juste un caprice. Sans doute parce qu'elle était furieuse d'être à l'écart, alors qu'il l'avait invitée au dîner.

J'ai entendu bien des choses ces derniers jours, mais là, c'est vraiment le pompon.

— Mais… quel rapport avec son travail ? Et il était gay, en plus !

— Eh bien…, dit Sam, qui me regarde bizarrement. C'est son cuisinier. Cela fait partie de son travail, mais peut-être pas pendant sa fête d'anniversaire, alors qu'elle a trois autres cuisiniers assistants de service pour ce genre d'urgences.

Ah, ah. Je comprends mon erreur. Je me mets à rire.

— Quoi ? Qu'est-ce que… Oh. (Sam se met à rire à son tour.) Tu n'utilises pas cette expression pour parler d'un gâteau ?

— Non, dis-je entre deux éclats de rire. Désolée… Je suis un peu vannée, après toutes ces interviews.

— Il faudra que je m'en souvienne, dit Sam.

— Oh, mon Dieu ! dis-je en m'essuyant les yeux. J'ai pensé que ça voulait dire… Mon Dieu, je ne sais pas ce que j'ai pensé. Désolée.

Je dois être un peu hystérique après ma conversation avec Olivia, parce que je n'arrive pas à m'arrêter de rire. Chaque fois que je me calme, je regarde Sam et je replonge de plus belle. Et, chaque fois que Sam me voit rire, il s'y met aussi. Au bout d'un moment, nous rions si fort que toute la table nous regarde. Même Marisa semble perplexe.

Annabelle nous jette un coup d'œil, nous voit rigoler, et reprend son histoire.

— Donc, en mars, je suis couverte de boue, en train de me tortiller, genre Xena la guerrière. Et, en avril, je suis couverte de fleurs, pas complètement, dit-elle en adressant un petit sourire suffisant à Luther, qui a haussé les sourcils, d'un air appréciateur. C'est très sophistiqué.

— Quoi donc ? demandé-je en espérant ne pas me remettre à rire.

Même s'il y a de grandes chances pour que je trouve sa réponse drôle. Annabelle se tourne vers moi d'un air impatient.

— Le calendrier Pirelli !

— Pirelli ! Vraiment ? demande Marisa en haussant les sourcils.

Federico a l'air tout excité.

— Non, non, ma puce, je t'ai expliqué, intervient rapidement Nikos. Ce n'est pas Pirelli, c'est une compagnie qui vend à Pirelli. Enfin, qui est distribuée par eux, quoi. Une sorte de dérivé, ajoute-t-il à l'intention de Sam, genre conversation d'homme à homme. Elle n'arrête pas de se tromper.

Il a vraiment un accent bizarre. Impossible de deviner d'où il vient, et je ne pense pas qu'Annabelle le sache non plus.

— Je vois, dit Sam, qui semble très sceptique.

— L'idée, reprend Annabelle, c'est que cela nous rapporte de l'argent, et, grâce à cette somme, on pourra financer la distribution de *La Morsure de son maître.*

— Ah, *La Morsure de son maître*, dis-je.

Notre vieil ami.

— Et comment comptez-vous financer la distribution d'un long-métrage, au juste ? demande Sam à Nikos. Et où ?

— J'ai des contacts…, des amis. C'est un domaine très vaste, oui, et j'ai prévu de m'y implanter.

Marisa et Sam commencent aussitôt à lui poser des questions, mais Luther les interrompt.

— Eh bien, les filles Pirelli sont canon, et tu es canon, alors je pense que c'est parfait, dit-il à Annabelle.

Je souris en me disant qu'il y a quelques jours seulement cette remarque m'aurait rendue jalouse. Maintenant, je m'en fiche. Je regarde Sam, et nous nous remettons presque à rire.

— Comment c'était, Londres ? demandé-je. Tu dois être épuisé.

— C'était bien. J'aime beaucoup Londres. Toutes mes réunions avaient lieu à Soho, et ensuite je me suis promené le long du fleuve. La vue est belle, là-bas.

— Tu as dû passer près de mon bureau, alors.

— Oh oui, je sais. Je l'ai cherché, ajoute-t-il en voyant ma surprise. Où vis-tu ?

C'est tellement nouveau de parler de moi à quelqu'un que je me lance dans une description détaillée de Hammersmith et de ses agréments, puis je lui parle de ma colocataire, Ciara, qui avait besoin que quelqu'un emménage chez elle après sa rupture. Sam me parle d'un de ses amis qui a vécu une situation similaire, quand Nikos s'immisce dans la conversation, nous parlant d'une grande star de Hollywood qui possède une maison en Sicile.

— Apparemment, il est là avec son petit copain en ce moment, dit Nikos. C'est vrai ?

— Non, c'est juste une rumeur ridicule, répond Sam.

— Oui, ce sont des conneries, renchérit Luther.

Pourtant, j'ai l'impression qu'ils mentent tous les deux. Je suis étonnée : la personne en question est une véritable idole qui semble toujours avoir une femme à son bras.

La conversation passe à autre chose.

— C'est vrai ? demandé-je à Sam à voix basse.

Il hausse les épaules, ce qui veut dire oui.

— Mais il a une petite amie.

— Elle est sous contrat. Et elle a signé une clause de confidentialité. C'est une actrice, alors ça lui fait de l'exposition. Tout le monde y gagne.

— Mais pourquoi faut-il qu'il le cache ? Il doit y avoir beaucoup d'acteurs gays.

— Bien sûr. Tout comme il y a beaucoup de cocaïnomanes, d'accros à la méthadone, d'idiots et de liaisons. Malheureusement, c'est aussi considéré comme quelque chose à cacher. Il y a des fuites, les attachés de presse étouffent l'histoire, et les affaires reprennent comme d'habitude.

— Mais, et…

Je réfléchis.

— Tu essaies de penser à un acteur célèbre gay ? demande Sam. Je te donne 100 dollars si tu en trouves un.

— Rupert Everett ! dis-je finalement.

— Et dans quels grands rôles l'as-tu vu ?

— Dans *Le Mariage de mon meilleur ami* ?

— Où il jouait…

— Le meilleur ami homo. Oui, mais il a sûrement fait d'autres films…

— Pas autant que s'il avait été hétéro. Et c'était une comédie. Tu penses qu'ils auraient engagé Jake Gyllenhaal et Heath Ledger dans *Brokeback Mountain* s'ils avaient vraiment été gays ?

— Alors qui sont les acteurs gays ?

— Je préférerais ne pas citer de noms. Mais il y en a beaucoup. Hollywood ne fait pas de discrimination, tant qu'ils restent dans le placard.

Il nous sert un autre verre de vin. Je vois qu'il a beaucoup bu. Peut-être que son voyage ne s'est pas très bien passé. Je sais ce que c'est.

— Je ne te citerai pas, dis-je.

— Qu'est-ce que vous disiez, tous les deux, sur le fait que Hollywood ne fait pas de discrimination ? demande Annabelle.

— Nous disions que Hollywood n'aime pas les gays.

— Pas possible. Ces foutus pédés dirigent toutes les industries créatives, dit Nikos.

— On ne peut pas en dire autant de toi, réplique Sam.

À la lueur de la bougie, je vois que toute trace d'amusement a disparu de son visage ; il a l'air furieux.

— Hé, doucement, dit Marisa en lui tapotant le bras par-dessus la table.

— Et qu'est-ce que ça veut dire, ça ? aboie Nikos.

— Ça veut dire que je ne sais pas dans quel business tu es vraiment, mais que je ne crois pas une seule seconde que tu y connaisses quoi que ce soit dans la distribution de films, espèce d'abruti sectaire.

— Comment oses-tu ? Vous êtes tous pareils, vous les putains de Yankees. Vous feriez mieux de nettoyer devant chez vous, avant de dire aux autres…

— STOP ! crié-je.

Tout le monde me regarde, stupéfait. Annabelle en particulier semble ne pas en revenir que j'aie osé interrompre son petit ami.

— Je suis désolée, reprends-je. C'est juste que Luther et moi avons travaillé dur aujourd'hui, et nous voulons nous détendre. On ne veut pas de disputes. S'il vous plaît.

— Désolé, Alice, dit Sam sans regarder Nikos.

— Ouais, bon, dit Nikos, qui ressemble plus que jamais à un homme des cavernes.

— Quelqu'un veut plus de pâtes ? demande Marisa.

— C'était qui, ce connard ? marmonne Sam.

Le dîner est terminé, et nous sommes assis sur la terrasse avec Luther. Tout le monde est parti.

— N'invitons plus les Jones à boire des cocktails, dit Luther.

— Ça, c'est sûr. Bon sang, où Annabelle l'a-t-elle dégotté ? Et, au fait, où as-tu dégotté Annabelle ?

— Je ne sais pas. Elle était sur le tournage, et ensuite elle est venue ici.

— Est-ce qu'il y a eu quelque chose entre vous ? demandé-je.

Je suis consciente que c'est indiscret, mais cela m'a toujours intriguée.

— Non. Enfin, si. Mais pendant le tournage. Ça ne compte pas.

— Et rien depuis ? demande Sam.

Je suis contente de ne pas être la seule curieuse.

— Non, je m'en suis lassé. Elle a l'œil fou. Et elle n'arrêtait pas de me les casser avec son film de vampires.

— C'est quoi, « l'œil fou » ?

Je pense savoir exactement ce à quoi il fait référence, mais j'aimerais avoir la définition officielle.

— C'est le regard qu'ont certaines actrices, qui signifie qu'elles veulent réussir à tout prix, et qu'elles vous marcheront sur les pieds pour y arriver. Ça peut être effrayant. Les acteurs l'ont aussi, mais pas autant.

Pauvre Annabelle. Je pense à certaines personnes au travail qui ont l'œil fou, et je l'ai probablement déjà eu, moi aussi. Ce n'est pas très galant de la part de Luther de dire du mal de son ancienne conquête, et je me sens soudain coupable d'être complice.

— Elle est tellement belle, dis-je. La première fois que je l'ai vue, j'ai cru que c'était Sienna Miller.

— À vrai dire, Sienna Miller est très gentille, dit Sam. Tu ne risques donc pas de la confondre avec Annabelle si tu la rencontres un jour. Il faut croire qu'elle et Nikos se sont bien trouvés.

— Au fait, pourquoi tu t'es énervé quand on parlait des acteurs gays ? demande Luther. On pourrait tenir exactement le même discours sur les rôles des Noirs. Ton petit frère est gay, c'est ça ?

— Oui, mais ce n'est pas la question. Je trouve juste ça un peu déprimant, parfois.

Luther se tourne vers moi.

— Tu sais que Sam a payé les frais de scolarité de son frère ?

— Waouh !

— Ce n'est pas vrai. Je l'ai aidé pour sa première année, mais il a aussi gagné une bourse, dit-il fièrement. C'est un gars très intelligent. Comment sais-tu ça, d'abord ?

— Il me l'a confié la fois où il est venu au *Griddle Café*. Il est canon. Si j'étais gay, je lui courrais après.

— Ne t'approche pas de mon frère. Ni de ma sœur. Elle est encore à la fac.

Il sort son téléphone et me montre une photo d'eux trois, qui a certainement été prise à Noël. Il y a un sapin et des décorations en arrière-plan. Ils forment une belle famille. Ils ont tous les mêmes yeux gris légèrement plissés.

— Tu as des frères et sœurs ? me demande Sam.

— J'ai une grande sœur, Erica. Elle est mariée et vit à Londres.

Je ne sais pas trop quoi leur dire d'autre. Je n'ai sûrement pas payé ses frais de scolarité, et elle n'est pas lesbienne.

— Alors, nous avons tous les deux été des petits derniers gâtés, dit Luther. Et Sam est l'aîné responsable.

— En effet, dit celui-ci. Ne l'oublie pas.

— Non, dit Luther. Ne recommence pas avec le livre. Ou la télé. J'ai envie d'écrire mon livre. Et je n'ai pas envie de faire de la télé.

— OK, OK, j'ai compris, dit Sam en se servant un autre verre, avant de me jeter un coup d'œil. Alice ? Tu en veux un autre ?

Je m'apprête à dire oui, quand Luther lance :

— Allez ! C'est les vacances !

Alors, avec un sentiment de honte envahissant, je me rappelle que je ne suis pas du tout en vacances. Je travaille, et j'ai de gros ennuis professionnels. Que dirait Olivia si elle me voyait me soûler avec Luther et Sam, quelques heures seulement après notre conversation horrible ? Je regarde ma montre : minuit moins le quart. Il faut que j'aille me coucher, que je me lève à une heure raisonnable et que j'essaie de réparer les dégâts demain.

— Non, merci. Je ferais mieux d'aller au lit, dis-je me levant.

Luther me fait un signe de la main et vide un autre verre.

— OK, dit Sam. Bonne nuit.

Alors que je traverse la terrasse, je sens son regard se poser sur moi.

Chapitre 24

Je n'arrive pas à dormir.
Je suis fatiguée, et c'est la première fois depuis longtemps que je me couche avant 2 heures du matin, mais je n'arrête pas de penser à Olivia et au désastre de la clause. Et il fait tellement chaud. J'ai trop bu pendant le dîner, et j'ai pris un café ensuite. Maintenant, je suis complètement éveillée, les yeux rivés au plafond. Je regarde mon téléphone : il est 1 h 20.

Je devrais peut-être sortir prendre l'air, ou même nager. Sans allumer la lumière, j'enfile mon Bikini, puis ma chemise de nuit par-dessus, et je sors à pas de loup.

La lune est pleine et brille aussi vivement qu'une lumière artificielle. Il fait aussi chaud dehors que dedans, mais l'eau est attrayante. Je viens juste d'y tremper le doigt de pied quand j'entends un bruit derrière moi et sursaute brusquement. Quelqu'un est allongé sur un transat, près de la piscine. C'est Sam. Il ne porte qu'un jean, tient une cigarette allumée à la main et écoute de la musique. Dans l'obscurité, je ne vois que la lueur de ses yeux et la braise rougeoyante.

Il retire ses écouteurs.

— Toi non plus, tu n'arrives pas à dormir ? demande-t-il.

— Non. Il fait trop chaud.

— Je sais. Et puis j'ai dormi dans l'avion.

Je m'assois à côté de lui. Ma chemise de nuit est très légère, et je suis contente de porter mon Bikini en dessous.

— Je ne savais pas que tu fumais.

— Seulement lors des grandes occasions. Comme quand je conclus une affaire. C'est comme les cigares pour les vrais hommes.

— Tu as conclu une affaire à Londres ?

— Non, dit-il en me passant le verre de whisky. Alors je noie mon chagrin. Santé, ajoute-t-il en tapant du doigt sur le verre.

— Et toi ?

— On peut partager.

Je bois une gorgée. Je déteste le whisky, mais là, ça va à peu près. Sa chaleur brûlante semble rendre la nuit plus fraîche. J'en bois une autre.

— Cigarette ?

Je hoche la tête. Sam allume une autre cigarette et me la passe. Alors qu'il se penche vers moi, je remarque son ventre plat ; même s'il est assis et porte un jean, je ne vois pas un gramme de gras. Incroyable. C'est ma première cigarette depuis des années, et, alors que j'inhale et renverse la tête en arrière, je sens un léger vertige.

C'est mieux. J'en ai assez de réfléchir et de m'inquiéter au sujet de mon travail. Si je suis renvoyée, je suis renvoyée. Au moins, contrairement à Luther, quoi que je fasse, ça n'apparaîtra pas dans les journaux. J'hésite à raconter à Sam ce qui s'est passé, je m'entends lui dire : « J'ai de sérieux ennuis au travail. » Mais j'ai beau en avoir envie, je ne peux pas. Au lieu de ça, j'opte pour un autre sujet qui me préoccupe.

— Peux-tu imaginer pire que d'être célèbre ?

Il rit.

— Eh bien, il y a quelques trucs…

— Non, j'exagère, bien sûr. Il y a pire. Comme d'être orphelin dans un pays déchiré par la guerre. Mais même un orlephin dans, désolée, un orphelin dans un pays déchiré par la guerre a quelque chose qu'une personne célèbre n'a pas.

Il ne me quitte pas des yeux, sérieux et attentif.

— Quoi ?

— Son identité. Enfin, je ne dirai pas l'intimité, parce que, quand on est très pauvre, on ne doit pas en avoir beaucoup. Mais moi, par exemple, je peux sortir dans la rue et rencontrer des gens avec lesquels il y aura spontanément un rapport d'égal à égal ; je suis un être humain, et eux aussi. Mais, quand on est célèbre, cette relation est impossible.

— Je vois ce que tu veux dire.

— Je ne pense tout simplement pas qu'on soit fait pour avoir ce genre de relations aux autres. Enfin, Luther est plutôt normal… (Je fais une pause, me demandant si je le crois vraiment.) Mais cette histoire sur l'actrice et la gâterie. Personne ne devrait se conduire comme ça. C'est ridicule. C'est scandaleux.

Il ne dit rien pendant un moment.

— Bien sûr qu'elle ne devrait pas se conduire comme ça. Mais elle pense qu'elle a sacrifié beaucoup pour faire ce qu'elle fait aujourd'hui. Précisément ce que tu as décrit : son identité et son intimité. Et la récompense, pour elle, c'est d'obtenir tout ce qu'elle veut. Les gens autour d'elle lui donnent ce qu'elle veut parce qu'ils savent que ça marche comme ça. Et ils sont à son service, ils lui prennent de l'argent. Elle n'est plus un individu, elle est une industrie.

— Mais je ne pense pas qu'elle se comporte ainsi à cause de ça. Je pense que ce doit être terrifiant, que tout le monde approuve tout le temps ses moindres faits et gestes. On doit avoir l'impression de devenir fou. Si je me conduisais comme ça, je pense que ce serait dans l'espoir que quelqu'un me refuse quelque chose.

— Oui, mais ça, c'est parce que tu es quelqu'un d'intelligent, et quelqu'un de bien. Je lui ai dit non, et elle m'a renvoyé.

— Oh.

Je grimace, compatissante, en entendant le mot « renvoyé », et je m'apprête à lui poser plus de questions, mais il continue :

— Enfin… il y a beaucoup de grandes stars et de gens puissants qui ne se comportent pas comme ça. Certains d'entre eux sont vraiment gentils. Et parfois les plus fous sont les stars montantes. On ne peut pas systématiser.

En pensant à Annabelle, je me rends compte qu'il a raison.

— N'empêche que je trouve ça grotesque. Une personne n'est pas une industrie.

— Tu as raison. Je suis d'accord. Et pourtant tu es là, et je suis là.

Je ne sais pas quoi répondre à ça.

— Désolé. Je ne voulais pas dire ça comme ça. Pour ce que ça vaut, je pense que Luther retire quelque chose de ce livre…

— Merci, dis-je d'une petite voix.

Pense-t-il vraiment que j'exploite Luther ? Que je le traite comme une industrie ? C'est sans doute le cas.

— Mon Dieu… Alice. Je suis désolé. Je ne parlais pas de toi. Je crois que je parle plutôt de moi. Tu sais… je me compromets beaucoup. La façon dont j'ai parlé au dîner, dont je te parle maintenant, je ne pourrais jamais parler à personne comme ça à L.A. Tu n'en reviendrais pas de la façon dont certains des agents que je connais s'expriment. Homophobes, racistes, antisémites, antirépublicains, antidémocrates, anti-acteurs… Tout ce que tu veux. Mais l'envers du décor, c'est que le reste du temps, on fait de la lèche. Et ça nous réussit. Tu sais, ce n'est pas seulement la célébrité qui pousse les gens à te traiter différemment.

— Comment ça ?

— Eh bien, moi, par exemple. Si j'étais un acteur qui galère, ou un assistant, personne dans l'industrie ne me parlerait. Ce n'est pas grave, car ce sont des gens de l'industrie, mais ce que je n'aime pas, c'est que ça affecte ma vie privée.

— Parce que tu travailles tout le temps ?

— Non. Enfin, si. Ce que je veux dire, c'est que... Bon, je vais te raconter une histoire. Peu après avoir eu mes premiers clients à moi, j'ai rencontré une fille à une soirée organisée par des amis. Nous sommes rentrés ensemble..., et, le lendemain, elle m'a envoyé sa photo et son CV par mail. (Il tire sur sa cigarette.) Le plus ironique, c'est qu'elle me plaisait et que je l'aurais aidée si elle me l'avait simplement demandé. J'ai trouvé ça tellement triste qu'elle se soit crue obligée de faire ça. Ce genre de trucs ne dérange pas la plupart des types avec qui je travaille. Ils trouvent que c'est l'un des avantages du métier. Moi, non.

Il y a une pause, et il me reprend le verre.

— Peut-être que tu ne devrais pas sortir avec des actrices, suggéré-je.

— C'est ce que je fais, mais c'est juste un exemple de la façon dont les gens pensent là-bas. Mon ex était comme ça, et elle n'est pas actrice.

Son ex. OK, il semblerait donc qu'il soit célibataire. Non pas que ça m'intéresse, bien sûr, mais en tout cas il est célibataire.

— J'ai l'impression que ça me transforme en quelqu'un que je ne veux pas être. Bon sang, Alice, comment tu fais ça ?

— Quoi ?

— Comment fais-tu pour pousser les gens à te raconter leur vie ? Si ça continue, je vais te donner mon numéro de sécurité sociale et te raconter mon premier baiser. Pas étonnant que Luther te mange dans la main.

— Oh. (Je suis distraite par la mention de son premier baiser.) Désolée, je ne m'étais pas rendu compte que je faisais ça. C'est l'habitude, je suppose. Ce que je pense, c'est que…

— Quoi ?

Il me regarde, et c'est une expression que je n'ai pas vue depuis longtemps, peut-être jamais. C'est le regard de quelqu'un – bon, d'un homme – qui apprécie vraiment cette conversation, et qui attend de savoir ce que je vais dire ensuite. Et je ne pense pas que ce soit seulement parce qu'on parle de lui.

— J'allais dire qu'évidemment ce que tu fais affecte la perception que les autres ont de toi. Parce que ça reflète ce que tu es, et le fait que tu es intelligent, et que tu as travaillé dur, et que tu as pris de bonnes décisions. Je ne vois pas ce qu'il y a de mal à ça. Mais, si tout ce qui les intéresse, c'est ton travail, alors oui, c'est dommage. Tu comprends ?

— Bien sûr.

— Mais… je ne crois pas que ça te rende vraiment malheureux. Ni ça ni le fait de devoir travailler cent heures par semaine.

— Ah non ?

Il a l'air encore plus fasciné, et amusé en même temps.

— Non. J'entends tout le temps des gens, des amis qui travaillent à la City, ou dans d'autres domaines, se plaindre de ce genre de choses. Mais ils ne changent pas de travail. Parce que, même s'ils se plaignent, ils aiment ça.

Il ne dit rien pendant une minute, et je me demande si je suis allée trop loin. Je ne vois pas son visage dans l'obscurité. Mais, quand enfin il se tourne vers moi, je vois qu'il a un grand sourire aux lèvres.

— Waouh. Je dois te reconnaître ça, Alice. On ne m'a jamais fait un tel affront. Je t'ai confié mes malheurs d'agent incompris, et tu les as résumés ainsi : change de job ou tais-toi. Non, j'aime bien ça.

Je commence à protester en riant que ce n'est pas ce que je voulais dire.

— J'aime vraiment ça. Et je veux que tu saches que je vais y réfléchir sérieusement.

Il a vraiment un beau sourire qui illumine tout son visage. Il se lève.

— Et si on remettait l'introspection à plus tard ? Tu ne préférerais pas piquer une tête ?

— Pourquoi pas ?

Sam se débarrasse de son jean. Il porte son maillot en dessous, comme moi. Je laisse glisser ma chemise de nuit à mes pieds, et nous entrons dans la piscine. L'eau est délicieuse. La folie de ces derniers jours me paraît très lointaine, et nous ne sommes plus que deux vacanciers qui profitent d'une baignade nocturne. Je le regarde nager toute une longueur sous l'eau. J'espère qu'il n'est pas trop soûl pour nager en apnée. Il a l'air assez sobre, mais je pense quand même qu'il a beaucoup bu. Quoi qu'il en soit, je serais ravie de lui faire du bouche-à-bouche.

Et merde.

Pendant ce séjour, j'ai remarqué que les bonnes nouvelles étaient toujours suivies de mauvaises. La bonne, c'est que je ne pense plus que Sam nous mettra des bâtons dans les roues concernant le livre. La mauvaise, c'est que mon faible pour Luther a bel et bien été remplacé par une attirance pour Sam, une réelle attirance.

Il remonte à la surface près de moi.

— Tu as déjà vu le film *Le Grand Bleu* ? me demande-t-il. C'est plutôt nul, mais il y a une super bande originale d'Éric Serra. Ça me fait toujours penser à la mer, la nuit. Je l'écoutais quand tu es sortie. Tu veux en entendre un extrait ?

— Je… OK.

Il faudrait que j'y aille, mais je ne veux pas être malpolie alors qu'il veut partager sa musique avec moi. Je vais rester une minute de plus.

Il se hisse hors de l'eau et va chercher son iPod, séchant d'abord ses mains sur son jean. Comment ai-je pu le trouver fade et banal ? Il est tellement beau ; je n'arrive pas à détacher mes yeux de lui. Il revient dans l'eau et me tend l'iPod, mais je secoue la tête.

— Mains mouillées.

Il me regarde une seconde, puis place soigneusement les écouteurs dans mes oreilles, repoussant doucement mes cheveux. Dès qu'il me touche, mon cœur commence à s'emballer. Je suis à quelques centimètres de sa poitrine nue ; en fait, je pourrais me pencher et l'atteindre. Je n'ai jamais été aussi proche de lui, à part quand il m'a sauvée de la noyade alors que je ne me noyais pas.

Il lance la musique. C'est magnifique. C'est tellement mystérieux, comme les profondeurs de la mer. Il se tient toujours tout près de moi, les yeux baissés sur moi. J'essaie de ne pas le regarder, alors je contemple les étoiles derrière lui, ou nos tailles, si proches l'une de l'autre dans la piscine. Mais je ressens quelque chose émanant de lui. Ce que l'on ressent quand quelqu'un s'apprête à vous embrasser. Je relève prudemment les yeux et croise son regard, quelques instants seulement, mais cela suffit. Je suis complètement submergée, et je commence à frissonner.

— Hé, dit-il en baissant le son de la musique. Tu n'es pas en train de prendre froid, si ?

Il pose une main sur un côté de mon visage et enlève les écouteurs.

— Non. Enfin, peut-être un peu. Je crois que je ferais mieux d'aller au lit.

Mais c'est trop tard. Il tient toujours mon visage, ma paume s'est égarée sur sa poitrine, et maintenant il m'embrasse, d'une manière à la fois délicate et ferme, et je rends presque l'âme : c'est le baiser parfait.

Je lui rends son étreinte. Il embrasse merveilleusement bien, sa bouche est aussi douce que j'aurais pu l'imaginer, ses baisers tendres mais assurés, et nous ne tardons pas à nous enlacer plus passionnément. Il a les mains dans mes cheveux, puis sur mes épaules et sur ma taille, et les miennes courent sur ses bras, son dos et sa poitrine. Son corps est dur comme un roc ; je sens sa force. Je me noie dans la sensation de ses lèvres sur les miennes, de ses mains sur ma peau. Et, en même temps, une partie de mon cerveau me dit : *est-ce une bonne idée ?* Mais cette pensée s'évapore rapidement.

Au bout d'une minute, nous nous arrêtons pour reprendre notre souffle. Il pose son menton au sommet de mon crâne. Je l'entends inspirer, et je sais qu'il va dire quelque chose. Pourvu que ce ne soit pas le signal de la fin. Au lieu de ça, il ne dit qu'un mot à mon oreille, d'une voix rauque :

— Waouh.

— Comme tu dis, soupiré-je en posant la tête contre sa poitrine, inhalant le parfum de sa peau.

— C'est sans aucun doute le meilleur moment de ma soirée.

— Moi aussi, dis-je, près de son oreille, avant de commencer à l'embrasser de nouveau.

Il se met à déposer des baisers dans mon cou, puis descend sur ma clavicule, puis mon épaule. Maintenant, il dirige ses lèvres vers la bretelle de mon bikini ; pas seulement la peau en dessous, mais carrément la bretelle. Les bras autour de son cou, j'enroule une jambe autour de la sienne. Alors, il plonge sous l'eau et s'agenouille devant moi, tenant mes cuisses et embrassant mon ventre, avant de descendre plus bas... Soudain, je me sens un peu gênée, et je le force à remonter à la surface.

— Hé, je m'amusais.

Je lui embrasse la poitrine, puis le prends dans mes bras, laissant mes mains vagabonder vers son short. Je le serre tout contre moi, et il en perd son souffle.

Doucement, il ôte la bretelle de mon épaule et commence à embrasser un côté de mon sein. Il s'y attarde un instant, baisant sa courbe, et j'ai l'impression que je vais mourir, fondre ou exploser, selon ce qu'il va faire ensuite.

—Alice, me murmure-t-il à l'oreille.

On dirait que prononcer ce simple mot lui aspire toute son énergie.

—Oui ?

—Si tu veux que j'arrête, s'il te plaît, dis-le-moi maintenant.

—Non, réponds-je doucement. Je ne veux pas arrêter.

Il me prend dans ses bras et me serre encore plus fort.

—Allons à l'intérieur, dit-il.

Alors, il me porte hors de l'eau, ne me déposant que pour ramasser son jean et ma chemise de nuit. Je n'en reviens pas. Notre progression dans la villa est compliquée par nos arrêts incessants pour nous embrasser. Nous entrons dans sa chambre sur la pointe des pieds, refermant la porte aussi doucement que possible parce que, ne nous voilons pas la face, le pire serait que quelqu'un, à savoir Luther, nous entende.

Une fois à l'intérieur, il fait tomber de son lit une pile de scénarios et de papiers, et me pousse dessus, avant de venir s'installer sur moi et de m'embrasser de nouveau, pendant que je fais courir mes doigts dans ses cheveux et sur son dos. Nous sommes encore mouillés de notre bain nocturne, mais il fait si chaud que ça n'a pas d'importance. Cela dit, même s'il faisait moins vingt, cela me serait égal. Je n'ai jamais été aussi excitée de toute ma vie. Comme si je n'avais pas besoin de réfléchir et qu'aucune règle n'avait cours. Je me sens complètement détendue et désinhibée, absorbant toutes ces sensations : sa main sur ma cuisse, ses cheveux et sa peau sous mes doigts, ses lèvres dans mon cou, sur mon épaule, sur mes seins…

Je n'ai pas couché avec beaucoup d'hommes, et, souvent, mes ébats ont été maladroits, et pas très mémorables. Mais, cette fois, il s'agit d'une expérience complètement différente, à tout point de vue. Il n'est pas seulement différent d'un égoïste ou d'un type pressant. Il n'est pas seulement cette personne magnifique qui ne cesserait de me répéter que je le suis aussi. Il n'est pas juste le type sûr de lui, qui me demanderait de quoi j'ai envie de temps en temps. Non. Rien de tout cela. Il est simplement présent. Et le simple fait de le voir se perdre si intensément en moi et de sentir qu'il me désire autant que je le désire nous hisse sur un pied d'égalité. Et je ne pense pas avoir déjà vécu cela.

Chapitre 25

De la lumière entre par la fenêtre. Je suis allongée, dos contre Sam, et ses bras sont enroulés autour de moi. J'ai encore les cheveux humides, mais les draps sont presque secs. Ce qui signifie que cette nuit était bien réelle. Ce n'était pas un rêve alcoolisé. Je suis au lit avec Sam. L'agent de Luther, Sam. Mais qu'est-ce que j'ai fait ? Je le regrette déjà : il va forcément le regretter lui aussi. Je commence à m'extirper du lit, me demandant si je peux simplement filer et faire comme si ce n'était jamais arrivé.

— Tu es réveillée ? demande-t-il doucement.

Il m'embrasse la nuque, et je suis soulagée. Quoi qu'il arrive, je suis contente qu'il semble encore m'apprécier.

— Oui, murmuré-je.

— Moi aussi, chuchote-t-il en dépliant ses bras pour regarder sa montre. Bien. Il est tôt.

— Je ferais mieux d'y aller, dis-je.

Il m'attire contre lui et m'embrasse de nouveau.

Je suis perdue. Je ne peux rien faire d'autre que lui retourner son baiser. Alors qu'il s'enroule autour de moi, je sens en effet qu'il est bien éveillé…

Quelqu'un frappe à la porte.

— Hé, mec, tu es là ?

Merde ! C'est Luther !

Sam me fait signe de me cacher sous les couvertures, mais j'ai une meilleure idée : je me laisse tomber du matelas, attrapant un drap au passage, et je roule sous le lit. Juste à temps, car Luther, qui ne s'embarrasse pas de cérémonie, ouvre la porte et entre. De là où je suis, je vois juste ses pieds dans les sandales qu'il portait l'autre jour. Oh, mon Dieu ! Qu'est-ce qu'il fait ? Est-ce qu'il nous a entendus ? Et s'il me voit ?

— Salut, dit Sam d'une voix ensommeillée. Tu t'es levé tôt.

Il semble complètement détendu. Comment fait-il ça ?

— Ouais, dit Luther en se dirigeant de l'autre côté de la chambre.

Je ramène mes pieds vers moi. Soudain, je vois ma chemise de nuit, posée sur les vêtements de Sam, juste à côté des pieds de Luther. Mon Bikini est caché, mais on voit bel et bien ma chemise de nuit. Oh non ! Non !

— Tu as vu Alice ? demande Luther. Elle n'est pas dans sa chambre.

— Bien sûr, elle est cachée dans mon placard. Bien sûr que non. Je ne l'ai pas vue. Peut-être qu'elle dort encore. Il est tôt.

— Non, elle n'est pas dans sa chambre, j'ai regardé.

Quel toupet !

— Je ne sais pas, mon vieux. Elle est peut-être dans la piscine ? Ou partie se promener ?

— Je vais aller voir. Je veux faire une interview.

Il semble préoccupé, et n'a pas l'air de vouloir s'en aller.

Je suis terriblement à l'étroit, et je sens le sol en pierre froid là où il manque du drap. Je me concentre sur une petite boule de poussière à quelques centimètres de mon nez, essayant de contrôler ma respiration. J'espère que je ne vais pas éternuer. Oh, mon Dieu, faites qu'il s'en aille ! S'il sort d'ici, je ne ferai plus jamais rien de stupide. Jamais.

— OK, j'espère que tu vas la trouver, dit Sam. (Le lit bouge au-dessus de moi.) Ça ne te dérange pas si je dors encore un peu ?

Il bâille. Luther ne dit rien, mais lentement les sandales se tournent, et il sort. Je laisse échapper un long soupir silencieux et compte jusqu'à dix en regardant la porte, au cas où il reviendrait. Je suppose que Sam fait la même chose, car il ne dit rien. Quand la voie semble vraiment libre, je sors lentement de sous le lit, agrippant mon drap. À ma grande fureur, Sam se met à rire.

— Qu'est-ce qu'il y a de drôle ? C'était horrible.

— Je suis désolé, Alice. Mais tu avais l'air tellement apeurée, et la façon dont tu as filé sous le lit… On se serait cru dans du théâtre de boulevard. (Il tend les bras, essayant de m'attirer contre lui.) Je ne voulais pas me moquer de toi. Je sais que tu as dû flipper. Tu es très mignonne dans ce drap, au passage.

Il pose la main sur mon visage et me tire vers lui pour m'embrasser, mais je ne peux lui rendre son baiser ; je suis encore trop secouée.

— Sam, tu sais ce qui se serait passé s'il m'avait surprise ici ? Il aurait été furieux ! Il nous aurait renvoyés tous les deux !

Il soupire et me lâche.

— Peut-être, mais il ne t'a pas vue, alors…

— Je suis sérieuse ! On a de la chance qu'il ait frappé. Imagine s'il avait…

Je n'ose même pas dire « s'il nous avait surpris ». Comment diable aurais-je pu expliquer ça à Luther ou, pire encore, à Olivia ? On ne m'aurait pas seulement flanquée à la porte ; j'aurais été pendue et écartelée.

— Sam, je pense que c'était une erreur. On n'aurait jamais dû faire ça. Si Luther apprenait…

— Ça ne le regarde pas.

— Mais si. Je suis son éditrice, tu es son agent. Enfin, ce n'est pas très professionnel, tu ne crois pas ?

Je le vois tressaillir légèrement quand je dis ça. Il s'écarte et me regarde.

— Tu le penses vraiment ? Ou n'as-tu tout simplement pas envie d'être ici ?

Je m'apprête à répondre quand nous entendons des pas dans le couloir. Il semblerait que ce soit encore Luther. Nous nous figeons, et je m'accroupis, prête à plonger de nouveau sous le lit si nécessaire. Mais ils passent, me laissant épuisée de soulagement et de terreur.

Je me lève, serrant toujours le drap contre moi.

— Je dois y aller.

— Alice, dit Sam à voix basse. S'il te plaît. Je comprends ton inquiétude, mais peut-on en parler un moment ?

Je secoue la tête. Il s'apprête à dire quelque chose mais change d'avis, et se contente d'attraper ma chemise de nuit et de me la tendre. Je ne veux pas lâcher mon drap pour m'habiller. Il semble comprendre le message et détourne les yeux pendant que je l'enfile maladroitement. Je me dirige alors vers la porte.

— Attends, dit-il.

Je me tourne vers lui.

— Je vais jeter un coup d'œil dans le couloir, dit-il simplement.

Il sort du lit, enveloppé dans un drap, ouvre la porte et regarde dehors, puis il la referme.

— La voie est libre.

— Merci.

Je sors en évitant son regard.

Chapitre 26

Je me fais couler une douche fraîche et frissonne sous l'eau tout en me faisant la morale. Qu'est-ce qui m'a pris ? Ai-je vraiment envie de me faire renvoyer ? Je suis déjà assez dans le pétrin comme ça. Si Luther avait découvert la vérité, ç'aurait été une catastrophe. Il aurait facilement pu nous entendre, ou nous surprendre… S'il était arrivé plus tard, Dieu sait ce qu'il aurait vu…

Mais cette pensée me ramène directement à Sam. À son comportement. J'ai été si proche de lui. Ça a été tellement intense. Je n'aurais jamais imaginé qu'il soit aussi passionné, mais, en fait, ça n'a rien d'étonnant. Je sens encore ses baisers sur mes lèvres, et partout ailleurs.

J'ouvre à fond le robinet d'eau froide et commence à me frotter énergiquement. Oui, c'était génial, mais c'était quand même une mauvaise idée. Nous étions tous les deux ivres, et j'étais traumatisée par ma conversation avec Olivia, et j'ai fait une bêtise monumentale. Je n'aurais jamais dû coucher avec Sam. C'était une parfaite erreur, et cela n'arrivera plus.

Et si vous ne travailliez pas ensemble ? me suggère une petite voix. *Penserais-tu la même chose ?*

Je pense que oui. C'est bien trop rapide. Et aussi je me sens honteuse maintenant, parce que j'ignore s'il va encore me respecter. Je sais que c'est vieux jeu, mais c'est comme ça. J'étais sincère quand j'ai dit que ce n'était pas professionnel. Je ne sais pas pourquoi il a réagi comme ça. Que voulait-il dire quand il m'a demandé : « N'as-tu tout simplement pas envie d'être ici ? »

Je sors chercher Luther, extrêmement nerveuse, convaincue qu'il devinera ce que j'ai fait. Je suis soulagée de le voir aussi inconscient de la réalité, juste très déprimé. Il est sur la terrasse de derrière, mais il n'est pas allongé sur le transat, dans sa position habituelle. Il regarde un scénario comportant le logo de son agence.

— Te voilà. Je te cherchais, dit-il d'un air triste.

Je décide de ne pas lui fournir d'explications, au cas où il verrait que je lui mens.

— Désolée. C'est le scénario du pilote ? m'enquiers-je en m'asseyant. C'est bien ?

— Je ne sais pas. Je l'ai feuilleté, mais je ne peux pas me résoudre à le lire.

Je ne l'ai jamais vu aussi abattu.

— Oh. C'est dommage. Les scénaristes ont l'air bons.

— Ouais. De toute manière, je ferais mieux de regarder la réalité en face. C'est ce que l'avenir me réserve.

— Comment ça ?

J'ai vécu bien assez de drames. Je suis plutôt contente d'écouter les malheurs de Luther à la place. Il soupire et ne répond pas tout de suite.

— Je t'en prie, Alice. Je ne suis pas au niveau où je pourrais être. D'accord, j'ai fait quelques bons films, mais je ne suis pas Matt Damon. Je ne suis pas Clooney. Je ne suis pas Brad Pitt. Je suis l'homme de la situation pour des films d'action pourris. Et, dans quelques années, je serai trop vieux pour ça.

Je suis vraiment perplexe. C'est vrai que Luther a fait beaucoup de films d'action, mais c'est quand même une grande star. Non ? Il vient de tourner un remake de *Vacances romaines,* avec Natasha Pullman, et ce film va avoir un succès énorme. Et *Total Kombat* n'était pas pourri, ça a très bien marché. *Le Dernier Légionnaire* a eu un succès monstre. Qu'est-ce qu'il raconte ?

— Tu as vu *Star Trek* ? demande-t-il. Les gamins qui jouaient dedans avaient la moitié de mon âge. Et ils n'avaient même pas besoin de beaucoup bouger. Avec tous les trucs que j'ai faits dans *Total Kombat*, je me suis massacré le dos. Je ne sais pas faire de kickboxing. Ce n'est pas moi qu'ils veulent, c'est Shia LaBeouf.

— C'est ridicule ! Les gens dans *Star Trek* n'ont pas la moitié de ton âge ! Ils ont sept ans de moins que toi. Tu as trente-trois ans, c'est ça ?

— Ouais, mais la relève arrive de plus en plus vite, et ils sont de plus en plus jeunes. Je ne suis pas comme ça. Je ne vais pas sur Twitter. Je ne suis pas le meilleur ami de Lindsay Lohan ou de Paris Hilton. Je ne suis pas un de ces acteurs intellos, mais je ne suis pas non plus une grande star.

—Et ta nouvelle comédie, *The Deep End*? Ça va faire un carton.

—Je l'espère, mais comment en être sûr? Peut-être que ça va faire un flop. Peut-être que les réalisateurs réduiront mon temps à l'écran à zéro ou qu'ils ne me feront pas figurer sur les affiches. Peut-être que tout le monde dira que mes partenaires étaient super, mais que moi, j'étais nul.

Pauvre Luther. Soudain, je comprends: je comprends ce que ça doit faire, de vivre comme lui; d'être tellement exposé et de ne jamais savoir combien de temps sa carrière va durer.

—Enfin, reprend-il. *Vacances romaines* était super, et j'espère que ça marchera bien. Je veux développer mon jeu. J'ai le sentiment que je peux faire plus que jouer dans des films d'action. J'ai l'impression que mon image est devenue trop étroite pour moi. Je veux jouer des rôles qui reflètent plus la personne que je suis, tu vois?

—Tu en as parlé à Sam?

—Pas vraiment. Je pense qu'il s'inquiète que je ne sois pas *bankable*, et que c'est pour ça qu'il veut que je fasse de la télé. Tu sais quoi? Dans dix ans, ils n'auront probablement même plus besoin d'acteurs. Toutes les images seront générées par ordinateur. On verra des hologrammes aller chercher leurs oscars.

—Oh, arrête. Tu n'es pas…

— Il n'y en aura que pour les hommes bleus. James Cameron créera une armée d'acteurs bleus, et il les franchisera partout. Ils auront leur propre syndicat. Ce sera la Corporation des acteurs de cinéma bleus.

Il semble s'enfoncer dans la dépression, et nous nous éloignons du sujet du livre. Si seulement Erica était là pour lui servir un de ses discours d'encouragement et lui dire qu'il devrait s'estimer heureux de ne pas être un orphelin…

— Luther, tu dramatises. Je fais souvent ça. Tu penses à une chose négative et tu en trouves cent autres. Tu as beaucoup de fans. Tu sais que nous sommes terriblement enthousiastes vis-à-vis de ton livre. Pour nous, ça va être énorme, notre plus gros titre de l'année.

Cela semble lui remonter temporairement le moral. Je décide d'entamer la session, et je fais en sorte qu'il me voie allumer le Dictaphone.

— Luther, pourrait-on parler de ce qui s'est passé quand… quand tu as disparu ?

— Quand je suis parti à Hawaii, tu veux dire ? Je sais qu'il y a plein de rumeurs, mais je suis simplement parti là-bas pendant dix mois, j'ai appris à surfer, et j'ai travaillé dans un bar. Je me suis laissé pousser les cheveux et une barbe ridicule. Je me suis aussi fait tatouer ça. (Il désigne le dragon sur son biceps droit.) Les gens me reconnaissaient, mais je disais juste que je faisais des recherches pour un rôle, ou que j'étais en vacances, n'importe quoi pour me tirer d'affaire.

Je n'arrive pas à le croire. C'est ça, la grande révélation ? Il a traîné sur la plage pendant dix mois ?

— C'était très paisible, continue-t-il. Je me suis passionné pour le surf. Je m'asseyais sur le sable, je fumais beaucoup de drogue, j'allais à des fêtes. C'est magnifique, Hawaii. C'est une île volcanique, comme ici. (Il désigne l'Etna, derrière nous.) Ça m'a probablement sauvé la vie, pour tout te dire, sauf que la drogue me déprimait encore plus et me rendait parano, alors j'ai réduit ma consommation.

— Mais qu'est-ce qui t'a poussé à partir ?

— Tout. Ma rupture avec Dom, la folie de la désintox, le flop de *Pluie d'été*... et ma performance descendue en flammes. Je trouvais que c'était un bon film, et je me disais qu'il aurait marché s'ils avaient choisi un autre acteur. J'avais l'impression de l'avoir gâché. Toutes ces années, je m'étais répété que j'étais un imposteur, et j'étais enfin démasqué. Mais que pouvais-je bien faire ? Retourner dans le Queens et bosser dans un magasin ? Impossible. Alors Hawaï était une échappatoire, une sorte de nulle part.

» Je disais souvent que je venais de rien, et que je pouvais revenir à rien, et que rien de tout ça ne me manquerait : les acclamations, les filles, la célébrité. Je ne sais pas, peut-être que j'avais entendu ça dans un film et que j'avais trouvé que ça sonnait bien. Mais finalement ce n'était pas vrai.

Il reste silencieux un long moment.

— Alors comment es-tu revenu à la comédie ?

— C'est ça.

— Ça quoi ?

— C'est ça que je ne dois peut-être pas te dire.

Je ne sais pas trop quoi répondre. Luther se laisse aller en arrière et allume une cigarette. Je décide d'attendre qu'il l'ait fumée en entier avant d'ajouter quoi que ce soit. C'est très dur, car je meurs d'envie de l'interroger, mais je me force à rester silencieuse. Plus vite que je ne m'y attendais, il se remet à parler.

— Tu sais, quand quelque chose comme ça se produit, on essaie de l'oublier, comme si rien ne s'était passé. Mais ça devient encore pire dans ta tête, ça ne cesse de grandir. Tu vois ?

Je hoche lentement la tête.

— Tout a commencé quand je travaillais dans ce bar, à Hawaii. Ce type venait souvent. C'était un producteur, en vacances lui aussi. On a discuté, et il a mentionné ce film sur un soldat romain. Ça avait l'air super. Je ne l'ai pas revu ensuite, mais cette conversation m'a poussé à agir. Alors j'ai pris un vol pour L.A. et je me suis mis à appeler des gens.

» Mais c'était difficile. J'ai repris mon ancien agent, mais je n'étais plus le jeune acteur qu'on s'arrache. Il me trouvait des rôles, mais pas ceux que je voulais. Alors, j'ai rencontré ce type qui m'a proposé de devenir mon manager. (Il souffle lentement la fumée.) Il semblait avoir de bonnes relations. Il était au courant pour *Le Dernier Légionnaire*, le film dont j'avais entendu parler et que j'avais vraiment envie de faire. Il a réussi à m'obtenir un rendez-vous, officieusement. J'ai donc rencontré le réalisateur et l'un des producteurs, le type que j'avais rencontré dans le bar.

Il fait une pause et tourne la tête pour regarder la mer. J'entends les vagues en contrebas.

— Peu après, mon manager m'a appelé pour me dire qu'il avait de bonnes nouvelles. J'avais le rôle, ou presque. Mais il y avait une condition. Je devais sortir avec la femme du producteur, pour qu'elle puisse me recommander.

— Sortir avec elle ? répété-je platement.

— Oui, dit-il avec une expression indéchiffrable. C'est ce qu'il a dit. Mais il ne pensait pas à un dîner et à un film, tu comprends ?

Alors que la réalité de ses propos commence à s'imposer à moi, je me rends compte que j'ai la bouche grande ouverte, et je la referme rapidement. Le magnétophone tourne encore, mais je suis trop choquée pour l'éteindre.

— Alors tu as dû…

— Oui. J'ai dû coucher avec elle pour obtenir le rôle. (Il tire sur sa cigarette.) Tu sais, quand je le dis à voix haute, comme ça, ça ne me paraît pas si terrible. Mais je ne l'avais jamais avoué à personne.

Je ne veux pas me poser en juge ni paraître blasée, mais je ne veux pas non plus qu'il me croie indifférente.

— Est-ce qu'elle était… ? demandé-je, réussissant probablement à paraître les trois à la fois.

— Attirante ? Pas spécialement. J'ai fait en sorte de pouvoir, tu sais, assurer, et j'ai tout oublié dès que j'ai pu. Ça s'est passé à Hawaii, en fait, dans leur maison d'été, ce qui, croyais-je, faciliterait les choses, comme si je pouvais tout laisser derrière moi.

(Il hausse les épaules.) Sauf que ça n'a pas été le cas. Tu sais, ça me donne l'impression que mon retour dans le cinéma, pour ainsi dire, depuis *Le Dernier Légionnaire*, qui a sans doute été mon plus gros film, ne doit rien à mon talent. C'est juste parce que j'ai couché avec la bonne personne. (Il baisse les yeux.) Ça me fait honte, je crois.

Je décide de mettre de côté mon rôle d'auditrice professionnelle et de simplement compatir.

— Tu n'as pas à t'en vouloir. Ce sont eux qui devraient avoir honte. Même si je comprends pourquoi tu te sens mal.

— Oui, je me sentais mal. Je me sens mal.

— Et tu n'en as jamais parlé à personne ? Pas même à Sam ?

— Pas même à Sam. Même si tu comprends maintenant pourquoi je tiens autant à lui. Il n'est pas du genre à me forcer à coucher avec la femme d'un producteur pervers.

— Qu'est-il arrivé à ton manager ?

Il hausse les épaules.

— Je me suis débarrassé de lui. Dès que j'ai vu que le film était un succès, je me suis hâté de trouver quelqu'un d'autre. Je ne sais pas trop ce qu'il est devenu.

— Et le producteur et sa femme ?

— Il est mort. Il y a environ deux ans. Arrêt cardiaque. Je n'ai pas envoyé de fleurs. (Il rit, d'un rire sans humour.) Elle non plus, je ne l'ai pas revue.

— Je suis vraiment désolée, dis-je. Tu ne méritais pas ça. Personne ne mérite une chose pareille.

— Merci. Tu sais, ça me fait du bien d'en parler à quelqu'un. Je savais que ça me soulagerait.

— Tant mieux. Ça me fait plaisir.

J'attends de voir s'il veut ajouter quelque chose, mais il n'en fait rien.

— Tu as accompli un travail incroyable sur ce livre, Luther, honnêtement. Ça va être génial. D'ailleurs, tu pourras lire le premier jet dans un jour ou deux.

— Je ne pense pas avoir besoin de le lire.

Je jette un coup d'œil au Dictaphone. S'il s'agissait d'une de mes sessions de dactylo, je rembobinerais pour m'assurer que j'ai bien entendu.

— Tu n'as pas besoin de le lire ?

— Non, j'aimerais que Sam le lise, et peut-être mon avocat. Mais, à part ça, je ne pense pas en avoir envie. Je ne suis pas très branché livres. Et je n'ai jamais voulu écrire… (Il agite les mains, cherchant manifestement une comparaison.) La *Mona Lisa*. Je voulais juste parler de tout ça. C'est très bien comme ça.

Une fois de plus, je ne trouve plus mes mots.

— Faisons une pause, dit-il. Federico va sortir son bateau, et je vais peut-être me joindre à lui. Je jetterai ce scénario par-dessus bord.

Il se lève.

— Bien. Tu sais, Luther, tous ces trucs sur le producteur… C'était entre nous, cela va sans dire.

— Tu crois ? Je ne sais pas, Alice. Peut-être que ces choses-là arrivent ? Et peut-être que je devrais être franc à ce sujet. Honnêtement, je m'en fiche. Je te laisse décider.

Il n'est tout de même pas sérieux ? Je ne veux pas l'interroger à ce propos pour l'instant. Après qu'il est parti, je me lève, je vais arrêter la cassette et je m'appuie contre le mur, regardant la mer et inspirant profondément. Malgré la vue magnifique, j'ai l'impression d'être emprisonnée dans un endroit sombre et exigu, sous la terre. C'est drôle, tout s'est passé exactement comme je l'avais imaginé. Luther m'a dit des choses qu'il n'avait jamais avouées à personne. Comme Ruth l'avait prédit, je lui ai soutiré tous ses sombres secrets. Mais ça n'a rien de romantique. Comment ai-je pu croire que ça le serait ?

Pauvre Luther. Est-il possible qu'il ait fait ce livre uniquement pour pouvoir raconter à quelqu'un ce qui lui est arrivé ? C'est la chose la plus étrange et la plus triste qui soit. Ne serait-il pas plus logique d'aller voir un psy plutôt que de s'engager à écrire un livre ? Pour moi, si, mais on ne peut pas dire que j'évolue dans le même univers que lui. Mais pourquoi m'a-t-il raconté à moi quelque chose d'aussi scandaleux ? Ne s'inquiète-t-il pas des conséquences que cela pourrait avoir sur sa carrière ?

J'entre dans la maison, sors l'ordinateur portable et commence à transcrire l'entretien. Je vais laisser de côté tout le scandale et la crise de carrière. C'est trop horrible, et je ne pense pas qu'il voulait vraiment que cela apparaisse dans le livre. J'envoie le tout à Brian et à Olivia et leur explique que l'épisode d'Hawaii, autour duquel on a fait autant de battage, ne prendra qu'un chapitre. Quand j'ai terminé, je m'écroule sur le clavier. Je ressens une envie pressante d'aller nager, de descendre à la plage ou de simplement me promener à Taormina. Je veux juste aller dans un endroit normal, où des gens ont des conversations ordinaires à propos de choses banales.

— Salut, euh, je crois que c'est à toi...

On me tend mon Bikini.

— Oh.

Je le prends et le roule en boule, la plus petite possible. Je relève les yeux du clavier et vois Sam qui me regarde.

— Est-ce que ça va ? demande-t-il. Tu as l'air épuisée.

— Merci, marmonné-je. Je ne pensais pas que c'était aussi flagrant.

— Ne sois pas aussi parano, dit-il doucement. Ce n'est pas ce que j'insinuais. Je voulais simplement dire que tu as l'air d'avoir besoin d'une pause. Et moi aussi. Tu veux qu'on aille se balader ?

Bien sûr que j'en ai envie. Malgré mes inquiétudes, il est la personne au monde que j'ai le plus envie de voir. Aller quelque part avec lui serait comme de sortir de prison. Mais je ne pense pas que ce serait très sage. Qu'en penserait Luther ? Et... je suis encore gênée à cause de la nuit dernière. Ce serait de la folie d'aller plus loin, alors que je patine déjà sur une fine couche de glace.

Sam soupire, interrompant mes pensées.

— Écoute, Alice. Je me rends bien compte que je t'ai mise dans une position embarrassante hier soir... et ce matin. Je suis désolé. Je n'aurais pas dû en rire. Mais...

Quoi ? Mais quoi ?

— J'ai juste envie de passer du temps avec toi, avoue-t-il simplement. Si tu n'en as pas envie, dis-le-moi simplement, et je… et je continuerai sans doute de te le demander malgré tout.

C'est la chose la plus gentille qu'on m'ait déclarée depuis bien longtemps.

— Non, j'en ai envie, réponds-je. Vraiment. Laisse-moi juste aller prendre mon sac.

Chapitre 27

— Hé, attends une seconde, dit-il. Tu sais où tu voudrais aller ?

N'importe où sauf ici, et n'importe où avec toi.

— Ça m'est égal.

— Alors va te préparer, et on se décidera plus tard.

Je cours chercher mon sac et j'y mets une serviette, de la crème solaire, un peu de baume à lèvres et mon portefeuille. En tout cas, je vais laisser mon téléphone ici. J'hésite à me changer, mais finalement je me rétracte. Je ne veux pas perdre une seconde du temps que je pourrais passer avec lui. J'enfile juste mon Bikini sous mes vêtements, et je suis prête à partir. Je prends aussi mon châle, au cas où nous rentrerions tard.

Il fait si chaud dans sa petite Fiat en plein soleil que nous devons laisser les portes ouvertes pendant plusieurs minutes pour la rafraîchir. Sam déplie une carte et l'étale sur le capot.

— Tu n'es pas montée au sommet de l'Etna, si ? Tu veux y aller ?

— Euh, pas spécialement…

À vrai dire, j'en ai assez de le regarder toute la journée.

— Tant mieux, moi non plus. On pourrait aller jusqu'à Corleone. C'est la ville de naissance du Parrain, dans le film, et il se trouve que les grands-parents d'Al Pacino en sont originaires. La route est assez longue parce que c'est bien à l'ouest, et ce n'est qu'une petite ville, mais c'est tout de même fascinant, quand on est fan de ces films. Tu en es fan, n'est-ce pas ?

Je n'ai pas envie de le couper dans son élan, mais je suis vraiment étonnée. A-t-il sérieusement envie de conduire pendant des heures jusqu'à une petite ville sans intérêt à cause du *Parrain* ? Enfin, si ça lui tient à cœur, je veux bien l'accompagner. Parce que, inutile de se voiler la face, je suis vraiment dingue de lui.

Il doit déchiffrer mon expression, car il dit :

— Ou alors on pourrait aller dans une réserve naturelle un peu plus proche, le long de la côte. Il y a de superbes plages désertes.

Une réserve naturelle ! Même ces mots me semblent apaisants. Je ne peux rien imaginer de mieux, après le traumatisme de ces dernières vingt-quatre heures, que de superbes plages désertes.

— Faisons ça, approuvé-je, avant de grimper dans la voiture.

— J'en déduis donc que tu n'es pas fan du *Parrain*, dit Sam alors que nous nous engageons sur la route. Je t'en prie, dis-moi au moins que tu l'as vu.

— Non, mon film préféré, c'est *Working Girl*.

— C'est un classique. Mais tu aimes aussi *Boulevard du crépuscule*, non ? Je me rappelle que tu en as parlé l'autre jour.

— C'est un de mes préférés. C'est tellement macabre, on dirait du Dickens. Et le scénario est excellent. Il n'y a pas une scène de trop.

— Tu sais, il y a une sorte de similarité avec ce que tu fais ici. Le scénariste piégé dans une maison avec la star de cinéma, essayant de terminer son scénario…

Je ris.

— Je ne suis pas vraiment piégée, et je ne pense pas que Luther ressemble beaucoup à Norma Desmond. Il est un peu plus jeune, déjà.

Soudain, une image bizarre apparaît dans mon esprit, celle d'un Luther vieillissant, en veste de smoking, entouré de centaines de photos de lui à l'époque de sa gloire.

— Et toi, c'est quoi ton film préféré ? *Le Parrain* ?

— Il en fait partie, c'est sûr. Mais il y en a d'autres. *La Dolce Vita. Le Voleur de bicyclette*. Il y a aussi un film français génial qui s'appelle *L'Armée des ombres*…

— Il me semble que j'en ai entendu parler. C'est une histoire de zombies ? demandé-je, au hasard.

— Non, ça parle de la Résistance française.

Je me mets à rire. Il me jette un coup d'œil en souriant, et je sens que je tombe amoureuse de lui.

Au bout d'une demi-heure environ, nous nous garons sur un petit parking surplombant une colline. Il n'y a personne. En dessous de nous, une plage déserte s'étire dans une courbe dorée vers un cap rocheux couronné d'oliviers et de végétation luxuriante. Je regarde ma montre. Il est déjà 16 heures, mais la chaleur n'a pas faibli. Je respire la brise marine.

Nous descendons les marches et nous baladons le long de la plage dans un silence complice.

— C'est drôle qu'il fasse encore chaud à cette heure-ci, dis-je.

— C'est parce que le soleil était à midi il y a une heure seulement.

Nous nous dirigeons vers l'eau et commençons par laisser les vagues mouiller nos pieds. Je repère un oiseau énorme qui vole au-dessus du cap, décrivant de grands cercles. C'est tellement paisible. Les seules autres personnes sont de jeunes parents avec leur enfant. Nous échangeons des « bonjour » quand nous les entendons parler en anglais. Il s'avère qu'ils sont Américains, de Californie. Sam leur dit qu'il est originaire de l'Utah, et ils commencent à discuter de randonnée là-bas.

— Pourquoi ne leur as-tu pas dit que tu vivais à Los Angeles ? lui demandé-je après leur départ.

— Je n'avais pas envie d'entrer dans les détails.

Je peux le comprendre. Je n'aimerais pas croiser un Londonien maintenant. Je me demande ce qu'ils auraient dit s'ils avaient su ce que nous faisions, que Luther est avec nous et Sam un agent de Hollywood. Peut-être s'en seraient-ils moqués. Peut-être ne regardent-ils pas beaucoup de films. C'est le cas de certaines personnes. En fait, la plupart des gens sur cette planète n'ont jamais entendu parler de Luther, ou de Dominique Rice. Je regarde l'écume autour de mes pieds et enfonce mes orteils dans le sable marron mouillé.

— Et si on se baignait ? propose Sam. On peut faire la course jusqu'au cap.

Alors que je pose mes vêtements, je me sens soudain un peu gênée. En pensant à tous les mannequins et actrices qu'il doit avoir l'habitude de voir à L.A., je me demande si je suis à la hauteur, avec ma peau pâle et mes hanches à l'anglaise. D'un autre côté, il est un peu tard pour faire la timide, et, quand je pense à la façon dont il a exploré chaque centimètre de mon corps hier soir, on peut supposer sans trop prendre de risque que je ne le dégoûte pas complètement.

L'eau est divine. Je suis plutôt bonne nageuse, mais je ne suis pas du genre à m'aventurer trop loin dans un endroit que je ne connais pas. Avec Sam à mes côtés, cependant, je me sens plus téméraire que d'ordinaire, et nous allons jusqu'au cap, et revenons.

Après être sortis, nous nous allongeons sur la plage pour nous sécher. Sam a oublié d'apporter une serviette, alors je lui tends mon châle.

— Mais il va être plein de sable.

Je hausse les épaules.

— Il fait tellement chaud. Il va sécher.

— Alors c'est vrai, ce qu'on dit sur les Anglaises : vous êtes faciles à vivre ? Enfin, pas « faciles », hein, ajoute-t-il rapidement. Faciles à vivre.

Alors qu'il s'étend à côté de moi, je ferme les yeux. J'entends le bruit des vagues, et je le sens près de moi, si proche que je pourrais tendre la main et le toucher. J'ai l'impression qu'il n'attend qu'un signe de moi pour m'embrasser. J'aimerais bien, mais serait-ce une bonne idée ? Il va sans doute falloir que nous rentrions bientôt, mais j'ai envie que cette journée ne finisse jamais.

— À quoi tu penses ? demande-t-il.

Je ris.

— Je croyais que seules les femmes posaient cette question.

— Pas nécessairement. Je suis très curieux.

Il me regarde, en appui sur un coude.

— Je pensais à quel point c'est agréable, dis-je en toute sincérité. Je me sens tellement détendue.

— Tu aimerais qu'on prenne le reste de la journée ? Aller dîner avec moi ?

Je le regarde, les yeux plissés, la main en visière.

— Tu penses que ça ne dérangera pas Luther ? demandé-je à contrecœur.

Puis je précise, pour éclaircir les choses :

— Je veux dire, si on ne rentre pas ?

Il ne répond rien, se contentant de secouer la tête.

— Alors oui. J'aimerais beaucoup.

Lire le plaisir sur son visage me donne l'impression de valoir un million de dollars.

— Super, dit-il en se laissant tomber sur mon châle en souriant. Maintenant, je peux me détendre, ajoute-t-il, presque dans un murmure.

Souriante, je referme les yeux et reste allongée là au soleil, incroyablement heureuse.

— Hé, dit-il, tu vas brûler si tu ne fais pas attention.

— Vraiment ?

J'ouvre les yeux et le vois en train de chercher la crème solaire dans mon sac.

— Tourne-toi, dit-il.

— Tu parles toujours comme ça aux filles ? demandé-je en obéissant.

— Seulement si elles sont très jolies.

Ce n'est pas la réplique la plus délicate qui soit, mais elle me fait sourire. C'est ce que j'aime chez Sam. Luther éclabousse tout le monde de son charme, sans distinction, et ça ne veut pas dire grand-chose. Je pense que Sam a tout autant de charme, mais en plus sincère, et il faut le connaître pour qu'il l'exerce sur vous. Ça me plaît : ça me donne l'impression que ce n'est que pour moi. Je ne sais pas si Poppy ou Ruth verraient ce que je vois en lui, ou pourquoi je le préfère à Luther, mais ça m'est égal. Moi, je le vois.

Alors que ses mains se déplacent sur mon dos, mes épaules et ma nuque, je ferme les yeux et me laisse aller à mes sensations. Oh, mon Dieu, ces mains… Soudain, je repense à mon premier jour, quand nous avons nagé autour du yacht et que j'ai accidentellement montré mon sein à Sam, à cause de cet horrible maillot de bain.

— On peut savoir ce qui te fait rire ? demande-t-il.

Je le lui dis.

— Ah oui. Je m'en souviens.

Je me retourne et le regarde.

— Tu avais l'air complètement horrifié.

— Eh bien, pas complètement…

Je fais semblant de le taper, il attrape ma main et là, sur la plage déserte, nous nous embrassons de nouveau. Nous ne sommes pas allongés dans les vagues, comme Burt Lancaster et Deborah Kerr dans *Tant qu'il y aura des hommes*, mais c'est quand même merveilleux.

Plus tard, nous roulons jusqu'à une petite ville blottie autour d'une baie bleue, comme un chat blanc somnolant au soleil, aux rues sinueuses remontant la colline et aux maisons orange, rose et or, luisant au soleil couchant. Nous prenons un verre de prosecco sur la place principale, où des enfants déchaînés crient pendant que leurs familles se promènent et que des hommes âgés font durer leur verre de cognac pendant des heures. C'est tellement amusant d'observer tout le monde. À un moment, trois hommes jeunes très bien habillés se lancent dans ce qui ressemble à une terrible dispute accompagnée de gesticulations frénétiques : mains jointes en prière, poings serrés et brandis, paumes levées vers le ciel. L'un d'entre eux fait le discours le plus passionné que j'ai jamais entendu de ma vie, et j'aimerais pouvoir le comprendre : il doit s'agir de religion ou de politique, ou à tout le moins d'une horrible querelle de famille.

— Mais de quoi parlent-ils ? murmuré-je.

— De football, répond Sam.

Au bout d'un moment, comme le soleil commence à décliner, nous remontons un peu sur la colline et trouvons un petit restaurant aux murs blanchis à la chaux et aux carreaux en pierre, avec un serveur aux manières paternelles doté d'une tignasse de cheveux blancs. Il nous conduit à une petite table dans une alcôve, qu'il nous désigne d'un geste théâtral, puis me tire une chaise. Cet endroit est décoré très joliment ; il y a des tapis tissés, comme chez Marisa, et des petites gravures de gerbes en bois sur les murs. Mais le restaurant est vide.

— Oh non, dis-je involontairement.

— Quoi ? demande Sam, l'air inquiet.

— C'est juste… C'est tellement charmant, mais il n'y a que nous. J'espère qu'ils n'ont pas du mal à attirer les clients.

— Non, mais il est encore tôt pour les gens d'ici. Ils ne mangeront pas avant au moins une demi-heure.

— Oh, dis-je, soulagée.

Je déteste quand des endroits agréables ne marchent pas. Je ne saurais pas expliquer pourquoi, mais ça me donne presque envie de pleurer. C'est encore pire quand ils font des trucs mignons, par exemple quand ils dessinent sur les ardoises, ou mettent des fleurs sur la table, ou plient les cartes dans les verres. En fait, même quand un endroit prospère, ce genre de choses peut me rendre mélancolique.

— C'est une réaction très intense, dit Sam quand je le lui explique. Mais je vois ce que tu veux dire. Je ressens la même chose dans les animaleries. Il y en a une près de chez moi, où il y avait un panneau, récemment, qui disait « Chiots à cinquante pour cent ». Tu imagines ? J'ai failli acheter tout le lot.

Il n'y a pas de carte. Sam parle avec le serveur et apprend qu'ils peuvent nous proposer soit des pâtes suivies de poisson – il ne sait pas trop quel poisson – soit des pâtes suivies d'agneau. J'opte pour l'agneau. La nourriture, quand elle arrive, est spectaculaire. Un plat de pâtes fondantes avec des aubergines et de la ricotta, puis des tranches très fines d'agneau, avec de toutes petites courgettes et de minuscules pommes de terre rôties. Nous arrosons tout ça d'un vin rouge sucré et léger ; Sam a insisté pour que nous prenions du rouge, car je mange de l'agneau, même s'il a choisi le poisson.

— C'est agréable de dîner avec des gens qui mangent vraiment, fait-il remarquer. Personne ne mange à L.A. À part des sushis. Ça marche très bien, les sushis.

— Tu ne m'as jamais dit pourquoi tu parlais aussi bien italien.

— Ah, je pourrais te le dire, mais ensuite je devrais te tuer.

— Des liens avec la Mafia ? demandé-je à voix basse.

— Non. J'étais missionnaire pour l'Église de Jésus-Christ des saints des derniers jours.

— Tu plaisantes.

— Pas du tout. Je vais te raconter la version courte. Ma famille vit dans le Colorado maintenant, mais j'ai grandi à Salt Lake City, en Utah, où vit un grand nombre de Mormons. Mes parents ne sont pas très pratiquants ; en tout cas, ils ne s'attendaient absolument pas à ce que je parte en mission. Mais, après m'être déglingué le genou et avoir quitté UCLA, je me sentais complètement perdu. Je suis rentré à la maison pendant un moment, et j'ai décidé de m'investir dans ce projet. On m'a assigné l'Italie, j'ai reçu une formation intensive en italien, et on m'a envoyé dans le nord de l'Italie.

— Ça alors.

Que puis-je dire d'autre ?

— Combien de temps as-tu passé là-bas ?

— J'étais censé rester deux ans, mais je n'ai fait que onze mois. Mon père est tombé très malade, alors je suis rentré plus tôt.

— Oh non. Que s'est-il passé ?

— Il a fait une crise cardiaque et a dû subir plusieurs opérations. Il est médecin, ce qui empirait presque les choses, parce qu'il savait exactement à quel point c'était grave. Au début, ils ne m'ont rien dit, mais quand je l'ai finalement appris… Je me rappelle exactement où j'étais. J'étais dans une cabine téléphonique près de la Piazza dei Signori à Vicenza, en tenue de missionnaire. Je suis rentré directement à l'appartement, j'ai pris mon sac et je suis parti pour l'aéroport.

— Tu as eu des ennuis ?

— Bien sûr, mais je m'en fichais. C'était le bordel à la maison. Mon petit frère traversait une période difficile pour plusieurs raisons, ma sœur déraillait, et ma mère s'efforçait de gérer tout ça. Je me sentais vraiment coupable d'être parti, alors je me suis jeté là-dedans, essayant de m'occuper de tout le monde. J'ai sans doute fini par les rendre dingues. Mais c'était la bonne chose à faire. Je ne voulais pas être à l'autre bout de la terre alors que ma famille avait besoin de moi.

— Est-ce que ton père va mieux maintenant ?

— Oui, il va bien. Merci. Et la mission n'a pas été une mauvaise expérience, à plusieurs points de vue. Passer un an à tenter de convertir des catholiques dévots est une très bonne préparation pour vendre des trucs à Hollywood. Et cela m'a permis de vivre en Italie. Mon grand-père paternel était originaire du nord de l'Italie, près de Venise, alors, à l'époque, j'y ai vu un signe. (Il hausse les épaules.) Maintenant, je pense que ce n'était qu'une coïncidence.

— Ton grand-père paternel ? Tu portes pourtant un nom américain.

— Il s'appelait Terranova, ce qui signifie « terre neuve ». Il l'a traduit en anglais, « Newland », quand il est venu aux États-Unis. À quoi penses-tu, avec cette expression ?

— Je me disais juste que toutes les personnes que je rencontre en ce moment semblent avoir un passé compliqué, contrairement à moi.

— Vraiment ? Rien du tout ? Allez, tu dois bien avoir quelques sombres secrets. Je viens de te raconter ma folle histoire. À ton tour.

— Rien d'aussi intéressant que toi.

Pourtant, je me retrouve à lui parler du collège et du lycée, des filles qui m'ont martyrisée pendant quatre ans, avant que je devienne amie avec Ruth : ma première amie depuis l'école primaire. À vrai dire, Ruth et moi avons sympathisé grâce à notre faible pour Luther, mais je n'en dis rien.

— Qu'est-ce qu'elles faisaient ? demande-t-il gentiment.

Je lui sers un résumé des temps forts des choses les moins affreuses. Leur jeu consistant à cacher mes chaussures, parce qu'elles trouvaient ça hilarant que je chausse du quarante, et les surnoms dont elles m'affublaient.

— Quels surnoms ?

— Oh…

Je rougis. Je n'ai absolument jamais raconté ça à un homme.

— « Lapin Blanc », parce que j'avais un appareil dentaire. Et aussi « Gros Oiseau ».

— Tu es sérieuse ? Ce sont les surnoms les plus minables que j'aie jamais entendus. Elles n'auraient pas pu trouver mieux ?

— Je sais. Comparé à ce que les filles doivent subir de nos jours, ça semble presque affectueux.

Je ne sais pas pourquoi je ne m'étais jamais rendu compte à quel point c'était ridicule. Il rit, ce qui me fait rire aussi. Je n'ai jamais réussi à en rire auparavant. C'est agréable.

Pendant le reste du repas, nous discutons de choses et d'autres. Je n'ai pas envie de parler de mon travail en détail, mais je lui parle de Poppy et de Claudine, et de leur prise de bec à cause du manuscrit.

— Il faut la surveiller, celle-là, dit-il. Arriviste et sans pitié. N'en fais pas ton assistante, quoi qu'il arrive.

— Oui.

Merde. Je me sens malhonnête de ne pas lui avoir dit que j'étais moi-même une assistante, mais c'est trop tard maintenant. Penser à Olivia et à mon erreur désastreuse m'assombrit comme un nuage noir, mais je chasse tout ça de mon esprit. Je suis déterminée à profiter de chaque seconde de cette journée avec Sam. Nous parlons de nos anniversaires et de notre âge. Sam a vingt-huit ans : l'âge parfait. Il est trop poli pour me demander mon âge, mais je lui dis que j'ai vingt-six ans. Ensuite, nous parlons encore de films, et je lui dis à quel point j'ai aimé *Fever* quand il est sorti.

— C'est sûr que tu t'y connais, en films de danse, dit-il. Tu as déjà pris des cours ?

Je m'apprête à lui répondre que je ne sais pas danser, mais alors je me rappelle que ce n'est pas vrai : j'ai bel et bien dansé, avec Luther.

— Non, je ne me suis jamais décidée. Mais j'aimerais bien. Un jour, peut-être.

Nous avons fini de manger depuis un moment, mais le serveur, plein de tact, nous a laissés nous attarder. Après avoir finalement ramassé nos assiettes, il nous apporte deux petits verres remplis d'une liqueur jaune vif. Il prononce quelques mots à la sonorité charmante, nous adresse un sourire radieux puis s'éloigne en se dandinant. La liqueur, glacée, a un goût intense et sucré.

— C'est délicieux. D'habitude, je déteste les liqueurs, mais celle-ci est très bonne. Qu'est-ce que c'est ?

— Du limoncello. On en trouve partout en Italie. C'est le patron qui nous l'offre.

— Oh, c'est gentil. Qu'est-ce qu'il a dit à ce propos ?

— C'est difficile à traduire. Un truc du genre : « Une boisson dorée pour une superbe fille dorée ! »

Il me sourit. Je m'apprête à plaisanter en disant que cela n'arriverait jamais à Londres, mais je change d'avis.

Nous sommes les derniers à quitter le restaurant, alors que nous sommes arrivés en premier. Sam insiste pour payer, et je le laisse faire.

— Tu pourras payer notre prochain dîner, dit-il, faisant s'affoler mon cœur.

Alors que nous parcourons les ruelles en pente, je me demande ce qu'il entend par là. Je suis vraiment contente qu'il ait envie qu'on dîne ensemble de nouveau, mais quand, et où ? Le livre est presque terminé ; je rentrerai bientôt à la maison. Il a dit qu'il allait à la Mostra de Venise en septembre. Peut-être pourrait-il s'arrêter à Londres au passage ? Ou je pourrais aller à Venise avec lui ? J'aimerais lui poser la question, mais je ne veux pas le bousculer. Mieux vaut la jouer cool.

Nous descendons une volée de petites marches sinueuses en direction de la place principale quand nous croisons une fille sublime avec de longs cheveux bruns et d'immenses yeux marron, vêtue d'une longue robe blanche en coton qui met en valeur sa silhouette éblouissante ; le genre de filles qui ferait tourner toutes les têtes à Londres. Sam lui jette un coup d'œil, et elle le regarde avec un intérêt non dissimulé.

Il est occupé à me raconter quelque chose qui leur est arrivé, à lui et à Luther, aux Oscars cette année, mais je n'arrive pas à me concentrer. Est-ce qu'il la regardait ? Si oui, je ne pourrais pas le lui reprocher. Elle était splendide. Est-ce mon imagination, ou est-il un peu distant ? Il ne tient pas ma main. Soudain, dans une crise de parano, j'ai l'impression qu'il s'éloigne de moi. *Arrête,* me dis-je, *tu es folle*. Mais je n'arrive pas à chasser cette impression. Pourquoi parle-t-il des Oscars, d'abord ? Essaie-t-il de me rappeler, de manière pas très subtile, que nous menons des vies différentes, et qu'il vit de l'autre côté du globe ?

Nous traversons la place, remplie d'enfants courant dans tous les sens, et d'hommes et de femmes magnifiques défilant dans un sens et dans l'autre. À cet instant précis, nous – moi bien habillée et bronzée, et Sam, en tee-shirt – ressemblons sans doute à un couple normal en vacances. Mais il n'en est rien. Dans la vraie vie, Sam est un agent à Hollywood qui peut avoir toutes les femmes qu'il veut, et je suis une assistante débraillée qui n'a jamais eu de chance avec les hommes. Même s'il décide de me revoir, je n'aurai jamais les moyens de lui rendre visite, ou de vivre à son rythme une fois sur place. Il connaît Sienna Miller, bon sang ! Quand il dit que je pourrai payer notre prochain dîner, il ne pense sûrement pas à *Pizza Express*. Je m'imagine lui montrer ma chambre avec mes carrés en carton faits main, et je frémis.

— Tu as un visage très expressif, tu sais ? dit-il.

— Ah bon ? demandé-je, étonnée.

— Oui. Même quand tu ne parles pas. En fait, surtout quand tu ne parles pas.

Il me sourit, et mon cœur s'emballe. Je me demande s'il va dire quelque chose pour me rassurer, peut-être parler de notre prochain rendez-vous.

— Tu ne t'inquiètes pas encore pour le livre, hein ? Tout va bien se passer.

— Euh, non, dis-je, déçue.

Mince alors, le livre. Je préférerais ne pas parler de ce fichu bouquin.

Nous montons en voiture et nous engageons sur la route. Il fait nuit à présent, et les étoiles brillent. La radio passe la même chanson de Shakira que dans la boîte de nuit ; cette soirée me semble remonter à si longtemps.

— J'ai eu l'impression que vous avez eu une session plutôt éreintante aujourd'hui, dit Sam. De quoi avez-vous parlé, si ce n'est pas indiscret ?

— Oh. De choses très intenses. On ne les mettra pas dans le livre.

— Ah, dit-il, surpris. C'était sérieux ? Pourquoi ne pas les intégrer ?

Pourquoi continue-t-il de parler travail ? Soudain, une voiture nous double alors qu'un camion approche en sens inverse, ne nous évitant que de quelques centimètres. Les gens conduisent comme des fous, ici.

— Juste…

Je ne peux pas lui répéter ce que m'a dit Luther.

— Juste des trucs que Luther a faits, des choses qui lui sont arrivées et… et son image, quoi. Il a dit qu'il voulait se développer.

— Développer son registre ? demande Sam en secouant la tête. On en a parlé un millier de fois. Et, au final, il veut toujours faire la même chose. J'ai même dû le convaincre de faire *Vacances romaines,* qui était le pari le plus sûr de l'année. Et c'est tout ?

— On a aussi discuté de choses personnelles.

Pourquoi est-ce qu'on parle de ça ?

Il y a une longue pause.

— Il s'agit de quelque chose d'illégal ?

— Non ! Enfin, je ne pense pas. Je ne sais pas. Écoute, ce n'est rien.

— OK. Je ne vais pas essayer de te soutirer des informations. J'en parlerai à Luther.

Il semble préoccupé.

— Oui, dis-je d'une voix blanche. Bonne idée.

Je me surprends à me gratter nerveusement le bras : une piqûre de moustique. Zut. Je suppose que j'ai eu de la chance de leur échapper jusque-là.

— Une piqûre de moustique ? demande Sam. Ils sont terribles. Marisa s'est fait dévorer quand nous étions à Rome.

« Marisa s'est fait dévorer quand nous étions à Rome. »

En décortiquant cette phrase, il n'y a aucun moyen de savoir quand ils étaient à Rome. Il pourrait parler de ce qui s'est passé il y a plusieurs années, quand ils travaillaient ensemble. Mais je sais qu'il parle d'il y a trois jours.

— Tu veux dire, quand vous y étiez récemment ? Quand tu es allé à Londres ?

— Oh non. Quand on y était il y a des années. Pour le travail.

Est-ce qu'il ment ? Je ne saurais le dire. Il a l'air honnête, mais c'est absurde : pourquoi en parlerait-il si ça s'est passé des années auparavant ?

— Oh, d'accord.

Je sais que je devrais laisser tomber, mais, comme ma piqûre de moustique, je ne peux pas laisser ça de côté.

— J'ai eu l'impression, à un moment donné… Je me suis dit qu'il y avait peut-être quelque chose entre vous. Au début, je veux dire.

Il reste silencieux un moment.

— Nous sommes sortis ensemble. Quand on s'est rencontrés, avant qu'elle se marie, on a eu une courte relation. Ça n'a pas marché. Mais nous sommes restés en contact.

Je ne dis rien. J'en suis incapable.

— Ça t'embête ? demande-t-il en me jetant un coup d'œil.

— Bien sûr que non, réponds-je, trop rapidement.

Mais ça m'embête, parce que je sais que, en comparaison de Marisa, je ne fais pas le poids. Elle est superbe, intelligente et sophistiquée, en plus d'être une personne absolument adorable. Pas étonnant qu'ils soient sortis ensemble, car lui aussi est trop bien pour moi. Et, en même temps, je ne peux m'empêcher de me demander s'il fait toujours ça. Vit-il des amourettes chaque fois qu'il pose le pied en Italie, en France ou en Angleterre, avant de repartir pour L.A., cette ville sans âme, et de retrouver ces semaines de cent heures de travail où il ne sort pas avec des actrices ? Quoi qu'il en soit, il semble que je me sois trompée en pensant que moi seule étais sensible à ses charmes.

Il faut que je change de sujet. Je m'éclaircis la voix.

— Écoute, on en a bientôt fini avec les interviews. Luther m'a dit qu'il n'avait pas besoin de relire son texte. Tu penses que c'est vrai ? Il a suggéré que tu le lises pour lui.

Il me regarde toujours. Puis il tourne de nouveau son regard vers la route.

— Bien sûr. Je le lirai. Il lui faut vraiment un manager pour ce genre de choses, ajoute-t-il dans sa barbe.

Nous roulons en silence, et, quand nous arrivons à la maison, je sors de la voiture aussi vite que possible.

— Merci pour cette agréable journée, et cette soirée, dis-je en évitant son regard. Ça s'est rafraîchi.

Je me dirige vers la maison, m'enveloppant dans mon châle avant de me rendre compte qu'il est plein de sable. Quelle excuse minable : c'est une belle nuit chaude.

— Attends, dit-il, derrière moi.

Je me retourne. Il se tient à côté de la voiture, l'air stupéfait.

— Tu es sérieuse ? C'est tout ?

— Je ne… Je ferais mieux d'aller voir Luther.

Je me précipite à l'intérieur avant qu'il puisse m'arrêter.

Chapitre 28

Je sors sur la terrasse et me retrouve face à une scène de bonheur domestique : Marisa et Luther boivent du thé et jouent aux cartes. Marisa m'embrasse et, quand Sam arrive, elle l'embrasse également. Je dois détourner les yeux à ce moment-là.

Sam s'assoit.

— Désolé de rentrer si tard. Hé, est-ce que tu as lu le scénario ?

— Alice, *bella*, et si on les laissait discuter ? propose Marisa. On peut aller regarder la télé à l'intérieur.

— Non, restez, dit Luther.

Marisa jette un coup d'œil à Sam.

— En fait, je ferais mieux de rentrer. Le pauvre Federico va se demander où je suis.

Elle prend son sac et se lève en disant :

— Je t'appelle demain, Sam.

Elle va aux toilettes pendant que je consulte mes mails. Il y a un message de Brian. C'est le manuscrit. Il a rédigé un premier jet en moins d'une semaine. C'est incroyable ! Je branche l'ordinateur portable à l'imprimante et lance l'impression en écoutant à moitié la conversation de Sam et de Luther dehors.

— Luther, dit Sam, on en a déjà parlé. Tu sais que je ne peux pas te transformer en Depp ou en Clooney en une nuit. Mais bien sûr que tu peux te perfectionner, et développer d'autres facettes de ta personnalité. Je pense juste que, pour ça, tu vas devoir prendre plus de risques.

Je n'entends pas ce que Luther répond.

— Je n'en suis pas sûr, continue Sam. *Vacances romaines* est un bon début, mais tu pourrais faire plus. Pourquoi crois-tu que je te propose ce rôle ?

— Ce n'est pas un risque, dit Luther, c'est de la télé.

— C'est un risque parce que c'est différent. C'est un excellent rôle. Il s'agit d'un personnage complexe, magnifiquement écrit. C'est le genre de risque que tu devrais prendre, à mon avis, plutôt que d'enchaîner les films d'action et les comédies romantiques.

Luther dit quelque chose que je n'entends pas. Marisa sort de la salle de bains, et je me lève pour la raccompagner à la porte. Alors que je marche à côté d'elle, je vois qu'elle a un énorme bouton de moustique sur l'épaule. Je me demande comment j'ai pu ne pas le remarquer plus tôt.

— Tu as été à Rome récemment, Marisa ?

Elle a l'air très étonnée, presque choquée.

— Comment le sais-tu ? demande-t-elle.

— Je… je me posais la question, c'est tout. Je sais que Sam y est allé récemment.

Elle soupire.

— Il ne devait en parler à personne. Il ne faut pas que Federico l'apprenne. Tu me le promets ?

Elle prend ma main et me supplie du regard. Elle semble vraiment inquiète. Mon Dieu, a-t-elle peur de lui ? Si c'est le cas, c'est affreux.

— Promis, dis-je, me sentant coupable. Je suis désolée. Je ne dirai rien.

— Merci, *bella*. Tu es une véritable amie. *Ciao*.

Elle m'embrasse de nouveau et s'en va.

Je retourne m'asseoir devant l'ordinateur, qui imprime toujours. Et voilà. Sam était à Rome avec son ex magnifique, que je ne savais pas être son ex il y a une heure. Et quelle que soit la raison de leur voyage, même si c'était complètement innocent, ce dont je doute, il m'a menti à ce sujet. Il m'a menti, après que nous avons couché ensemble et passé des moments idylliques ensemble.

Je commence à douter de tout ce qu'il m'a dit. Est-il vraiment allé à Londres ? A-t-il tout inventé sur cette promenade le long du fleuve, quand il m'a raconté qu'il avait regardé sur une carte où se trouvait mon bureau ? Soudain, il me vient une vision de lui et de Marisa à Rome, dans un dîner très chic plein de personnes travaillant dans le cinéma, parlant affaires dans un mélange d'italien et d'anglais, elle dans une superbe robe de soirée, la main de Sam sur son bras. Ou passant devant le Colisée, main dans la main… regagnant leur chambre d'hôtel tard dans la soirée, elle portant la veste de Sam sur ses épaules… Oh, mon Dieu, je me sens tellement bête !

J'attends que le manuscrit soit imprimé et je l'emporte dans ma chambre pour finir de le lire. Il y règne un bazar incroyable, presque comme dans celle d'Annabelle, avec moins de vêtements et de produits coûteux. Mes tiroirs sont encore ouverts après que je les ai fouillés comme une gamine surexcitée quand je me suis préparée pour ma sortie avec Sam. Je ne peux pas y penser : c'est trop douloureux. J'inspire profondément et décide de me concentrer, comme j'aurais dû le faire depuis le début, sur mon travail.

J'ai lu environ trois chapitres quand le téléphone sonne. C'est Olivia.

— Bonsoir, Olivia, dis-je de ma plus petite voix, la moins offensive possible.

— J'ai fini de lire le premier jet de Brian, annonce-t-elle simplement.

Je ferme les yeux et croise les doigts.

— Dans l'ensemble, ça se tient.

Alléluia ! Dans le langage d'Olivia, c'est presque synonyme de prix Nobel de littérature. M'accorde-t-elle sa grâce ? Va-t-elle dire que je suis pardonnée ?

— Il y a juste une chose, reprend-elle. Je suis déçue qu'il n'y ait rien de plus sur l'épisode où il a disparu pendant un an. Qui, comme vous le savez, est l'un des sujets que nous voulions qu'il aborde dans le contrat.

OK. J'ai saisi.

— C'est juste décevant qu'il n'ait rien fait d'autre que de rester assis sur la plage. Vous êtes sûre qu'il n'y a rien d'autre là-dessous ?

Oh, mon Dieu ! C'est une question simple, et pourtant terrifiante. Je sens que ma main qui agrippe le téléphone devient moite.

— Voyez-vous, continue-t-elle, je ne pense pas qu'on puisse se fier à lui pour qu'il nous raconte tout. Et, maintenant, je ne sais pas non plus si je peux me fier à vous.

— Je sais, marmonné-je. Mais… c'est tout ce qu'il a dit… pour l'instant.

— Je n'en suis pas convaincue. Je pense qu'il y a autre chose, et, si votre futur avec nous compte pour vous, vous allez faire en sorte de découvrir quoi.

Et elle raccroche.

Je pensais avoir été effrayée auparavant. Je pensais m'être inquiétée pour mon travail. Mais je n'ai jamais ressenti une telle terreur. Nous y sommes. Si je ne raconte pas à Olivia ce que Luther m'a confié, je pourrai me faire renvoyer.

J'aurais dû tout lui dire. Il a tenu ces propos pendant une interview ; il n'y a donc aucune raison de ne pas l'intégrer dans le livre, si Luther est d'accord. D'ailleurs, on pourrait plutôt me reprocher de laisser ça en dehors du livre. Si Olivia apprend un jour que Luther m'a raconté ça et que je le lui ai caché, elle ne se contentera pas de me renvoyer. Elle me tuera.

Mais quelles seraient les conséquences sur la carrière de Luther ? Serait-il bon pour lui que ce soit imprimé à jamais, noir sur blanc ? Je me souviens, mal à l'aise, d'avoir pensé qu'il avait plus besoin de consulter un psy que d'écrire un livre.

Eh bien, ce n'est pas ma responsabilité. Si Luther ne veut pas de ça dans le livre, il n'aura qu'à le dire. Je n'ai pas à le protéger. Je dois sauver ma place. Je me dirige vers le bureau et retrouve la cassette où Luther a parlé de cette affaire sordide, et je commence à taper. Cela ne me prend pas longtemps. Quand j'ai terminé, je l'imprime pour pouvoir le montrer à Luther, puis je l'attache à un mail adressé à Brian et à Olivia. Mon curseur hésite sur le bouton « Envoyer ». Étrange : rien qu'en appuyant dessus, je peux influer sur la carrière de Luther. Et sur la mienne. Et sur celle de Sam.

Est-ce que je suis capable de faire ça ? Suis-je vraiment prête à ruiner la carrière de Luther pour sauver la mienne ? Je dramatise sûrement. La vie de Luther ne serait pas ruinée. De toute manière, je n'ai pas le choix. Je m'apprête à cliquer quand on frappe à ma porte.

— Alice ?

C'est Sam. Je ne réponds pas.

— Alice ? Je sais que tu es là.

Il toque de nouveau. Quelques minutes plus tard, je l'entends s'éloigner. J'enfouis mon visage entre mes mains. Cette journée a été trop éprouvante. Je ne vais pas envoyer ce mail ; je le ferai demain.

Chapitre 29

Je suis réveillée par d'autres coups à ma porte. Je regarde ma montre. Il est 7 h 15. Qui est-ce cette fois, et qu'est-ce qu'on me veut ? J'ai hâte de retrouver mon lit et de ne plus être de service vingt-quatre heures sur vingt-quatre.

— Qu'est-ce que c'est ? demandé-je d'une voix hésitante.

— C'est moi.

C'est encore Sam. Je vais ouvrir la porte, pleine d'espoir malgré moi. Va-t-il me dire que toute cette histoire avec Marisa était une erreur ? Il ne s'est pas encore rasé et porte son maillot de bain, une serviette sur l'épaule, ce qui me déconcentre.

— Dominique arrive, dit-il.

— Comment ça, elle arrive ? demandé-je bêtement en regardant derrière lui, comme si elle risquait d'apparaître dans le couloir.

— Je veux dire qu'elle est en route. Son manager m'a appelé, tard hier soir.

Alors c'est pour ça qu'il a frappé à ma porte. Ce n'était pas du tout pour me parler.

— Pourquoi vient-elle en personne ? demandé-je, sachant que je parle d'un ton cassant.

— Je n'en ai aucune idée.

— Bon, et quand est-ce qu'elle arrive ?

— Ce matin. Elle a quelques exigences.

— Par exemple ?

— Un héliport. Le manuscrit imprimé en triple exemplaire sur du papier couleur crème. Des cigarettes mentholées, et cinq litres d'eau Fiji.

— Très drôle.

— Je ne plaisante pas. Tu sais, ce n'est pas grand-chose pour elle.

— Non ?

— Non. Tu as de la chance.

Il ne sourit pas.

— On fera de notre mieux, dis-je. A-t-elle précisé quelle marque de cigarettes mentholées elle voulait ? Qu'est-ce que je raconte, c'est déjà bien assez dingue comme ça.

Je m'apprête à me détourner quand il pose la main sur mon bras.

— Alice, est-ce que j'ai fait ou dit quelque chose qui t'a contrariée ?

— Non, bien sûr que non.

— Alors pourquoi es-tu aussi bizarre avec moi ? (Il regarde autour de nous et continue à voix basse.) Hier… j'ai vraiment passé un très bon moment avec toi, et je pensais que c'était réciproque.

J'envisage de lui dire que je suis au courant pour lui et Marisa, pour voir s'il pourrait s'expliquer. Mais qu'y a-t-il à expliquer ? Même s'il existe une raison purement professionnelle à leur voyage à Rome, le fait est qu'il m'a menti ; il ne m'a pas dit qu'elle était son ex avant que je lui pose la question, et, de toute façon, nous ne pourrons jamais être ensemble. Toute cette histoire avec Sam n'était qu'un fantasme, comme mon faible pour Luther.

— C'est à cause de Marisa et moi ? demande-t-il, comme s'il lisait dans mes pensées. Écoute, ça remonte à longtemps, et je n'y peux rien si je suis sorti avec d'autres personnes dans le passé.

Comment ose-t-il se montrer aussi condescendant ? Pas question que je lui dise pourquoi je suis bouleversée.

— Non, ça n'a rien à voir avec ça. On a effectivement passé un bon moment. Je suis désolée si je te parais préoccupée, mais je suis ici pour faire mon travail et je ne peux pas me permettre de me laisser distraire.

Il recule.

— Très bien, dit-il sèchement, visiblement contrarié. Compris.

Et il s'éloigne dans le couloir. En le regardant partir, je me sens blessée, mais aussi en colère, et, bizarrement, cela me fait du bien. C'est tellement mieux que de seulement se sentir blessée.

Le reste de la matinée me fait penser en partie à une chasse au trésor, en partie à ces contes de fées où la fille doit transformer une grange pleine de foin en or, ou un truc du genre. Pendant que Luther dort, nous courons partout comme des fous. Maria Santa nous sert le petit déjeuner à la vitesse de la lumière et s'agite en tous sens pour que tout soit encore plus impeccable. Sam estime que le mieux est de faire atterrir l'hélicoptère sur la plage, et il va se renseigner sur les marées pour voir de combien de temps nous disposons. Je ne sais pas quoi faire au sujet des manuscrits. Il y a un ordinateur et une imprimante dans la maison, mais ils sont très lents. Je ravale ma fierté et appelle Marisa, m'en remettant à sa merci.

Comme je le savais, elle trouve une solution. Elle dit que sa cousine tient une papeterie et que Federico a une imprimante dans son bureau, où elle pourra tirer les trois exemplaires. Elle peut avoir le papier à 9 heures et nous apporter les épreuves pour 10 heures. Elle achètera aussi des cigarettes mentholées, détail qui, au passage, a fait baisser Dominique dans mon estime. C'est ce qu'on fumait au lycée… Comment peut-elle encore en être là ?

L'eau est l'élément le plus difficile à se procurer. J'ai regardé sur Internet, en vain, s'il y avait des fournisseurs en Italie. Je demande à Marisa, qui n'en a jamais entendu parler.

— Je ne pense pas que tu en trouveras en Italie, dit-elle, dubitative. Peut-être à Milan, mais…

Je me surprends à réfléchir à la façon de faire parvenir de l'eau depuis Milan ce matin… Par FedEx ? Un service de conciergerie ? Mais alors je change d'avis.

— Oublie ça, dis-je. On n'arrivera pas à en trouver, et c'est tout. Achetons juste de la San Pellegrino.

Quand Luther apprend que Dominique va venir, il devient très calme, mais je vois bien qu'il est excité, et nerveux. Il ne s'implique pas dans l'agitation ambiante pour tout organiser, se contentant de faire les cent pas sur la terrasse. J'ai de la peine pour lui. Et je suis aussi nerveuse, mais pour des raisons différentes. Si elle vient pour un bras de fer, si elle a décidé de ne pas coopérer, alors nous allons avoir de gros ennuis.

Je me suis rendu compte qu'il était inutile d'envoyer quoi que ce soit à Olivia ou à Brian tant que nous ne saurons pas ce que Dominique va dire. Mais, en attendant, j'imprime la page que j'ai écrite sur l'histoire d'Hawaii – le Hawaiigate, comme je l'ai baptisée – et la donne à Luther pour qu'il la montre à Dominique. S'il est d'accord avec ça et si elle n'y voit pas d'objection, je l'enverrai aux autres.

— Tu es sûr que ça ne te dérange pas qu'on mette ça dans le livre ? lui demandé-je.

— Pas du tout. Et c'est bien que je puisse lui montrer ça maintenant.

Je hoche la tête, mal à l'aise.

Vers 10 h 30, nous apercevons l'hélicoptère. Il fait du surplace pendant une éternité, puis il commence à descendre vers la plage.

— Comment vont-ils pouvoir atterrir là ? demandé-je.

— C'est plat, il n'y a pas de rochers, et la marée ne montera pas jusque-là avant huit bonnes heures, répond Sam, même si je ne m'adressais pas à lui. C'est totalement illégal, mais ça devrait aller. Ils vont voler jusqu'à une hélistation à l'intérieur des terres après l'avoir déposée.

Je me demande comment Dominique va rejoindre la maison. Va-t-elle accepter de monter la cinquantaine de marches ? Je suppose qu'elle pourrait considérer ça comme une partie de son exercice quotidien, qui doit être franchement épuisant, à en juger par sa silhouette fine. Ou se fera-t-elle porter sur une civière, ou quelque chose comme ça ?

Marisa, Sam et moi regardons depuis le bord de la terrasse. Luther est descendu sur la plage. Nous n'entendons rien à cause du bruit, mais nous voyons sortir six personnes, dont une arborant de longs cheveux bruns qui ressemblent fortement à ceux de Dominique. Nous la voyons embrasser Luther très formellement, sur les deux joues, sans ôter ses lunettes de soleil. Ils restent tous là quelques minutes, à discuter, sans doute, puis se dirigent lentement vers la maison.

— On dirait une visite diplomatique, dis-je.

— C'est exactement ce que c'est, dit Sam.

Quelques minutes plus tard, Dominique et son entourage, plus Luther, émergent sur la terrasse. Elle est exactement comme sur ses photos : impeccable. La seule surprise, c'est qu'elle est minuscule : on dirait une enfant. Elle porte un pantalon cargo en coton et un débardeur blanc tout simple, et ses longs cheveux ondulés tombent en cascade dans son dos. Son entourage se compose d'hommes et de femmes, tous chargés de sacs et d'écritoires à pinces. Néanmoins, il est difficile de regarder autre chose qu'elle. Son expression semble complètement neutre, mais c'est peut-être à cause des lunettes noires.

Je me sens vraiment nerveuse. De toutes les personnes célèbres que j'ai rencontrées, elle est sans aucun doute la plus connue. Mais « rencontrer » est-il le mot juste ? Je ne sais même pas si je vais faire sa connaissance. Marisa et Maria Santa se sont éclipsées, mais Luther la présente à Sam. Ce dernier semble connaître une personne qui se tient aux côtés de la star, et il la salue, ainsi que Dominique, très aimablement. Dominique lui tend la main, et il la serre.

— Et voici mon éditrice, Alice, dit ensuite Luther.

Son visage se tourne dans ma direction, mais il est difficile de savoir si elle me voit. Peut-être possède-t-elle une sorte de vision spéciale qui lui permet de ne voir que les gens importants. Elle effectue un infime hochement de tête, puis elle dit quelque chose à un membre de son entourage, qui transmet à Luther.

— Je vous en prie, dit ce dernier, venez vous asseoir.

Et il les précède jusqu'à la table sous la marquise. Je décide de ne pas me joindre à eux et de rester là, debout. Et, bizarrement, cette position me convient. Je me sens excitée et privilégiée de l'avoir vue. Je suppose que c'est l'effet de son statut de vedette. Marisa apparaît près de moi.

— Comment était-elle ? murmure-t-elle.

— Magnifique.

Ensemble, nous regardons comment sont accueillis les rafraîchissements de Maria Santa. Elle a apporté la grande carafe en verre remplie d'eau, et Luther et Sam expliquent que, même s'il était impossible de trouver de l'eau Fiji, nous avons de l'eau minérale fraîche et de l'eau de source sicilienne naturellement gazeuse que nous avons versée dans des bouteilles en verre traditionnelles. Seules Marisa et moi savons qu'il s'agit en réalité de San Pellegrino. Il y a une pause atroce, puis ils semblent l'accepter.

Au bout de quelques minutes, nous nous rendons compte que nous sommes plantées là comme des idiotes, et nous décidons de rentrer. Une fois à l'intérieur, nous échangeons un regard et nous mettons à rire, mais nous réussissons à rester discrètes.

— C'est excitant, hein ? dit Marisa à voix basse. C'est comme une visite de la famille royale.

— Ou d'extraterrestres.

Nous gloussons toutes les deux, mais sans trop nous faire remarquer.

Je commence à retravailler le livre, et Marisa fait une patience. Je ne ressens plus tout à fait la même chose envers elle, mais je suis contente qu'elle soit là ; plus nombreux nous sommes, mieux c'est, au cas où une requête spéciale arriverait soudain de la terrasse. Nous serions mieux au bord de la piscine, mais nous savons toutes les deux, sans en discuter, que nous devons rester à l'écart pour l'instant. Après environ vingt minutes, Sam entre.

— Elle veut le lire, dit-il.

Les manuscrits attendent sur une table basse. Je les lui tends.

— Comment ça se passe ?

— Difficile à dire, mais au moins elle tient à lire le livre.

Il retourne dehors et donne les manuscrits à une des personnes qui, sous mes yeux incrédules, les transmet à quelqu'un d'autre, qui en prend deux exemplaires et en confie un à Dominique. Puis ils se retirent tous, laissant Luther seul avec Dominique. Ils parlent encore quelques minutes tous les deux puis lui se lève, et s'en va presque cérémonieusement, semble-t-il, sans lui tourner le dos. On se croirait dans un film d'arts martiaux.

Dominique change de position pour s'asseoir en tailleur, dos à la terrasse, le manuscrit posé en une pile très nette devant elle. Au bout d'une minute, elle tourne soigneusement une page. Je n'ai jamais vu personne assis avec le dos aussi droit, et je me rappelle avoir lu qu'elle avait suivi une formation de danseuse classique. De temps en temps, elle prend des notes dans un carnet. Marisa et moi l'observons jusqu'à ce que cela devienne ridicule, et nous reprenons notre travail. Cependant, je ne peux pas m'empêcher de régulièrement me lever et d'aller jeter un coup d'œil à Dominique, toujours assise parfaitement droite, une cigarette se consumant dans un cendrier à côté d'elle. Luther est assis près d'elle, perché au bord de sa chaise, et il la regarde.

Vers 13 heures, Luther vient nous voir.

— Comment ça se passe ? lui demandons-nous.

Il hausse les épaules.

— Je n'en sais rien. Elle lit toujours. Elle n'a encore rien dit.

— Tu n'arrives pas du tout à jauger sa réaction ? demandé-je.

— Non. Elle a un visage impassible, genre joueuse de poker, dit-il, admiratif.

— On devrait manger, dit Marisa. Luther, tu veux bien lui proposer quelque chose ?

— Je lui ai déjà demandé. Elle n'a pas faim.

— Mais, et tous ses autres… gens ? renchéris-je.

— Ils ne mangent pas si elle ne mange pas.

— Mon Dieu, dit Sam, qui vient de nous rejoindre. Bon, installons-nous dans la cuisine.

C'est ce que nous faisons. Maria Santa nous laisse piller le frigo à la recherche de tomates cerises, de mozzarella, de jambon sec et d'olives, que nous mangeons avec des tranches de pain trempé dans de l'huile d'olive et du sel. En regardant Luther engloutir son déjeuner, je me rends compte à quel point il est facile à vivre. Bien sûr, il est égocentrique, mais en comparaison de Dominique, c'est Monsieur Tout-le-Monde.

— Quelqu'un a des nouvelles d'Annabelle ? demande Marisa. Elle est toujours avec son petit copain ?

— Oh oui, dit Luther. J'avais presque oublié. Elle m'a envoyé un message hier. Je la rappellerai quand Dom sera partie.

Après le déjeuner, Marisa va à la plage, et je continue à travailler sur le texte. C'est assez consternant de voir la place qu'occupe Dominique dans ce livre ; si ça ne lui plaît pas, nous pourrions en perdre une grande partie.

Si elle fait beaucoup de changements, d'un autre côté, ça pourrait devenir terriblement fade.

— C'est un gros soupir, dit Sam en entrant.

— Désolée, dis-je, gênée. Je ne me suis pas rendu compte que je soupirais.

— Tu veux que j'aille la voir, pour tâter le terrain ?

C'est extrêmement gentil de sa part.

— Tu es sûr ? demandé-je, hésitante.

— Oui. Et tu peux me l'imprimer aussi ? Je vais commencer à le lire.

Je le regarde. Il n'a pas l'air très aimable, mais il est manifestement sincère. Et je me rends compte que, quels que soient ses sentiments pour moi, ou quoi qu'il se soit passé entre nous, il tiendra la promesse qu'il m'a faite.

— Merci, dis-je.

J'imprime un exemplaire, et il commence à le lire à mesure qu'il sort de l'imprimante.

Nous continuons à travailler pendant tout le reste de l'après-midi et du début de soirée. De temps en temps, je jette des regards furtifs à Sam, et je me demande si j'ai commis une énorme erreur. Quand je pense à sa manière de se comporter avec moi l'autre nuit, et à la journée que nous avons passée ensemble, j'ai du mal à croire qu'il ait pu avoir une histoire avec Marisa en même temps. Mais j'en reviens toujours au même point : pourquoi a-t-il menti quand je lui ai demandé s'il était allé à Rome avec elle ? Et quelque chose d'autre me préoccupe : pourquoi ne m'a-t-elle jamais dit qu'ils étaient sortis ensemble ? Nous avons parlé de tout, alors pourquoi pas de ça, à moins qu'il n'y ait quelque chose qu'elle ne voulait pas que je sache ?

Peut-être n'ont-ils pas une véritable liaison, mais quelque chose de plus compliqué. Peut-être a-t-il prévu de l'épouser pour qu'elle puisse avoir un visa et travailler aux États-Unis, ou un truc comme ça. Ou alors… les Américains sortent toujours avec plusieurs personnes en même temps, non ? Peut-être qu'il trouve ça normal de nous fréquenter toutes les deux en même temps et que, si je lui pose la question, il me trouvera stupide, pas très moderne, et possessive…

Cette pensée est trop horrible, alors je décide de la chasser de mon esprit et j'essaie de me concentrer sur le livre de Luther. Dans l'ensemble, je suis vraiment satisfaite. Je prends des notes au fur et à mesure, mais à part mettre en valeur certains passages dramatiques et procéder à quelques coupes çà et là, il n'y a pas grand-chose à changer.

Si ce n'est, évidemment, qu'il faut ajouter l'histoire du producteur, la vérité sur ce qui s'est passé à Hawaii. J'ouvre ma boîte mail et retrouve le brouillon prêt à être envoyé à Brian et à Olivia. Je commence à taper un message explicatif.

« Je viens de découvrir ceci… » C'est un mensonge, mais bon. « C'est un sujet délicat pour Luther, mais je sais que je peux le convaincre de l'inclure dans sa biographie. C'est un tel traumatisme que nous allons devoir changer la seconde partie de manière importante et nous y référer régulièrement, puis donner l'impression que L s'en est "remis". Il y a des questions juridiques, mais nous devrions pouvoir les résoudre, d'autant plus que le producteur est mort. »

Je m'arrête et relis ce que je viens de taper. Ai-je vraiment écrit ça ? C'est tellement minable et déprimant. Cela prendra trop de place dans le livre ; tout le monde ne parlera que de ça. Et, pendant tout le reste de sa carrière, ce sera l'épisode sur Luther dont les gens se souviendront. « Ah oui, c'est le type qui a eu une promotion canapé. » Est-ce ce que nous voulons ?

Pourquoi Luther m'en a-t-il parlé ? Peut-être voulait-il simplement se confier à quelqu'un, mais ce n'est pas la même chose que de s'épancher auprès du monde entier. Personnellement, je pense qu'il a été fou de m'en parler. Mais il me fait confiance, et il mettrait ce passage dans le livre sans problème. Oh, mon Dieu ! Ce n'est pas pour ça que j'ai voulu travailler dans l'édition. Je voulais travailler avec les auteurs et les aider à raconter des histoires géniales. Je ne voulais pas exploiter des gens et mettre leur carrière en péril. J'étais fière de ce livre. Je ne le serai plus, si j'agis comme ça. Soudain, une pensée horrible me traverse l'esprit : si je le fais, suis-je vraiment différente des gens qui lui ont fait ça ?

Je ne peux pas. Je ne vais pas intégrer cette histoire dans le livre, et je ne raconterai pas à Olivia ce qui s'est passé. Il ne s'agit pas de mon secret. Si Olivia apprend un jour que Luther m'en a parlé et que je le lui ai caché, elle me mettra à la porte, mais je ne peux tout simplement pas faire ça. J'efface le message. Puis je cherche le fichier de notre dernier entretien, que j'ai tapé et donné à Luther, je le supprime, puis je vide la corbeille. Il a disparu. Et j'ai l'impression que ma conscience est libérée d'un poids énorme.

J'ai à peine remarqué qu'il commençait à faire sombre quand Sam se lève et allume la lumière.

— Mon Dieu. Ils sont toujours dehors ? Je les avais presque oubliés.

— Ils s'en vont, dit-il. Allons les saluer.

Dehors, l'entourage de Dominique est debout, et Dominique et Luther sont un peu à l'écart. Il tient des notes, qui doivent être celles de Dominique. Nous serrons les mains de tous ces gens, puis ils descendent les marches. Dominique et Luther restent en arrière et se disent au revoir un peu plus haut. En les regardant là, au bord de la terrasse, dans la semi-obscurité, la dernière lueur du soleil derrière eux, je me dis que ce serait une scène fabuleuse pour un paparazzi passant par là. Mais, même si quelqu'un les prenait en photo, personne ne pourrait savoir ce qu'ils se disent.

Elle s'en va, et Luther revient lentement vers nous, regardant le tas de papiers dans sa main.

— Comment ça s'est passé ? demandé-je.

— Bien. Doux-amer, tu sais.

— Et elle a aimé le livre ?

Il hoche lentement la tête.

— Oui, vraiment, dit-il en agitant les feuilles. Elle veut qu'on change six pages.

— Six pages, c'est tout ?

— Oui, elle s'inquiète d'un passage où je parle d'un ami à nous, et il y a quelques autres détails qu'elle voulait changer. Mais elle est OK pour la plupart des choses que j'ai dites sur elle et moi. Elle espère même que cela aidera des gens qui vivent des expériences similaires.

C'est incroyable. Je ressens un respect nouveau pour elle : quelle star ! Soudain, le bruit de l'hélicoptère se fait entendre. C'est assourdissant, et le vent rabat nos vêtements contre nous. Nous regardons l'appareil qui s'élève de plus en plus haut au-dessus de nous.

Je prends les pages des mains de Luther et les examine en les serrant bien fort ; ce serait trop tragique si le vent les emportait. Ses modifications sont écrites dans un style net avec des caractères minuscules, et il semble s'agir principalement de blabla psychologique : des commentaires bizarres sur le besoin d'apprendre et de grandir, sur l'acceptation et le changement, et d'autres trucs qui vont paraître vraiment étranges, mêlés aux anecdotes de mauvais garçon de Luther. Mais je m'en fiche.

— Ça m'a l'air super, dis-je. Je n'arrive pas à croire qu'elle soit venue jusqu'ici et qu'elle ait tout fait en une journée. Luther, tu sais ce que ça veut dire ? On a fini le livre !

Je suis tellement excitée que je saute presque sur place, et Luther se moque de moi.

Nous allons chercher une bouteille de champagne et l'ouvrons sur la terrasse, pendant que Maria Santa prépare le dîner. Je me rappelle la dernière fois que quelqu'un a apporté du champagne sur la terrasse : Luther, quand il a essayé de me séduire après la boîte de nuit. Je n'en reviens pas qu'après tout ce qui s'est passé, tous les désastres et les détours, nous ayons finalement un livre publiable.

— C'est tellement agréable, dis-je à Luther. Tu peux être fier de toi. Tu es content ?

— Ouais. Ouais, vraiment. J'ai l'impression d'avoir appris et grandi, tu vois ?

Visiblement, il se moque. À moins que... Comme toujours avec lui, je n'en suis pas vraiment sûre, mais il a l'air très content.

Je décide d'aller prévenir Olivia que Dominique a validé le livre. Je viens d'ouvrir ma boîte mail quand Sam apparaît.

— Qu'est-ce que c'est que ça ? aboie-t-il.

— Qu'est-ce que c'est que quoi ?

Mais je le vois. Il tient une feuille de papier. Au ralenti, je me rends compte, horrifiée, que Luther lui a raconté l'histoire du producteur. Et lui a montré la page.

— Sam, je peux t'expliquer, dis-je, me rendant compte que j'emploie des clichés. J'ai changé d'avis. Je ne pense pas qu'on devrait l'intégrer dans le livre.

— Oh, bien sûr que tu as changé d'avis, juste après avoir demandé à Luther de montrer ça à son ex-femme. Comment as-tu pu faire ça ? Il te faisait confiance. Comment as-tu pu l'encourager à révéler une histoire aussi minable, aussi merdique ? Tu n'as pas pensé aux conséquences que cela pourrait avoir sur lui, sur sa carrière ? Je suis content qu'il ait décidé de ne pas montrer ça à Dominique.

— Mais j'ai tout supprimé ! Honnêtement. Tu peux vérifier sur mon ordinateur.

Je tourne l'ordinateur portable vers lui, les mains tremblantes.

— Je ne te crois pas. Mais je comprends, maintenant. Il y a la version que tu m'as donnée, et celle que vous allez vraiment publier. Eh bien, tu peux faire ton sale boulot à partir de maintenant.

— Alors… alors tu vas annuler le livre ? demandé-je, désespérée.

Il rit.

— Bien sûr, il n'y a que ça qui compte : le livre. Ne t'en fais pas, Luther veut toujours qu'il soit publié. Mais ne crois pas que tu vas y intégrer ce ragot sordide.

— Attends, Sam ! Tu ne comprends pas. Je risque de perdre mon travail…

— Laisse tomber, Alice. Je sais qu'on te met la pression pour que tu trouves des saletés sur Luther. Va juste chercher ailleurs, OK ?

— Sam, s'il te plaît. Je peux t'expliquer.

— Ce n'est vraiment pas la peine. Luther a changé d'avis au sujet de la télé ; il veut le faire. On prend l'avion demain. Tu as ton livre ; on en a terminé ici.

Et il part saluer Federico et Marisa, qui viennent d'arriver. Je ne peux pas parler ; je ne peux même pas pleurer. Je l'ai perdu.

Au dîner, tout le monde est d'humeur festive. Federico raconte comment son imprimante n'arrêtait pas de se bloquer, et Marisa explique comment elle a récupéré le papier, et que sa cousine voulait l'autographe de Dominique. Luther aussi est en grande forme, et il invente plein d'anecdotes scandaleuses qu'il prétend avoir mises dans le livre. Le champagne s'écoule étonnamment vite, et Luther en demande immédiatement une autre bouteille, et encore une autre. Je me concentre simplement pour découper ma nourriture et faire semblant de manger pour que personne ne me pose de questions. J'ai déjà réservé mon vol et j'ai envoyé un mail à Olivia pour lui dire que Dominique avait validé le manuscrit et que je n'avais rien appris d'autre sur Hawaii. Maintenant, je veux rentrer chez moi.

Les autres parlent de *Vacances romaines*. À la fin de l'original, la princesse et le journaliste partent chacun de leur côté parce qu'ils appartiennent à des mondes différents. Dans le remake de Luther, elle laisse le trône à son petit frère, et ils s'éloignent ensemble dans le soleil couchant. Ça m'a l'air affreux. Bien sûr, je ne l'ai pas dit à Luther, mais Marisa, qui peut se permettre de lui dire plus de choses que nous, lui confie qu'ils auraient dû garder la fin telle quelle.

— C'était plus romantique, dit-elle. Ah, la scène de la conférence de presse, à la fin..., c'est magnifique.

— C'est déprimant, dit Luther, irrité. La nôtre est plus joyeuse.

— Mais moins vraie, rétorque Marisa, avant de se tourner vers Sam. Qu'en penses-tu ? C'était plus beau avant, non ?

Sam se contente d'un commentaire bateau et dit qu'il est impatient de voir la version de Luther. Si je n'avais pas fait cette chose horrible avec l'histoire du producteur, il m'aurait peut-être regardée et dit quelque chose de significatif, par exemple que la princesse aurait dû finir avec le journaliste, ou une histoire de ce genre. J'aurais acquiescé, et nous nous serions éloignés ensemble au soleil couchant. Mais il ne me parle pas, ne me regarde même pas. À le voir assis à côté de Marisa, je me rends compte qu'il ne reste aucun espoir. Il y a probablement quelque chose entre eux. Et, même s'il n'y avait rien, il me déteste maintenant.

À 1 heure, Marisa et Federico sont toujours là, ravis de leur soirée, et Luther est bien parti pour faire la fête. Lorsqu'il essaie pour la dixième fois de remplir mon verre, je fais mine de partir, prétextant que je suis fatiguée et que je dois préparer mes bagages.

— Non ! proteste Luther quand je me lève. Déloyauté envers la fête !

Le mot « déloyauté » me fait rougir.

— Mon vol est à 11 heures, murmuré-je.

— Je suis désolée de ne pas pouvoir te conduire à l'aéroport, dit Marisa. J'ai des choses à faire. Sam, tu pourrais l'emmener ?

— Je n'aurai pas le temps, répond-il sèchement.

Marisa a l'air surprise.

— Hé, allez, mec ! dit Luther, à ma grande surprise. Elle a travaillé dur. Conduis-la à l'aéroport.

Cette gentillesse subite, après ce que je m'apprêtais à lui faire, a raison de moi ; je sens que les larmes me montent aux yeux, et j'ai une boule dans la gorge.

— Bon, d'accord, dit Sam brusquement.

Je file vers mon lit avant de m'effondrer complètement. Je suis tellement soulagée. Sam me déteste, mais je sais maintenant que, si je peux vraiment lui parler, je pourrai m'expliquer. En tout cas, je l'espère. Je m'endors en réfléchissant à la façon dont je vais formuler tout ça.

Chapitre 30

J'ai préparé mes bagages. Je suis prête. J'ai regardé sous le lit et dans tous les tiroirs, et je pars dans vingt minutes. Je laisse la robe en lin marron ici : j'aurais aimé la brûler cérémonieusement, mais je m'y suis prise un peu tard. Je me suis dit que Poppy pourrait porter le maillot de bain fluo, alors je l'emporte avec moi. Je viens de dire au revoir et merci à Maria Santa quand je vois Marisa sauter de sa voiture et courir vers la maison.

— Que se passe-t-il ? demande Sam, qui vient de sortir sur la terrasse avec Luther.

— Je viens de parler au téléphone avec Annabelle, dit Marisa. Elle avait l'air terrifiée. Elle est chez Nikos. Elle dit qu'ils se sont disputés et qu'il lui a vraiment fait peur. Elle veut que quelqu'un aille la chercher.

— Dis-lui de prendre un taxi, dit Luther.

— Est-ce qu'il l'a frappée ? demande Sam.

Elle secoue la tête.

— Je ne sais pas. On n'a pas eu le temps. Elle a dit qu'elle ne pouvait pas parler longtemps, alors j'ai promis qu'on allait venir la chercher. Sam, tu veux bien y aller, s'il te plaît ? Elle m'a expliqué où il habitait.

(Elle me regarde.) Oh, attends. J'avais oublié. Tu dois emmener Alice à l'aéroport.

— Non, je pense que je devrais aider Annabelle.

En entendant ça, je comprends que je l'ai perdu pour de bon.

— Mince, dit Luther. Je savais que j'aurais dû prendre mon flingue. Tant pis, je peux le combattre à mains nues. On va abattre ce Nikos.

— Doucement, Starsky. Tu ne viens pas. Oublie ça, dit Sam en entrant dans la maison.

— Qu'est-ce que tu racontes ? demande Luther en le suivant. Il te faut des renforts. Tu es un Mormon, bon sang. Qu'est-ce que tu vas faire, prêcher jusqu'à ce que ça le tue ? Tu as besoin de quelqu'un qui vient de la rue, comme moi.

— Non ! Ton attachée de presse me déteste suffisamment comme ça.

— Allez, *bella*, dit Marisa. Je vais te conduire à l'aéroport.

Je le savais. Je savais que cela arriverait. Même si Annabelle est en danger, ce dont je doute, son timing est pourri. Nous entrons dans la maison, où Sam met ses chaussures pendant que Luther s'entraîne à dégainer une arme imaginaire devant la glace.

— Hé, alors il faut se dire au revoir, dit Luther. Alice, ç'a été super.

Il me donne un petit coup de poing sur le bras, puis semble changer d'avis et me serre dans ses bras.

— Rentre bien. Embrasse la reine pour moi.

— Au revoir, Luther, dis-je, la gorge serrée.

Je me tourne vers Sam.

— Merci pour ton aide.

— Au revoir, répond-il sèchement, sans même lever les yeux.

Je m'éloigne rapidement, enfilant mes lunettes de soleil pour que personne ne voie mes yeux pleins de larmes.

Nous montons en voiture, et Marisa démarre. Luther sort et me fait coucou une seconde avant de rentrer. Alors que nous remontons l'allée, je comprends brusquement que tout est terminé. Je ne le reverrai jamais.

Quand Marisa me demande gentiment si tout va bien, c'est fatal. J'essaie de répondre, mais je pleure trop fort.

— Je… je suis désolée, dis-je entre deux hoquets. Ça… ça a été tellement intense.

Elle sourit, mais semble déconcertée.

— Je sais, mais… vous avez terminé le livre ! Quelle réussite !

Je me contente de secouer la tête.

— Pourquoi Sam est-il aussi bizarre avec toi ? demande-t-elle. Vous vous êtes disputés ?

J'inspire rapidement et bois un peu d'eau à ma bouteille. Il va falloir que je me reprenne, sinon ils ne me laisseront pas monter dans l'avion.

— On s'est juste disputés à cause du livre.

— Ah, dit-elle, pensive.

Puis elle change de sujet, et, durant le reste du trajet, aucune de nous ne mentionne Sam.

À l'aéroport, je la serre très fort dans mes bras, et je lui demande son adresse ; je vais lui envoyer du champagne, ou des fleurs, ou un éléphant.

— Voici mon adresse mail, dit-elle en l'écrivant. C'est mieux si tu me contactes comme ça dans un premier temps, parce que… je vais peut-être bientôt déménager.

Elle baisse les yeux en disant cela et rougit légèrement. Ça m'a l'air définitif. Elle doit quitter Federico pour Sam. Peut-être va-t-elle même s'installer à L.A. Ils feront un beau couple. J'inspire profondément, ne voulant pas lui montrer à quel point je suis bouleversée.

— Merci beaucoup pour tout, Marisa. Honnêtement, je n'aurais jamais pu faire ça sans toi.

— *Niente*, dit-elle.

« De rien. » Elle m'embrasse puis me fait coucou quand je passe les portes d'embarquement.

Dans l'avion, mes voisins n'arrêtent pas de me regarder. Je sais que je dois faire peur à voir, avec mes yeux rouges. Je me commande un gin tonic pour tenir le temps du vol. Il est servi dans un affreux sachet en plastique et coûte environ 5 euros. L'avion atterrit à Stansted à 14 h 30 : un endroit paumé à une heure creuse. Alors que je sors dans le terminal et vois tous les gens qu'on vient chercher, j'essaie de ne pas penser à Sam quand il est venu me récupérer à Catane-Fontanarossa.

Après la chaleur et la lumière de la Sicile, l'Angleterre est terriblement déprimante. Il pleut et il fait gris, l'une de ces journées d'été qui pourraient aussi bien se passer en mars ou en octobre. Je suis gelée dans ma veste à rayures et ma jupe bleu marine. L'un des distributeurs de billets est en panne, alors je fais la queue pendant un temps fou en attendant le bus pour la gare de Victoria. La file d'attente pour le bus fait un kilomètre de long. Des enfants pleurent derrière moi, et un homme se dispute avec le contrôleur juste devant moi. Plus je reste là, plus j'ai l'impression que tout ce qui s'est passé ces deux dernières semaines était un rêve.

Le trajet pour rentrer chez moi dure presque aussi longtemps que mon vol. Je dois traverser toute la ville en métro. Une fois à la maison, je laisse tomber mon sac dans l'entrée et je vais me servir un verre d'eau dans la cuisine. L'évier déborde de vaisselle sale. J'entends du football en arrière-fond. Martin, mon colocataire, entre dans la pièce, vêtu d'un maillot du Real de Madrid.

— Oh, salut, Alice. C'était comment l'Espagne ?

— C'était bien. Enfin, l'Italie, c'était bien.

— Cool.

Il sort une tête de laitue du frigo. Après l'avoir inspectée un moment, il en arrache une feuille, la couvre de beurre de cacahouète, la roule et commence à la manger.

— Euh, Ciara est là ?

— Non. Elle est sortie avec un type, je crois.

Il sort de la cuisine en laissant la porte du frigo ouverte. Je la ferme machinalement. Je devrais être contente que Ciara ait rencontré quelqu'un, mais, à cet instant, je me sens encore plus seule. Que faire maintenant ? Je pourrais me préparer une tasse de thé, appeler Ruth ou mes parents, faire ma lessive, regarder mes mails, mais je n'en ai pas l'énergie. Je prends mon sac et vais dans ma chambre, passant par le salon où Martin est avachi devant la télé. Tout est comme je l'ai laissé. Me revoilà ici, seule dans ma chambre avec mes DVD, à regarder mes carrés en carton. Ces deux dernières semaines – même pas deux semaines, en fait – sont terminées, et c'est le retour à la vie réelle.

Chapitre 31

Je dois vraiment me forcer à sortir de mon lit et à prendre une douche le lendemain matin. Je suis presque trop effrayée pour aller au travail en pensant au courroux qui va probablement s'abattre sur moi. Tout en m'habillant, j'essaie de trouver des raisons de me réjouir. Un : nous avons le livre de Luther. Deux : ils vont peut-être me pardonner maintenant que tout est arrangé. Trois… : je vais revoir Poppy. Il faudra faire avec.

Olivia est déjà à son bureau quand j'arrive. Elle est très pâle et encore plus mince que d'habitude ; sa robe Orla Kiely est un peu trop grande pour elle. Avec une pointe de culpabilité, je me rends compte que tout cela a dû être très stressant pour elle ; être à Londres, malade, alors que j'étais en liberté en Sicile. J'inspire profondément et frappe à sa porte.

— Bonjour, dis-je doucement.

Elle relève brièvement les yeux.

— Oh, vous êtes de retour.

Je lui ai rapporté des biscuits aux amandes, achetés à l'aéroport, comme l'huile d'olive de Poppy, en guise de cadeau de réconciliation, mais je me rends compte que c'est ridicule. Je m'apprête à m'éloigner quand elle dit :

— Alice, pourrez-vous venir me voir à midi ? Reprenez vos dossiers d'ici là.

— Bien sûr.

Bon, ça ne s'est pas trop mal passé. Je retourne à mon bureau, avec l'espoir que tout cela ne se terminera pas en catastrophe totale.

— Bonjour, Henry, dis-je à l'un des autres assistants alors que j'allume mon ordinateur.

— Oh, salut, dit-il d'un air évasif.

En temps normal, il s'arrêterait pour discuter, mais il décampe, retournant à son bureau.

C'est bizarre. En fait, l'atmosphère générale me paraît bizarre ; je sens que les gens m'évitent. Mais peut-être est-ce seulement mon imagination. C'est souvent comme ça quand on rentre de vacances : tout le monde s'intéresse à vous pendant cinq minutes, mais ils sont naturellement absorbés par leur propre vie. Poppy est contente de me voir, mais elle est en plein milieu d'un boulot cauchemardesque, alors elle me salue rapidement de la main et me dit qu'elle me verra plus tard.

À midi, Olivia passe la tête hors de son bureau.

— Alice ? Pouvez-vous venir, s'il vous plaît ?

J'entre dans son bureau, et je suis surprise d'y trouver quelqu'un que je reconnais vaguement. Elle a des cheveux châtains coupés au carré et des lunettes. Elle porte une jupe grise à fines rayures et un cardigan bleu. Et elle tient un dossier à la main.

— Voici Kim Lewis, des relations humaines, dit Olivia.

Je comprends alors que quelque chose de très grave va se produire.

— Alice, reprend Olivia, ça ne va être facile pour personne, alors je vais faire court. Nous avons eu un certain nombre de problèmes avec vous ces derniers temps, au sujet du livre de Luther Carson, et je crains qu'ils ne soient si sérieux que nous n'ayons pas d'autre choix que de mettre un terme à votre contrat chez nous.

— Quoi ?

Je ne comprends pas. L'espace d'un instant, je me demande s'ils vont me muter à un autre département, ou quelque chose comme ça.

— Vous êtes renvoyée, pour conduite non professionnelle, dit Kim.

Je suis renvoyée. Je savais que c'était possible, je l'avais imaginé, mais à présent ça se produit pour de vrai. Je n'arrive pas à le croire. Olivia jette un coup d'œil à Kim, qui s'éclaircit la voix.

— D'abord, il y a eu votre décision de renvoyer le nègre, entonne Kim d'un ton formel.

Détachée, je me surprends à remarquer qu'elle a un accent écossais très apaisant qui doit aider à amortir les mauvaises nouvelles. Je me demande si c'est pour ça qu'ils l'ont choisie.

— Je ne l'ai pas renvoyé, dis-je aussi poliment que possible. Je lui ai dit de rentrer travailler depuis chez lui…

— Oui, mais vous saviez que vous n'aviez pas l'autorité pour faire cela, dit Olivia. Et ensuite il y a eu l'incident avec la clause.

— Oublier la clause était une erreur, nous le savons, dit Kim d'une voix suave. (Je me demande si elles ont répété cette conversation ensemble.) Mais vous avez fait preuve de négligence en ne prévenant pas votre supérieure dès que vous l'avez su.

Elles me regardent toutes les deux comme si elles s'attendaient à ce que je dise quelque chose. Mais je ne trouve rien à répondre. J'ai l'impression d'être devant une pièce de théâtre, ou de regarder une sorte de numéro à deux, où ma participation n'est pas nécessaire. Je hoche simplement la tête pour les encourager à continuer.

— Ensuite, il y a eu cette photo, reprend Olivia.

C'est nouveau. Quelle photo ? Olivia se lève et va fouiller dans une de ses corbeilles métalliques. Elle en sort un magazine people, l'un de ces magazines bon marché à 1 livre sterling. Qu'est-ce que c'est que ça ? Luther a-t-il fait des bêtises ? Ou… quelqu'un m'a-t-il vue avec Sam ? À présent, j'ai vraiment peur. Mon cœur bat à tout rompre. Y a-t-il une photo de moi et de Sam en train de nous embrasser sur cette plage ?

Elle me la tend, ouverte à une page. Je n'en reviens pas. C'est moi et Luther, à la sortie d'une boîte de nuit. Il a le bras autour de mon cou, ses doigts sont positionnés de façon plutôt suggestive en direction de mon décolleté, et j'ai l'air complètement défoncée, avec un étrange sourire figé. Le commentaire dit que

Natasha Pullman est bouleversée, car Luther a été surpris en Sicile avec une « blonde mystérieuse ». Je me sens rougir.

— Un mail a aussi circulé après la parution de cette photo, continue Olivia. L'une de ces circulaires cancanières selon laquelle une certaine éditrice aurait été vue en train de batifoler avec son auteur célèbre, etc.

Kim jette un coup d'œil à Olivia. Je me demande si « batifoler » fait partie de son vocabulaire. Plus important encore : quelle est cette couverture médiatique ? Pourquoi personne ne m'en a-t-il parlé ? Est-ce qu'on en a parlé au 20 heures ?

— Ce mail était particulièrement perturbant, car il a été adressé à de nombreuses personnes dans les médias. Nous avons reçu de nombreux coups de téléphone à ce sujet, et Alasdair s'est donné beaucoup de mal pour étouffer cette histoire. Cela a donné une très mauvaise image de notre compagnie.

— C'est un comportement non professionnel, renchérit Kim. Cela n'est pas du tout conforme aux principes de notre entreprise. Cela détériore sa réputation, ajoute-t-elle, comme si je ne savais pas ce que « non professionnel » signifiait.

Je connais exactement le sens de ces termes. Ils font partie des pires mots que l'on puisse employer, non ?

Kim se met maintenant à parler en langage juridique, de consultations, de sécurité, de ceci et de cela.

— Avez-vous des questions ? demande-t-elle finalement, d'un ton apaisant.

— Euh...

À vrai dire, je n'en ai pas, mais je suppose que je ferais mieux d'en poser une.

— Quel est mon délai de préavis ?

Kim et Olivia échangent un regard.

— Vous serez payée jusqu'à la fin du mois, dit Kim. Néanmoins, il serait préférable que vous partiez dès demain.

— Il y a beaucoup de travail à redistribuer. Qui devrais-je…

— Laissez juste des instructions écrites, dit Olivia. Nous pouvons accéder à vos mails en cas d'urgence.

Je hoche la tête et me lève.

— Alice ? dit Kim.

Je me retourne. Elle brandit une boîte de Kleenex.

— Un mouchoir en papier ? demande-t-elle d'un ton sépulcral.

— Euh… non merci.

Je me retourne et sors du bureau. Je ne sais pas trop quoi faire, où aller ni comment me comporter. Tout le monde me regarde, et je comprends que des rumeurs ont circulé. Ils savent qu'il se passe quelque chose. Mais je n'arrive toujours pas à croire que j'ai été renvoyée.

Il y a de l'agitation de l'autre côté de la pièce. Tout le monde est attroupé autour du bureau de Claudine, et il y a des acclamations. Si je retourne à ma place, on aura l'impression que je boude, alors je m'approche aussi calmement que possible. D'abord, je pense que c'est son anniversaire, puis j'entends le mot « promotion ». C'est peut-être mon imagination, mais j'ai l'impression que tout le monde s'arrête et me dévisage quand j'arrive.

— Félicitations, Claudine, dis-je.

— Oh ! C'est notre star de cinéma ! dit Claudine en me prenant dans ses bras, geste qui me contrarie.

Puis elle se lance de nouveau dans son histoire et raconte à quel point elle est étonnée d'avoir enfin été promue éditrice. Je souris aussi sereinement que possible alors qu'elle continue à pérorer. Je remarque que je ne suis pas la seule : Henry, l'autre assistant du secteur Essais, la foudroie du regard. L'expression de Poppy ne trahit rien, mais elle me jette un coup d'œil et hausse un sourcil.

Je retourne rapidement à mon poste. Je m'assois et ouvre un nouveau document que j'appelle « Notes de passation ». Je le fixe du regard. Par où commencer ? Soudain, je change d'avis : je ne pars pas en vacances, je ne prends pas un congé sabbatique, je ne pars pas volontairement. Je viens de me faire renvoyer. Je ne veux pas leur écrire des notes.

Je me lève et laisse le document ouvert, le curseur clignotant. Je commence à rassembler mes affaires. Il y a tant de choses qu'il me faudrait des heures. Mais je ne veux pas rester ici pendant des heures. Je fourre mes ballerines dans mon sac en lin, et j'ajoute mes sticks à lèvres et quelques autres objets, quelques cartes d'auteurs, un livre ou deux, et c'est tout. Je suis navrée de devoir laisser ma plante verte, mais je ne veux pas attirer l'attention sur moi en l'emportant. En tout cas, je laisse l'affiche de Luther. Je n'adresse la parole à personne. Je me contente de sortir, ignorant les regards de tous et le murmure de conversations qui va crescendo derrière moi. J'aperçois un éclair de motif Orla Kiely en passant devant le bureau d'Olivia, mais je ne la regarde pas.

J'attends l'ascenseur quand j'entends claquer des talons derrière moi. C'est Poppy. Elle porte une combinaison pantalon en jean bleu et des talons aiguilles argentés ; elle semble tout droit sortie de *Top Gun*.

— Alice ? Où vas-tu ? Que s'est-il passé ?

— J'ai été virée, chuchoté-je.

— Tu as été quoi ? Pourquoi ? Pourquoi t'ont-ils renvoyée ?

En entendant l'inquiétude dans sa voix, je me remets à pleurer, pour la seconde fois en vingt-quatre heures.

— Viens, dit-elle en me poussant dans l'ascenseur. (Elle a même eu la présence d'esprit de prendre son sac avec elle.) On va aller boire un grand verre toutes les deux.

— Et ton travail ?

— Je suis en grève, dit-elle d'un air sombre.

Chapitre 32

Poppy suggère le *Dog and Duck*, mais on y croise toujours quelqu'un du bureau, alors nous allons au *Queen's Head*. Elle commande des doubles gin tonic et des burgers avec des frites, même si je ne suis pas capable de manger quoi que ce soit. J'insiste pour que nous nous asseyions dans le box le plus sombre ; je ne veux pas qu'un collègue nous aperçoive.

— Je n'arrive pas à croire qu'ils t'ont renvoyée, ne cesse-t-elle de répéter. Les salauds ! C'est tellement injuste.

Je parviens à me maîtriser, et je lui raconte tout ce qui s'est passé – mais seulement ce qui concerne le travail. Je ne peux pas lui parler de Sam ; c'est trop douloureux.

— Enfin, je savais que c'était une possibilité, depuis l'histoire de la clause, et de Brian, mais je n'étais pas au courant pour la photo, ou ce mail. Et toi ?

— Oui, dit-elle, mal à l'aise. J'ai vu la photo, et j'ai entendu quelqu'un parler de ce mail. Ce n'était qu'un de ces ragots qui circulent sur Internet. Tu sais bien que personne ne les prend au sérieux.

— Tu l'as encore ? Je peux le voir ?

Elle sort son iPhone et le trouve en quelques minutes.

« Après avoir, à ce qu'on dit, payé 2 millions de dollars pour l'autobiographie d'une célébrité, il doit y avoir des visages honteux dans cette maison d'édition après la rumeur selon laquelle leur éditrice s'est ajoutée à la liste de conquêtes de la star. Il semblerait qu'elle ait renvoyé le nègre pour avoir la star rien que pour elle, qu'ils se cachent dans une villa de vacances. On les a vus très proches l'un de l'autre dans une boîte de nuit. Espérons qu'il racontera tout dans son livre. »

Je me croirais dans un de ces cauchemars où l'on se retrouve tout nu au supermarché.

— Tu pourrais probablement leur faire un procès, dit Poppy. De toute évidence, tout est inventé.

Je grimace et enfouis ma tête entre mes mains.

— Le truc, c'est que… pas vraiment. Nous étions… enfin, ce n'est arrivé qu'une fois, mais nous avons été un peu intimes dans une boîte de nuit.

Elle repose son gin tonic.

— Quoi ?! Raconte-moi tout, immédiatement.

D'abord, je regarde autour de nous pour vérifier que personne ne nous écoute, puis je lui raconte tout : Luther, le champagne, notre danse, et comment j'ai failli l'embrasser.

— Bon sang, dit-elle. Tu sais, je te tire mon chapeau. C'est un homme canon et célèbre, il a essayé de te séduire, et tu as dit non. C'est impressionnant !

— Non, ce n'est pas impressionnant. Je n'aurais même pas dû être là, à la base, ivre, dans une boîte de nuit. Je n'aurais pas dû renvoyer Brian chez lui. J'aurais dû gérer la situation autrement. Je me suis comportée comme une idiote. Je mérite ce renvoi.

—Alice ! Non, mais tu t'entends ? Tu as terminé le livre. Nous n'avions rien quand tu es partie, et maintenant on a un livre écrit, et il va rapporter des millions à la boîte. D'accord, tu as dansé avec Luther et une photo débile a été prise, et alors ? Quant à Brian, sa femme a un cancer. Qu'aurais-tu dû faire ? L'enchaîner à son bureau ? On se fiche de la façon dont tu t'y es prise ! Tu as convaincu Luther d'écrire ce livre !

Je pleure vraiment maintenant, mais je me sens reconnaissante. Que ferais-je sans Poppy ?

—Je pense que ce sont des vrais salauds, répète-t-elle. Tu devrais leur coller un procès. Je me mets en grève en signe de solidarité.

—Non, ne fais pas ça.

Je sais qu'elle est aussi fauchée que moi.

—Et au niveau argent, tu en es où ? demande-t-elle. Je peux te prêter...

—Oh non. C'est gentil, mais je peux tenir encore quelques semaines. Je vais appeler Erica. Elle me donnera sans doute un coup de main.

—Et elle est avocate du travail. Je parie qu'elle t'aidera à les attaquer, et ta victoire fera date.

Je me mouche dans une serviette en papier et hausse les épaules. Je suis trop déprimée pour me battre. Je veux rentrer à la maison et regarder *Arabesque*.

— Hé, ce n'est peut-être pas le moment, mais j'ai quelque chose pour toi. Ça te remontera sûrement un peu le moral, ou ça te fera rire…

Elle fouille dans son sac en cuir de vachette et en sort ce qui ressemble à un étui de préservatif.

— Mon Dieu, dis-je. Je sais que j'ai été un peu indécente ces derniers temps, mais je n'ai pas besoin d'un cours d'éducation sexuelle.

— Non, non. C'est l'invitation pour le vernissage de « La garce m'en a fait baver. » Elle aura lieu vendredi soir.

Bien sûr : l'exposition de son ex. Je vois maintenant qu'il ne s'agit pas d'un véritable étui, juste d'un petit carré d'aluminium qui, allez savoir pourquoi, ressemble à un préservatif.

— C'est vulgaire, non ? Crippo tout craché.

Quand j'ai entendu son nom, je savais qu'il y aurait des problèmes. Son vrai nom, je m'en souviens maintenant, c'est Crispin, et il est bien plus riche qu'il n'aime le faire savoir.

— Je vais y passer rapidement, déguisée, dit Poppy. Juste en coup de vent, une heure maximum. Puis j'irai boire un verre. Qu'en penses-tu ? Ça pourrait te distraire…

— Laisse-moi y réfléchir.

Pour l'instant, rien ne me tente moins que de me traîner à l'autre bout de la ville pour voir l'installation d'un idiot, mais je dois bien ça à Poppy. Sans ce verre avec elle, je ne sais pas si j'aurais pu rentrer chez moi sans m'écrouler.

Soudain, je me rends compte de quelque chose.

— Poppy, comment savent-ils que j'ai renvoyé le nègre chez lui ?

— Quoi ?

— Dans ce mail. Ils disent que je l'ai fait rapatrier. Personne ne le savait à part Olivia et toi, non ?

Je la regarde, et nous nous exclamons de concert :

— Claudine.

— Elle a dû m'entendre quand je te parlais, dit Poppy.

— Et elle connaît Simon, renchéris-je. Oh, mon Dieu ! Il connaît les gens qui envoient ce genre de trucs. Je te parie ce que tu veux qu'elle le lui a dit et qu'il a écrit ce mail. Ça lui ressemble.

— Oh, merde. Alice, je suis tellement désolée.

— Ce n'est rien, dis-je, hébétée. Écoute… Tu ferais mieux de retourner au bureau.

Je me traîne jusqu'au métro. Il est plein de touristes en route pour Heathrow, avec d'énormes bagages, qui me rappellent ma valise perdue, que je n'ai jamais récupérée. Sur le quai, je ressens une peur subite en voyant Luther, mais ce n'est qu'une affiche faisant la promotion de son nouveau film, *The Deep End*. Je m'écarte pour ne plus la voir. C'est tellement bizarre d'être dans le métro en pleine journée, avec rien à faire et nulle part où aller. Je commence à effectuer des additions dans ma tête, me demandant combien il me reste pour tenir jusqu'à la date du prochain loyer à régler.

Chapitre 33

— Bon, dit Erica en allumant la bouilloire. Commençons par le début : as-tu une copie de ton contrat avec toi ?

Je fais « non » de la tête.

— Personne n'en a jamais, soupire-t-elle. Ne t'en fais pas, Al. On va trouver une solution.

Erica a quitté le travail plus tôt et est venue à la maison pour une réunion de crise. Ciara est là aussi, et Poppy nous rejoindra plus tard. Ruth voulait venir, mais elle est coincée à un événement pour le travail, alors elle a dit qu'elle me ferait à dîner demain soir pour se rattraper. Ciara a commandé de la nourriture indienne, et Martin est sorti, pour une fois.

Nous allons dans le salon, et je leur raconte tout ce dont je me souviens sur les raisons de mon renvoi. Erica sort un carnet et me pose tout un tas de questions : qui était responsable du contrat, et d'autres détails.

— Rien de tout cela ne me semble assez sérieux pour un renvoi immédiat, dit-elle finalement. D'autant plus que le livre est satisfaisant, et que la compagnie n'a subi aucun dommage durable.

C'est un énorme soulagement que de l'entendre dire ça. Erica est avocate, et, si elle pense que ce que j'ai fait n'est pas si grave, c'est peut-être vrai.

— Mais ma mauvaise conduite, alors ? demandé-je, dubitative. Ils peuvent renvoyer quelqu'un immédiatement pour ça.

— Alice, ça, c'est si tu avais volé quelque chose ou agressé un collègue, dit-elle patiemment. Tu as juste commis une série d'erreurs.

Ciara s'agenouille en face d'Erica et nous sert le thé. C'est tellement agréable de les revoir toutes les deux. Après l'Italie, je les trouve tellement blondes, et leurs yeux sont tellement bleus. Les cheveux de Ciara sont de la même couleur que les nôtres, mais ils sont frisés, alors que les nôtres sont raides.

— Ce que je ne comprends pas, c'est pourquoi tu n'as pas mis l'histoire sur Hawaii, quoi que ce soit, dans le livre, dit Ciara. Il t'en a parlé au cours d'une interview, non ?

— C'est juste que… il ne comprenait pas les conséquences. Luther est un enfant pour ce genre de choses. Il voulait en parler à quelqu'un, mais il ne s'est pas rendu compte de ce que cela pourrait faire à sa carrière. Ç'aurait été une catastrophe pour lui.

— Oui, eh bien moi, c'est pour ta carrière à toi que je m'inquiète, dit Erica. Je pense que tu as de quoi les attaquer pour licenciement injustifié. Je pourrais te représenter, en free-lance. Cela dit, mon assurance professionnelle ne prendrait pas ça en charge, alors…

— Je n'en ai pas envie, Erica. Ça n'en vaut pas la peine. Et… il y a d'autres trucs que je ne voudrais pas révéler au tribunal.

— Quoi ? demande-t-elle aussitôt en posant sa tasse.

— J'ai eu…

Argh.

— Euh, un truc, enfin, une aventure…

— Avec Luther ?

— Non, non, avec Sam. Son agent. Nous avons… (Je les regarde. Comment formuler cela ?) Nous avons eu une aventure d'une nuit. Enfin, c'était plus que ça. Il me plaisait vraiment. C'est pour ça que je ne veux pas aller devant les tribunaux. Au cas où ce serait révélé.

Elles ont l'air stupéfaites.

— Je trouve ça très peu professionnel de sa part, dit Erica. Quel âge a cet homme ?

— Et de la mienne aussi, Erica ! Il a vingt-huit ans. Mais maintenant il me déteste.

— Je suis sûre qu'il ne te déteste pas, dit Ciara. Que s'est-il passé ?

Je leur raconte, à contrecœur, que Sam a cru que j'allais les trahir, Luther et lui, en intégrant l'histoire d'Hawaii dans le livre.

— Vous auriez dû voir son expression. Il ne voulait même plus me regarder, même plus me parler. Et, en plus, il s'intéresse à quelqu'un d'autre.

— À qui ? demande Ciara, déroutée. Oh, attends, on sonne à la porte. Ce doit être le livreur.

Elle court ouvrir. J'explique à Erica l'histoire de Marisa, qui s'est révélée être l'ex de Sam.

— N'en parle pas à papa et maman, dis-je.

— On se croirait dans *L'Île de la tentation*, dit-elle en secouant la tête. Comment avez-vous réussi à travailler ?

— Salut !

C'est Poppy, chargée d'un carton de livres et de papiers que j'avais laissés au bureau et, Dieu la bénisse, de ma plante verte.

— Qu'est-ce que j'ai raté ? demande Ciara. Qui était l'autre femme avec Sam ?

— Sam ? demande Poppy. Je le savais ! Toutes ces histoires, comme quoi il était tendu et maniaque du contrôle... Je trouvais ça très sexy.

— Peu importe, dis-je sèchement.

Je n'ai pas envie d'en parler comme ça.

Elles échangent des regards. Poppy a l'air gênée. Erica descend du canapé pour venir s'asseoir par terre à mes côtés.

— Je suis désolée, Al, dit-elle en passant un bras sur mes épaules. On sait que c'est un moment difficile pour toi. Tu n'es pas obligée de nous en dire plus si tu n'en as pas envie.

Ciara pousse une boîte de mouchoirs en papier vers moi, et Poppy me sert un verre de vin. Je commence à leur raconter : que je détestais Sam au début, mais que j'ai ensuite découvert un autre aspect de lui, et que nous avons fini ensemble un soir, mais qu'ensuite j'ai découvert qu'il avait une histoire avec Marisa.

— Le truc, dis-je, c'est que je vois bien qu'ils vont mieux ensemble. C'est plus son genre de fille. Vous voyez, elle est très belle, sophistiquée, et elle connaît l'industrie du cinéma…

— Attends une seconde, dit Poppy. À part ce voyage à Rome, quelle véritable preuve as-tu qu'ils sont plus que des amis ?

— Elle a dit qu'elle pourrait bientôt déménager…, dis-je, incertaine.

— Ça ne veut rien dire. Moi, j'ai l'impression qu'il t'aimait bien. Il exauçait tes moindres désirs, il t'a portée dans ses bras, il a flirté avec toi sur une plage, il t'a invitée à dîner, il t'a fait boire, et il a frappé à ta porte tard le soir. Pour moi, c'est un comportement de type amoureux.

L'idée que Sam ait pu vraiment m'apprécier, et que j'aie tout gâché, m'est insupportable. Mais je ne pense pas qu'il m'ait tant aimée que ça à la base.

— Honnêtement, Poppy, on pourrait croire ça, mais Sam est trop bien pour moi. Et c'est aussi ce qu'il pensait.

— Qu'est-ce qui te fait dire ça ? demande Ciara.

— Eh bien…

Je cherche un moyen de le leur expliquer, et je me rends compte que je n'ai pas vraiment de preuves à leur fournir.

— Eh bien, quand nous sommes allés dîner, il y avait cette superbe fille italienne, et il la regardait.

— Oh. Il bavait devant elle plutôt que sur ses spaghettis ? demande Poppy.

— Je déteste quand ils font ça, dit Ciara.

— Non, dis-je misérablement, consciente de passer pour une folle. Il lui a juste jeté un coup d'œil, quand on l'a croisée.

— Bien, dit Erica. Autre chose pour l'accusation ?

— Rien de précis, dois-je admettre. C'est juste... une impression.

— Je pense que tu es parano, dit Poppy. Tu es superbe, maligne, talentueuse et adorable. Je pense que ce type te trouvait assez bien pour lui. Pourquoi ne l'as-tu pas laissé faire ?

— Je ne sais pas ! Je ne sais pas pourquoi !

C'est sorti plus fort que je ne le voulais.

— Désolée, ma puce, dit Erica. On ne veut pas te faire de reproches. Mais c'est probablement mieux comme ça. Je suis sûr que vous pourriez régler ce malentendu à propos d'Hawaii, mais... il vit à Los Angeles, non ?

— Oui, dis-je en serrant les dents.

Je sais ce qui va suivre : les relations à distance, c'est difficile, et nous avons des modes de vie différents.

— Les relations à distance, c'est vraiment difficile, dit gentiment Ciara.

— Et... apparemment, vous avez des modes de vie assez différents, ajoute Erica.

— Mais je sais tout ça ! C'est moi qui vous ai dit que ça ne rimait à rien. Je n'ai même pas son adresse mail. J'ai essayé de lui expliquer la situation, et il ne m'a pas crue. Et, de toute façon, je sais qu'il est avec Marisa.

Alors c'est bel et bien foutu. (Je m'essuie les yeux.) Est-ce qu'on peut changer de sujet maintenant ?

S'ensuit un silence gêné, que Ciara brise d'une voix hésitante :

— Quelqu'un aimerait-il entendre parler de ma vie amoureuse ?

— OK, marmonné-je.

Après m'avoir jeté un coup d'œil, elle commence à nous parler de l'homme qu'elle a rencontré en faisant du cheval. Je vois bien qu'elles me jettent des regards nerveux, comme si elles craignaient que je ne leur crie encore dessus. Oh, mon Dieu ! Je ferais mieux de faire attention : à ce rythme, je vais bientôt me mettre mes amies à dos en plus d'avoir perdu mon travail. Mais je sais que Poppy se trompe au sujet de Sam ; j'ai pensé à un moment qu'il y avait vraiment quelque chose entre nous, mais, comme avec Simon, ce n'était qu'un mirage.

Chapitre 34

C'est vendredi : la fin de la semaine la plus longue de ma vie. J'ai passé la journée dans des agences d'intérim, à avoir des entretiens, qui se sont bien déroulés jusqu'au moment où l'on me demandait pourquoi j'avais quitté mon dernier emploi. Je n'ai pas faim, mais je sais qu'il faut que je mange quelque chose, dans la limite de mon budget. J'ai déposé mon chèque italien à la banque, mais, même s'ils l'encaissent vite, cela ne me permettra pas de subsister bien longtemps. Je n'avais pas conscience de ma chance quand je pouvais simplement me pointer sur la terrasse pour découvrir ce que Maria Santa nous avait concocté. Le souvenir de mes repas italiens me rappelle Sam, alors j'essaie de penser à autre chose. Je suis dans le *Ine Ood Store* au bout de ma rue, me demandant ce qui coûte le moins cher et contient le moins de conservateurs effrayants. Selon Martin, quand il a emménagé ici, l'épicerie s'appelait *Fine Food Store*, mais les F sont tombés. Le vernissage de l'exposition sur Poppy a lieu tout à l'heure, et je m'en veux de la laisser tomber, mais je me sens incapable de voir du monde ce soir. Ruth m'a invitée à dîner avec elle et Mike, mais je ne suis pas d'humeur à tenir la chandelle.

Je décide de me faire un repas gras totalement décadent : je m'achète une pizza surgelée en promotion, à 1 livre sterling, accompagnée d'une mini-bouteille de vin rouge, l'une de ces doses ridicules, qui représente un verre et demi. Puis je vois un sachet de M&M's. Pourquoi pas des M&M's ? C'est vendredi soir.

J'y ai droit. Alors que je rassemble mes trésors, je me dis que c'est vraiment le vendredi soir typique de la célibataire. La seule chose qui me manque, c'est un DVD de Bridget Jones ou du *Mariage de mon meilleur ami*, et je serai parée. J'espère seulement que je ne vais croiser personne que je connais.

Je ne l'aurais pas cru si on me l'avait dit, mais, juste au moment où je pense à ça, je le vois. Simon. Il est à l'autre bout du magasin, avec une fille qui n'est pas Claudine. C'est la fille avec laquelle je l'ai vu sur Facebook. Ils hésitent devant les bouteilles de vin. Horrifiée, je regarde l'arrière de sa tête aux cheveux bouclés : c'est bien lui.

— Je pense qu'on devrait prendre du champagne, dit la fille.

— Pas question, ma puce. On ne peut pas se pointer avec de la merde achetée à la boutique du coin.

Vous voyez, ce genre de fantasmes où l'on tombe sur son ex, radieuse et décontractée, tout en étant impeccable ? Ça ne se passe pas comme ça. J'ai essayé de m'habiller élégamment pour mes entretiens, mais tous mes beaux vêtements siciliens sont encore à la machine.

Je porte donc une vieille jupe verte que je n'aime pas mais que je ne peux pas me résoudre à donner parce qu'elle m'a coûté un bras, et un chemisier noir qui n'est plus aussi noir qu'à ses débuts. Cela dit, même si je ressemblais à un top model, Simon serait la dernière personne que j'aurais envie de voir.

Je me retourne immédiatement et prie pour que les deux personnes devant moi se dépêchent afin que je puisse payer et partir. Ou alors que Simon prenne tout son temps. Mais il est trop tard : ils sont juste derrière moi dans la file, et je les entends parler. M'a-t-il repérée ? Si seulement j'avais un chapeau ou une capuche. Ou une perruque. Je suis la prochaine à passer. Je vais régler et partir sans me retourner. Encore quelques minutes, et je serai à la maison.

— Ça fait 4,84, dit le caissier.

Je lui donne un billet de 5, prends mes pauvres petits articles et marmonne :

— Gardez la monnaie.

Je file vers la porte quand une voix m'interpelle :

— Alice !

Je me retourne machinalement. Mince ! Pourquoi ai-je réagi comme ça ? Pourquoi ne suis-je pas partie en courant ?

— Je me disais bien que c'était toi. Je te présente Emilia. Emilia, je te présente Alice.

C'est quoi, son problème ? Est-ce qu'il adore les situations gênantes ? Emilia ressemble un peu à celle qui l'a précédée, Claudine. Elle est très petite, brune, habillée chiquement, avec des lèvres minces et, à cet instant précis, une expression perplexe qui semble dire : « Comment Simon connaît-il cette fille terne ? »

— Qu'est-ce que tu fais là ? demande-t-il.

C'est parfaitement ridicule. Il sait bien que je vis dans le quartier ! C'est plutôt à lui que je devrais poser cette question !

— Je vis ici. Et toi ?

— Oh, nous allons dîner chez des amis d'Emilia, dit-il d'un ton suffisant, qui laisse sous-entendre qu'Emilia a des amis très désirables.

Tant mieux pour toi. Je peux y aller maintenant ? Bien sûr, je ne dis pas ça.

— Ça m'a l'air sympa, dis-je plutôt.

— Et toi ? demande Simon, en écartant les pieds, comme s'il essayait de s'enfoncer dans le sol.

J'avais oublié qu'il faisait ça ; c'est vraiment idiot et agaçant. Il regarde mon sac.

— Tu passes une soirée à la maison ?

— Oui.

Involontairement, je regarde mon sac aussi, et je m'apprête à me dénigrer moi-même quand il demande :

— Au fait, comment s'est passé ton voyage avec Luther Carson ?

Je relève les yeux et, en voyant son expression, je comprends que c'était lui. Je vois rouge, et ma bouche commence à parler sans ma permission, un peu comme avec Luther.

— Tu sais, tu ne manques pas de culot de me demander ça. Je sais que tu as écrit ce mail. Tu sais que j'ai été renvoyée à cause de ça ? Ça ne t'a pas suffi de me larguer de la manière la plus lâche, la plus minable, la plus horrible qui soit ?

Les yeux d'Emilia ressemblent à des soucoupes désormais.

— Et maintenant tu m'as fait perdre mon emploi. Tu as de la chance, dis-je à Emilia. C'est un beau parti.

De perplexe, le visage d'Emilia est devenu horrifié, et elle regarde Simon d'un air interrogateur. Il semble un peu gêné.

— Je t'en souhaite une bonne, dis-je en partant.

Quand je sors du magasin, sous le choc, mon cœur tambourine. Pourquoi fallait-il que je tombe sur lui, dans une ville de sept millions d'habitants ? Qu'est-ce que j'ai bien pu lui trouver ? Il est affreux. Me coincer comme ça et me demander si je passe la soirée à la maison. Ce devait être évident, vu mes achats pathétiques. Je ne devrais pas m'en préoccuper, dans l'absolu, mais j'aurais préféré qu'ils ne voient pas ça. Pourquoi n'ai-je pas acheté, je ne sais pas, de la crème fraîche et un saumon fumé entier ? Ou une bouteille de vodka et six citrons verts ? Ils sont sans doute en train d'en rire en ce moment même. Je n'arrive pas à savoir si le fait que l'histoire entre Simon et Claudine – qui a causé en partie mon renvoi – n'a pas duré me réconforte ou non.

Je suis arrivée chez moi. Alors que je pose mes tristes vivres sur la table, je me demande soudain : qu'est-ce que je suis en train de faire ? J'ai été virée et j'ai le cœur brisé, et alors ? La vie continue. C'est vendredi soir. Même Simon sort plutôt que de gâcher la vie des gens.

Poppy va affronter ses démons. Mon amie Poppy, qui a été géniale avec moi. Ces années sont censées être les plus belles de ma vie. Pourquoi suis-je chez moi avec une pizza en promotion ?

Je fourre la pizza au congélateur, mets le vin et les M&M's en évidence pour Ciara et Martin, et compose le numéro de Poppy. Heureusement, elle est encore chez elle.

— Poppy ? Je suis en route. Tu peux m'envoyer l'adresse par texto ?

Chapitre 35

Cinquante-cinq minutes plus tard, Poppy et moi nous tenons devant l'entrepôt, sur Commercial Street, où a lieu le vernissage de « La garce m'en a fait baver. » Elle ne plaisantait pas quand elle parlait de venir déguisée. Elle porte une longue perruque blonde et une jupe crayon avec un chemisier blanc tout simple, un collier de perles et de grosses lunettes. C'est très efficace : même moi, je ne l'ai pas reconnue au début. Je suis un peu différente moi aussi. Je porte la robe bleue à perles avec des bottines et des collants noirs, et ma veste de motarde. J'ai attaché mes cheveux en chignon négligé et j'ai appliqué une bonne couche de rouge à lèvres rouge et beaucoup de mascara noir.

— Tu es prête ? demandé-je.

— Écoute, je sais ce qu'il fait. La vraie question, c'est : es-tu prête, toi ? (Elle baisse ses lunettes et me regarde de nouveau.) Ça alors ! Regarde-toi ! Tu es sublime !

— Juste un petit quelque chose que j'ai ramené de Sicile. Allez, on y va.

J'avais oublié à quel point les gens aiment la mode avant-gardiste à Londres. C'est incroyable. Alors que nous gravissons les marches en métal, je vois des personnes portant les tenues les plus époustouflantes qui soient : des robes vintage avec des manteaux en fourrure, des tee-shirts et des vestes en tweed sur des sarouels à paillettes, le tout customisé avec des plumes, des épingles à nourrice et Dieu sait quoi. Poppy ne passe pas inaperçue avec sa tenue de secrétaire sexy ; j'espère que personne ne va la reconnaître.

Nous signons le livre des visiteurs. Poppy écrit « Cruella de Vil ». Puis nous entrons dans la première salle, un grand espace blanc. Un mur est occupé par une immense diapositive agrandie d'un petit enfant en pull rose : Poppy. Elle est très mignonne, avec ses cheveux nattés et son sourire sans dents. Sur un autre mur se trouve une grande carte de la Jamaïque. Il y a plusieurs jouets éparpillés par terre : des Meccano et des Lego d'un côté, et un Petit Poney de l'autre. À côté de ce dernier, on voit une petite photo déchirée dans un cadre bon marché : un petit garçon, qui doit être Crispin.

— Jusque-là, c'est bizarre, murmure Poppy.

Nous entrons dans la salle suivante. Elle est encore plus grande. Un mur est couvert de souvenirs, de tickets et de reçus, et l'autre de dessins et de peintures immenses de Poppy, dont certains sont très bons. Soudain, un bruit sort d'une sorte d'intercom : « Salut, chéri… Je te laisse juste un message pour te dire… que tu me manques. Gros bisous. Au revoir ! » C'est la voix de Poppy. Une seconde plus tard, ça recommence : « Salut, chéri… » La boucle continue un moment, puis le silence revient.

— Oh, mon Dieu ! dit Poppy.

— Ça va ?

— Je ne sais pas trop.

Nous regardons le mur des souvenirs. Il est recouvert de tickets d'expositions et de concerts, de cartes, de papiers d'emballages, de serviettes en papier avec des gribouillis et des messages, des reçus de repas dans des petits cafés, des billets de train, des tickets de cinéma, des programmes et des brochures. Il y a aussi des tonnes d'instantanés, surtout de Crispin, enfin de Crippo, et de Poppy. Elle a l'air vraiment heureuse sur ces photos.

— Regarde, c'est Crippo, souffle Poppy.

Il s'agit bel et bien de lui, vêtu d'une chemise à carreaux rouge, de bretelles, d'un jean skinny noir, de Dr Martens et de lunettes à grosse monture noire. Ses cheveux sont coiffés en banane. Il est entouré de sa cour d'admirateurs, surtout des filles. Il ne semble pas avoir vu Poppy.

— Je vais m'enfuir dans la salle suivante, chuchote-t-elle. Tu viens ?

— Vas-y, je te rejoins dans une minute.

Malgré son intitulé horrible, je trouve cette exposition intéressante. Je jette un coup d'œil au programme rempli de blabla sur la façon dont Crippo « exprime ses propres réactions face à un bouleversement émotionnel à travers plusieurs objets trouvés. » Bizarrement, je me sens presque jalouse : je n'imagine aucun de mes anciens béguins garder comme un trésor mes serviettes en papier usagées, sans parler de remplir tout un mur de souvenirs.

J'examine une peinture de Poppy, où elle porte une robe rouge et se tient sur une surface verte. Le sol sous ses pieds est parsemé de centaines de petites fleurs rouges. Je me penche en avant pour les examiner et, évidemment, ce sont des coquelicots, pour rappeler la signification de son prénom. Cela dit, je n'ai vu l'inscription « Poppy » nulle part pour l'instant.

Alors que je me redresse, je repense soudain à cette histoire avec Sam : il s'est montré vraiment injuste envers moi. OK, j'ai failli parler du scandale de Luther à Olivia, mais je me suis retenue. Cela fait une grande différence. Il ne m'a même pas laissé une chance de m'expliquer. Il a été prompt à me juger, surtout si l'on pense qu'il avait encore une histoire avec Marisa. Je me demande s'il sait que j'ai été renvoyée. Sûrement pas, puisqu'il est de toute façon en contact avec Olivia désormais. Quel gâchis.

Je vais retrouver Poppy, qui discute avec une fille vêtue d'une robe vintage style années 1940, avec ce qui ressemble à un faisan sur la tête ; en fait, à y regarder de plus près, c'est un chapeau.

— Voici Melissa, dit Poppy. Melissa, voici Alice, une amie du travail.

Melissa a des yeux immenses et de faux cils, qu'elle bat vigoureusement.

— Oh, je vois, dit-elle. Sur quels livres travailles-tu ?

— Au secteur Essais.

Je ne vais pas lui dire que je viens de me faire renvoyer.

— Alice vient de finir de travailler sur le livre de Luther Carson ! ajoute Poppy.

— Waouh ! Comment est-il ?

— Il est super. Drôle, et très terre à terre.

Voilà ce que je dirai toujours sur Luther. Je ne raconterai jamais ce qui s'est vraiment passé. C'est la vérité, de toute manière. Il a été super.

Je m'excuse et passe dans la dernière salle. C'est vraiment quelque chose. Les quatre murs sont couverts de feuilles de papier maculées de l'écriture en pattes de mouche de Crippo, parfois accompagnée de croquis. Il y a des fleurs séchées, des coquelicots, collés partout.

À quelques mètres de moi, je vois une grande femme aux longs cheveux bruns qui contemple aussi le mur. Elle me semble familière. Soudain, je me rends compte de qui il s'agit : Caroline Brady. J'ai vu sa photo dans la presse spécialisée. C'est une Irlandaise qui était éditrice dans une maison spécialisée en littérature générale, et qui vient de fonder une nouvelle agence avec deux autres personnes. J'ai lu le premier livre d'un de leurs auteurs, et il était excellent.

Je sais ce que ferait Claudine dans cette situation. Je l'ai vue faire à un lancement cet été, passant d'un invité à l'autre. Elle se jetterait sur elle et la forcerait à accepter sa carte, ou elle lui proposerait même un déjeuner. Je ne pourrais jamais faire une chose pareille.

Une petite voix me dit : *Et c'est peut-être pour ça que Claudine a été promue et que tu as été renvoyée.*

Plantée là, je pense, et ce n'est pas la première fois, que tous mes problèmes – Sam, le travail, tout – viennent de mon manque d'assurance. C'est ridicule : je peux m'énerver sur Luther ou sur Simon, et pourtant je suis incapable de traverser la pièce pour aller parler à cette femme. Pourquoi suis-je autant poule mouillée ? Pourquoi ne puis-je pas simplement aller me présenter ? Quelle est la pire chose qui puisse m'arriver ? Je peux me ridiculiser, et elle peut me snober. Et alors ? Je n'en mourrai pas.

Mais alors je me dis que ce serait trop importun. Elle est sans doute venue ici pour son plaisir, pas pour être harcelée par des personnes sans emploi. Et que lui dirais-je ? « Bonjour, je sais qui vous êtes » ? Et… et si elle sait que j'ai été renvoyée ? Comment le lui expliquerai-je ? Alors que je débats avec moi-même, elle regarde sa montre et se tourne, comme pour s'en aller.

C'est un signe. Je dois le faire. Je vais m'imaginer que je suis Claudine. Non. Je vais m'imaginer que je suis une version plus affirmée de moi-même. J'ai fait des choses plus difficiles que ça ces deux dernières semaines. Avant de pouvoir changer d'avis, je m'approche d'elle.

— Excusez-moi, êtes-vous Caroline Brady ?

Elle sourit.

— Oui. Et vous êtes ?

— Alice Roberts, dis-je en lui serrant la main. Je travaillais à Parangon jusqu'à la semaine dernière. J'ai adoré le roman irlandais que vous avez vendu récemment.

— Merci, dit-elle, visiblement ravie.

Nous parlons un moment du livre, puis elle demande avec curiosité :

— Quel genre de travail faisiez-vous à Parangon ?

Je pourrais ne pas prendre de risques, et ne pas mentionner Luther, au cas où elle sache ce qui s'est passé. Mais quel intérêt ?

— J'ai récemment travaillé sur le livre de Luther Carson.

Elle hausse les sourcils ; elle semble impressionnée, mais, à mon grand soulagement, je ne vois rien de négatif dans son expression.

— Vraiment ? C'est un gros poisson. Comment avez-vous trouvé ça ?

En temps normal, je chercherais un moyen de me dénigrer, de dire que c'était affreux ou difficile. Mais alors je pense à Claudine. Elle ne ferait jamais une chose pareille. Elle tournerait cette histoire à son avantage.

— C'était un défi, mais je suis contente du résultat. Il s'en est bien sorti, et nous avons eu de bons retours des journaux.

— Tant mieux pour vous, dit-elle. Et qui connaissez-vous ici ?

— Euh, l'ex… Enfin, le sujet.

— Ah, je vois. Je suis du côté du jeune homme. Crispin est un cousin de mon mari. Un cousin éloigné.

Encore une preuve que Crippo vient secrètement d'une grande famille. Seuls les gens très chics fréquentent leurs cousins éloignés. Et seuls ces gens-là sont capables d'inviter des vagues connaissances à leurs vernissages.

— Que pensez-vous de l'exposition ?

— Elle me plaît. Ça… ça fait réfléchir. Je suppose que le titre est ironique, cela dit.

Elle sourit.

— Espérons-le, dit-elle. Nous avons réservé une table pour le dîner, alors je ferais mieux d'y aller. Mais laissez-moi vous donner ma carte. Si vous êtes intéressée par ce que nous faisons à l'agence, vous devriez nous écrire.

— Merci beaucoup, dis-je, ravie. Je n'y manquerai pas.

Elle me dit au revoir, et je la regarde partir, euphorique. Peut-être que ça ne donnera rien, mais c'est un pas dans la bonne direction. Elle a été tellement gentille ! Je n'arrive pas à croire qu'elle ne m'ait même pas demandé pourquoi j'avais quitté Parangon.

— Hé, dit Poppy en apparaissant à côté de moi. Qu'est-ce que tu faisais ?

— Je regardais le reste de l'exposition, et je nouais des contacts !

Je lui montre la carte de Caroline.

— Bien joué, petite ! Regarde-toi, en train de faire du relationnel. Je pense que j'en ai assez vu, et j'ai même réussi à saluer Crippo. On y va ?

— Bien sûr.

Je ne veux pas lui demander ce qu'elle pense de l'exposition. Cela a beau être flatteur, j'imagine à quel point ce doit être gênant.

Cependant, à mon grand soulagement, Poppy se met à rire dès que nous quittons le bâtiment et nous dirigeons vers le pub le plus proche.

— Mon Dieu, c'était surréaliste, dit-elle. J'ai besoin d'un verre. Je n'en reviens pas qu'il n'y ait même pas eu une caisse de vin. Quel radin ! (Elle me serre contre elle.) Mais merci d'être venue avec moi. Tu es super. J'ai quelque chose pour toi !

Elle fouille dans son sac et en sort quelque chose. Je m'attends presque à ce que ce soit une autre invitation à un vernissage, mais c'est une carte. Je la prends sans comprendre. C'est la carte professionnelle de Sam.

— Euh… Poppy, où as-tu trouvé ça ?

— Je l'ai piquée sur le bureau d'Olivia pendant qu'elle déjeunait. Je sais, je sais. Je la remettrai lundi. Mais tu as dit que tu n'avais pas son adresse mail. Et maintenant tu l'as ! Honnêtement, Alice, si tu lui envoyais un mail et lui expliquais bien…

— Poppy, je ne vais pas le contacter.

Elle prend un air déconfit.

— Mais pourquoi ? Qu'est-ce que tu as à perdre ?

Je secoue la tête. Je ne peux pas lui expliquer que le simple fait de tenir la carte de Sam a réveillé tous mes sentiments les plus douloureux. Je ne veux pas l'appeler et les éprouver de nouveau. Je ne veux pas être la Londonienne qu'il déteste ou, même s'il me croit, celle qui lui fait pitié, celle qui a eu le béguin pour lui et s'est fait renvoyer. Et je ne veux pas être invitée à son mariage avec Marisa.

— Écoute, j'apprécie ce que tu as fait, vraiment, mais ça ne sert à rien, dis-je en lui rendant la carte. Maintenant, buvons un verre et oublions ces hommes horribles.

Je me remets en marche, mais elle ne me suit pas.

— Tu sais, Alice, je t'ai déjà vue faire ça.

— Faire quoi ? demandé-je, méfiante.

— Quand un mec bien s'intéresse à toi, tu pars en courant. Comme si tu pensais que tu ne le méritais pas. Alors qu'un sale type comme Simon retient toute ton attention.

— Ce n'est pas vrai, dis-je, sans grande conviction.

Elle se détourne, ôte sa perruque et la fourre dans son sac, puis elle fait bouffer ses cheveux.

— Peu importe, dit-elle. Allons boire un verre. Que dirais-tu du *Ten Bells* ?

Au pub, nous parlons principalement de Crippo et de l'exposition. Poppy me raconte aussi des ragots du travail. Elle me dit qu'elle aide Olivia sur des sujets confidentiels et qu'elles font passer des entretiens pour trouver une nouvelle assistante. C'est comme ça qu'elle a pu emprunter la carte.

— Ça ne te dérange pas ? demande-t-elle.

Bien sûr que non : je m'en fiche. Elle ne parle plus de Sam, mais en rentrant chez moi, dans le métro, je n'arrête pas de penser à ce qu'elle a dit. « Quand un mec bien se présente, tu pars en courant, alors qu'un sale type comme Simon retient toute ton attention. »

Elle a raison. J'avais tellement peur de me rapprocher de Sam, et pas seulement parce que je le trouvais trop bien pour moi. C'était aussi parce qu'il était réel, et que Luther ne l'était pas : il ne s'agissait que de fantasmes dans lesquels je le sauvais. Je me souviens du sentiment de panique que j'ai éprouvé quand je me suis réveillée à côté de Sam : ce n'était pas seulement parce que ce n'était pas professionnel. Je paniquais parce que je me disais que, quand il me connaîtrait, il ne m'apprécierait plus, comme Simon. Et c'est ce qui s'est passé, pas seulement à cause de l'histoire de Luther, mais parce que j'ai été horrible avec lui, et parce que je l'ai fui. Et maintenant, même si je lui envoie tous les mails du monde, c'est trop tard.

Chapitre 36

Ma première semaine de chômage est affreuse. Le pire, c'est de l'annoncer à mes parents : j'ai repoussé ce moment, mais il faut bien que je le leur apprenne. Ils n'ont jamais bien compris ce que je faisais, de toute manière, et, quand je leur dis que j'ai été renvoyée pour avoir oublié une clause et renvoyé le nègre chez lui (je ne mentionne pas le magazine), ils sont complètement abasourdis et indignés.

— Je te mets sur haut-parleur, dit ma mère. Je veux que ton père entende ça. Graham ! Écoute ce qui est arrivé à Alice.

Après quelques bruissements au bout du fil, mon père répond.

— As-tu demandé conseil à Erica ? s'enquiert-il après que je lui ai tout raconté.

— Oui, papa, mais je ne veux pas les attaquer en justice…

— Très bien, dit-il, alors on va essayer de régler ça à l'amiable. Et si on prenait rendez-vous avec ta supérieure ? Je serais ravi de venir à Londres et de t'accompagner, si tu veux, pour parler de tout ça raisonnablement.

C'est gentil de sa part, mais l'idée de mon père déboulant à Londres dans sa Toyota Corolla doit être tuée dans l'œuf immédiatement.

— Non, papa ! Je ne suis plus à l'école. Tu ne peux pas demander à voir la directrice.

— Mais on doit bien pouvoir faire quelque chose. C'est tout simplement scandaleux. Complètement injustifié. Tu as été une bonne employée…

— Graham, laisse-moi lui parler, dit ma mère en arrière-fond.

Elle reprend le combiné, s'efforçant de paraître rassurante, alors que, je le sais, elle se fait beaucoup de souci.

— Ne t'inquiète pas, chérie. On va trouver une solution. Et, en attendant, tu peux toujours revenir à la maison.

Ma situation n'est déjà pas glorieuse, mais entendre mes parents aussi désespérés empire encore les choses. Et puis il va falloir que j'explique, chaque fois que je postulerai pour un poste, pourquoi j'ai quitté mon emploi précédent. Erica m'a donné quelques expressions à placer, mais je ne les trouve pas très convaincantes. Mercredi, je ne me sens plus capable de postuler pour de vrais emplois, et je me surprends à regarder les panneaux d'affichage du quartier, à la recherche d'annonces pour du baby-sitting ou pour promener des chiens. Je postule aussi pour un job de serveuse dans un café de la rue, mais le patron dit qu'il recherche quelqu'un avec plus d'expérience.

Jeudi matin, je me réveille complètement désespérée. Je sais que je devrais m'habiller et chercher du travail, mais, au lieu de ça, j'allume la télé et m'allonge sur le canapé. Je suis tellement absorbée par une émission que j'entends à peine sonner mon téléphone.

— Alice ? Alasdair White à l'appareil. De chez Paragon.

— Hum, hum ? fais-je, manquant de faire tomber le téléphone tant je suis surprise.

Je me racle la gorge, car c'est la première personne à qui je parle aujourd'hui.

— Oh, bonjour, Alasdair.

J'essaie d'être polie, mais je suis complètement flippée. Pourquoi peut-il bien m'appeler ? Veulent-ils m'attaquer en justice ou un truc comme ça ?

— Je ne vous dérange pas ?

— Euh... non, dis-je en coupant le son de la télévision.

Avec un peu de chance, s'il a entendu des voix, il pensera que je suis en réunion.

— Alice, cela va sans doute vous paraître surprenant, mais nous avons réexaminé notre décision de vous laisser partir. Je crois que nous avons agi trop hâtivement. Je me demandais si vous accepteriez de revenir travailler avec nous. Pas en tant qu'assistante, mais en tant que responsable des publications.

Je suis tellement choquée que je ne peux littéralement rien dire. Je ne peux pas même faire un bruit.

— Je peux comprendre que cela ne vous tente pas, reprend-il. Si vous préférez, il y a un poste d'éditeur à pourvoir dans un autre label du groupe, pour lequel je pense que vous seriez parfaite. Il s'agirait de la même fonction : responsable des publications, essais, livres de célébrités.

— Quoi ? parviens-je à articuler.

— Il y a un poste libre d'éditeur dans un autre label du groupe, et je pourrais vous recommander. Enfin, si vous ne souhaitez pas revenir avec nous.

— Mais pourquoi voulez-vous… Pourquoi avez-vous changé d'avis ?

J'ai conscience que c'est un peu brusque, mais je ne sais pas comment formuler ça autrement.

— Il y a plusieurs facteurs. Je sais que, euh… que Luther a envie de continuer de travailler avec vous. Il dit que votre contribution a été cruciale et que vous l'avez beaucoup aidé à écrire son livre.

Je regarde la télé : le présentateur est hilare. Est-ce vraiment en train d'arriver ? Luther a-t-il vraiment insisté pour qu'ils me reprennent ? Je suis tout à la fois sous le choc, hébétée et perplexe.

— Euh… Alasdair, merci, mais il va falloir que j'y réfléchisse. Vous comprenez, c'est une surprise.

— Je comprends. (J'entends aboyer son chien, et on dirait qu'il se lève.) Vous pouvez prendre tout le temps que vous voulez, Alice. Et, au nom de l'entreprise, je vous présente mes excuses. Je pense que nous avions des soucis légitimes avec vous, mais nous avons réagi trop durement. Nous aimerions que vous reveniez. J'espère que vous y réfléchirez.

Il raccroche, et je reste plantée là à regarder le téléphone, bouche bée. Je n'en reviens pas. À vrai dire, si je n'avais pas entendu aboyer le chien, j'aurais cru à un canular. On dirait un de ces rêves éveillés dans lesquels on devient soudain mince et sublime, et où notre ex vient nous supplier de revenir. J'ai vraiment l'impression qu'un rêve se réalise : il s'agit de la promotion tant attendue. Je pourrais même avoir mon propre bureau. Alice Roberts : responsable des publications, essais. C'est la réponse à toutes mes prières !

À moins que… Ai-je envie d'y retourner après ce qui s'est passé ? C'était agréable d'entendre Alasdair s'excuser enfin, mais Olivia ? Peut-être devrais-je accepter l'autre emploi et travailler sur les livres de célébrités. Même si la seule idée d'approcher un autre livre de star me remplit de crainte et de désespoir. Ce qui n'est pas très prometteur. Néanmoins, cette conversation m'a redonné de l'énergie, et je me sens capable d'envoyer mon CV à Caroline Brady. J'ai passé ces deux derniers jours à peaufiner et à relire mon mail : maintenant, il me faut juste trouver le courage de cliquer sur « Envoyer ».

Ensuite, je saute dans la douche et je m'habille. Pendant tout ce temps, je m'imagine retourner au travail, et je pense à Luther. S'il a dit qu'il voulait que je revienne, c'est incroyablement gentil de sa part. Ou… peut-être se sont-ils simplement rendu compte qu'ils avaient été injustes ? Est-ce possible ? J'ai du mal à le concevoir.

— C'est une super nouvelle, dit Erica quand je l'appelle. Ils se sont manifestement rendu compte qu'ils étaient allés trop loin, et ils ont peur que tu ne les attaques en justice. Alors maintenant tu peux soit accepter cette promotion, soit leur faire un procès pour renvoi injustifié.

Oh, mon Dieu ! Je dois dire qu'aucune de ces options ne me réjouit.

— Il va falloir que j'y réfléchisse, dis-je.

Après avoir envoyé un autre CV, je fais le ménage dans la salle de bains, range ma chambre et vais m'acheter une barre chocolatée à *Ine Ood*. Je la déguste avec une tasse de thé, je m'assois de nouveau et regarde dans le vide. Ironiquement, je trouve que les journées passent très vite quand on n'a rien à faire : il est déjà 17 heures. Je pourrais le faire tout de suite ; je pourrais décrocher le téléphone et dire oui à Alasdair. Je pourrais retourner au travail dès demain. Je n'aurais plus à m'inquiéter de ne pas pouvoir subvenir à mes besoins. À vrai dire, j'aurais plus d'argent que je n'en ai jamais eu. C'est très, très tentant, mais… Argh ! Je ne sais pas quoi faire. Je suis en train de dresser une liste des pour et des contre quand le téléphone sonne. C'est Poppy ! Fantastique : exactement la personne à qui j'ai envie de parler. Je décroche.

— Félicitations, dit-elle sur un ton mystérieux. J'ai entendu dire qu'on t'avait fait une offre que tu ne peux pas refuser. Qu'est-ce que tu vas faire ?

— Je n'en sais rien ! Dis-moi tout, sais-tu pourquoi ils ont fait ça ?

— Eh bien, ils se sont manifestement rendu compte qu'ils avaient été fous de te renvoyer. Et, bien sûr, tu as un grand fan à L.A., chérie.

— Alors c'était lui ! Je n'en reviens pas. C'est tellement gentil de sa part. Tu sais ce qu'il a dit ?

— Oui. C'est arrivé quand il a envoyé les remerciements par mail. Il chantait tes louanges, racontant que, sans toi, le livre n'aurait jamais vu le jour et que, si tu revenais, il recommanderait Paragon à tous ses amis célèbres, etc., etc. Le coup de la carotte.

— Waouh.

C'est tout ce que je trouve à dire.

— Il y a peut-être aussi eu un coup de bâton.

— Quoi ? Du genre, rendez son job à Alice ou il n'y aura pas de livre ?

Je n'ai pas envie de devoir mon emploi à un coup de force.

— Eh bien, ça n'a pas été présenté comme cela, bien évidemment, mais c'était sous-entendu. Enfin, tout ça, c'est top secret. On m'a accidentellement mise en copie d'un mail, et je sais que tu n'étais pas censée être au courant. Il a été très clair à ce sujet. Alors ne lui dis pas que je t'en ai parlé, s'il te plaît.

Je n'en reviens pas. L'idée que Luther se soit donné autant de mal pour moi me touche à un point ridicule. Surtout qu'il a sans doute dû s'opposer à Sam.

— Il a dû leur dire de te raconter que c'était l'idée de Luther, continue Poppy.

— Oui, je sais, dis-je sans réfléchir, avant de me reprendre. L'idée de Luther ? Quoi ? Je pensais que c'était l'idée de Luther ! Qui a dit ça ?

— Sam ! Tu pensais que je parlais de qui ? C'est Sam qui t'a fait récupérer ton job.

— Sam, murmuré-je.

Jusque-là, je faisais les cent pas, mais maintenant il faut que je m'assoie.

— Mais… Poppy, c'est impossible. Il me déteste. La dernière fois que je l'ai vu, c'est à peine s'il m'a regardée. À moins qu'il ne me croie maintenant ! Mais comment a-t-il appris que j'avais été renvoyée ? Et pourquoi ferait-il ça ? Simplement parce qu'il se sent coupable ?

— Alice, tu sais que j'adore discuter, mais tu ne penses pas que c'est à lui que tu devrais poser la question ?

Elle a raison, bien sûr.

— OK. Je vais lui envoyer un mail.

— Oui, ou alors appelle son hôtel. J'ai le numéro sur moi.

— Quoi ? Il est ici, à Londres ?

— Oui, pour la première de *The Deep End*. Lui et Luther séjournent au *Dean Street Townhouse*. Mais ils vont bientôt partir. Je crois que ça commence à 18 h 30.

— Et quand repartent-ils ?

— Je n'en suis pas certaine, mais je crois que ce sera demain dans la matinée. Écoute, chuchote-t-elle, Olivia arrive. Je ferais mieux d'y aller. Bonne chance !

J'ouvre un nouveau mail et écris « Cher Sam ». Je ne sais pas quoi mettre ensuite. Je n'arrive pas à croire qu'il m'ait permis de retrouver mon emploi. J'aurais préféré le récupérer moi-même ou, idéalement, n'avoir jamais été renvoyée, mais je lui en suis quand même très reconnaissante. Je veux le remercier, mais surtout je veux savoir pourquoi il a fait ça, alors qu'il a été si dur avec moi la dernière fois que je l'ai vu. Et j'ai été si dure avec lui. Peut-être devrais-je l'appeler, comme l'a suggéré Poppy ? Mais que lui dirais-je ? Peut-être devrais-je lui envoyer un mail et lui proposer un rendez-vous. Mais il n'aura peut-être pas le temps avant son vol. Je consulte ma liste de pour et de contre concernant mon emploi. Je devrais peut-être aussi en faire une sur les différentes manières de contacter Sam.

Soudain, je prends conscience de quelque chose. Pendant que je prépare ma liste, que je rédige des mails et que je me ronge les ongles, Sam est ici, à Londres, à seulement quelques kilomètres de moi, juste pour une nuit. Ce soir représente sûrement notre seule chance de nous voir en tête à tête et d'avoir une vraie conversation. Il est 17 h 20. Si je pars maintenant, je peux le voir avant qu'il quitte son hôtel. Bon, je vais le faire. Sinon, je le regretterai toujours. Sans me laisser le temps de changer d'avis ni même d'enfiler autre chose que mon jean et mon tee-shirt, j'attrape mon sac et sors en courant.

Chapitre 37

Évidemment, c'est ce jour-là que la Piccadilly line décide de tomber en panne. Nous restons coincés à Knightsbridge pendant une éternité, dans un wagon bondé où nous manquons d'étouffer. En regardant ma montre, je me rends compte que c'était une idée vraiment stupide. Au moment où nous arrivons lentement à la station de Leicester Square, il est 18 h 15. Je suis sûre qu'il est déjà parti. Et, même si ce n'est pas le cas, je m'imagine le trouver entouré d'une foule de personnes, absorbé par les histoires de Luther, me demandant ce que je fabrique là… Bon, je vais arrêter de réfléchir, et je vais juste me lancer.

J'essaie de prendre un raccourci par Leicester Square, mais la place est bondée de gens attendant le début de la première. L'ironie de la situation ne m'échappe pas. Je me demande pendant l'espace d'un instant si je ne ferais pas mieux de rester là et d'essayer d'appeler Sam de l'endroit où je me trouve, mais ce serait trop humiliant, et il risquerait de ne pas me voir. Je fais donc un détour par Lisle Street et je traverse Shaftesbury Avenue, où je manque de me faire renverser par un rickshaw. J'arrive enfin, rouge, en sueur et haletante à l'hôtel.

— Pourrais-je parler à Sam Newland ? demandé-je, essoufflée. Il séjourne ici.

— Je crains que nous n'ayons pas d'hôtes répondant à ce nom, madame, dit poliment la réceptionniste aux cheveux bruns.

— Quoi ? Mais il est là ! Il est avec Luther Carson. (Je baisse la voix.) Je le connais. Pourriez-vous juste lui dire que je suis là ? À moins qu'il ne soit déjà parti ?

— Madame, je suis désolée, mais je pense que vous avez de fausses informations.

Dans le miroir derrière elle, je me vois, les cheveux en bataille, les joues rouge vif, le regard fixe. Elle doit penser que je suis une désaxée ou une aspirante actrice.

Je m'apprête à essayer de nouveau quand j'entends une voix derrière moi :

— Alice ?

C'est lui. Il est seul, et il est terriblement beau, avec une cravate noire. En le voyant, je sens mes genoux faiblir, mon cœur s'affoler. Oh, mon Dieu, j'espère vraiment que je ne vais pas m'évanouir !

— Est-ce que… tu cherches Luther ? demande-t-il.

— Non, je voulais te voir, toi…

Je ne vais pas plus loin. J'avais préparé tout un discours, mais, maintenant que je suis en face de lui, je suis tellement nerveuse que j'ai tout oublié. Dois-je le remercier ? Lui demander pourquoi il a fait ça ? Ensuite, je remarque deux choses : d'une, il me dévisage comme s'il n'en revenait pas de sa chance, et de deux, lui aussi semble incroyablement nerveux.

Il fait un pas vers moi.

— On peut parler une minute ? demande-t-il.

La réceptionniste fait semblant de ne pas écouter, mais je vois bien qu'elle est complètement captivée. Quel que soit le tournant que va prendre notre conversation, je ne pense pas qu'elle puisse avoir lieu ici ou dans un bar.

— Allons dans ta chambre, dis-je, faisant saillir les yeux de la réceptionniste de leurs orbites.

Dans l'ascenseur, je me sens terriblement intimidé. Je ne sais pas où regarder ni quoi dire, et lui aussi est très calme.

— Désolé pour ce qui s'est passé en bas, s'excuse-t-il alors que nous marchons dans le couloir. Je leur demande parfois de ne pas dire aux gens que je suis là, quand je suis avec Luther, tu sais, au cas où…

— Pas de problème.

Sa chambre est magnifique, avec du papier peint à rayures blanches et jaunes, et un lit à baldaquin, que j'évite de regarder. Il m'invite d'un geste à m'asseoir dans un fauteuil de chintz, mais je préfère rester debout. Il s'appuie contre son bureau, à quelques pas de moi.

— Merci de m'avoir permis de récupérer mon emploi, dis-je cérémonieusement.

Il baisse les yeux.

— Ah… OK. Tu n'étais pas censée le savoir. Comment l'as-tu appris ?

— Ça n'a pas d'importance. Mais merci quand même.

Il secoue la tête et se met à parler très vite.

— Alice, c'est moi qui devrais te remercier. Et qui devrais te présenter mes excuses. J'ai été un vrai con. J'aurais dû te croire quand tu as essayé de t'expliquer au sujet de Luther. Tu t'apprêtais à perdre ton emploi, et tu aurais pu t'en sortir en leur donnant cette histoire, mais tu ne l'as pas fait. Je n'arrive pas à imaginer que tu aies fait ça. Enfin, je sais que c'est possible parce que je te connais maintenant. Mais je ne connais personne d'autre qui aurait fait une chose pareille. Je te suis extrêmement redevable. Et Luther aussi. Alors, s'il te plaît, ne me remercie plus jamais.

Je suis consciente que je rougis, mais je suis déterminée à clarifier les choses avant de me laisser aller à mes émotions.

— Mais comment t'en es-tu rendu compte ?

— Je n'arrêtais pas d'y penser après ton départ, je me demandais si je m'étais trompé. Je m'en voulais d'être allé chercher Annabelle, qui allait très bien, au passage – elle se vernissait les ongles quand je suis arrivé – plutôt que de t'avoir laissé une chance de t'expliquer. J'ai essayé de t'envoyer un mail, et on me l'a renvoyé en me disant que tu étais partie. Je cherchais comment te contacter quand j'ai reçu un mail de ta collègue… Patty ?

— Poppy !

— Oui. Elle m'a raconté ce qui s'était vraiment passé. Même si j'aurais pu m'épargner bien des complications en te posant directement la question dès le début. Écoute…, je vais être complètement honnête. Je me sentais blessé que tu te sois éloignée de moi, après tout ce qui s'était passé entre nous. Je me suis dit que tu avais peut-être voulu mettre un terme à notre histoire parce que tu voulais colporter des ragots sur Luther. Je peux être un abruti têtu et suspicieux, parfois, comme tu t'en es probablement rendu compte. Je suis vraiment désolé.

Il bouge la main, comme pour prendre la mienne, puis il la laisse tomber.

— Mais pourquoi t'es-tu éloignée de moi, Alice ? Si c'est juste que tu ne le sentais pas, alors tu n'as pas à t'expliquer. En fait, ne dis rien, et je ne t'importunerai plus jamais. Mais si c'est à cause de quelque chose que j'ai fait… J'ai besoin de savoir.

Mon cœur bat de nouveau la chamade. Finalement, je décide de m'asseoir. Je n'en reviens pas que nous ayons vraiment cette conversation. Bien sûr, je pourrais lui répondre que c'est à cause de « mon insécurité dingue », mais, au lieu de ça, je dis :

— Je pensais qu'il se passait quelque chose entre Marisa et toi. À cause du voyage à Rome.

Il grogne.

— Je le savais. Elle vient de trouver un emploi à Rome, dans un gros studio. C'est pour ça qu'on y est allés. Je voulais lui présenter du monde. Elle m'a demandé de n'en parler à personne, alors c'est ce que j'ai fait. Mais je n'aurais jamais dû te mentir à ce sujet.

— Alors pourquoi l'as-tu fait ? Je sais qu'elle ne voulait pas que Federico soit au courant, mais tu aurais pu me faire confiance.

— Je sais. Écoute, parfois, je prends trop les choses au pied de la lettre. Si quelqu'un me demande de garder un secret, je le garde. (Il sourit d'un air contrit.) Et je crois que j'étais têtu, aussi. Je ne voyais pas pourquoi j'aurais dû culpabiliser à cause de mes ex, et j'ignorais que tu savais qu'elle était à Rome avec moi. Je me suis rendu compte après que j'avais été stupide. C'est même Marisa qui me l'a dit.

— Ah bon ? Je crois que j'étais surprise, aussi, parce que… Eh bien, elle ne m'avait pas dit que tu étais son ex.

— Je pense que c'est parce qu'elle avait deviné que je tombais amoureux de toi et que je n'avais aucune idée de ce que je devais faire.

À ces mots, je suis obligée de relever les yeux. Ses paroles flottent dans l'air ; je peux presque les voir. La pièce est si calme qu'il peut certainement entendre les battements de mon cœur.

— Mais… qu'est-ce que tu ressens ? demande-t-il.

L'incertitude que je lis sur son visage me fait fondre. C'est à ce moment, je le sais, que je devrais me montrer raisonnable et lui dire que, bien sûr, si les circonstances étaient différentes, ce serait super, mais que nous vivons sur des continents différents et que ce ne serait vraiment pas sage, mais, au lieu de ça, je me lève et m'approche de lui, et, avant que je puisse ajouter quelque chose, il me prend dans ses bras et m'embrasse. C'est aussi magique que la première fois. Je voudrais que ça ne s'arrête jamais. Même si ce n'est que pour ce soir, je suis heureuse d'être ici avec lui.

Au bout d'un moment, néanmoins, je me rappelle quelque chose.

— Sam, tu n'es pas en retard pour la première ? demandé-je à contrecœur.

— Oh non. Je n'ai même pas besoin d'y aller. Luther a des tonnes de gens avec lui. (Il m'embrasse de nouveau.) Tu sais, la raison principale pour laquelle je suis venu à Londres, c'est pour essayer de te voir. À vrai dire, je t'ai envoyé un mail il y a environ une demi-heure pour savoir si on pouvait se voir demain.

— Vraiment ?

Je suis encore plus ravie d'entendre ça.

— Oui. Alors je me fiche de la première. À moins que tu n'aies envie d'y aller avec moi ?

Je ris.

— Tu es sérieux ?

— Bien sûr. Pourquoi pas ?

— Je ne suis pas vraiment vêtue pour l'occasion. Et Luther ne trouverait pas ça bizarre que je sois là en tant que, euh, ta petite amie ?

La vérité, c'est que je n'ai pas envie de passer ma seule soirée avec Sam à regarder un film. Mon cœur se serre quand je me rappelle qu'il va repartir dès demain.

— Tu pourrais y aller comme ça, dit-il. Ou le styliste pourrait te trouver quelque chose. Quant à Luther… Je ne sais pas si c'est le bon moment pour te dire ça, mais…

— Mon Dieu, Sam, quoi ?

Je ne supporterais pas un autre choc.

— Je ne vais plus représenter Luther bien longtemps. On m'a proposé un emploi dans une agence à Londres. Et je veux l'accepter.

Il me regarde pour jauger ma réaction, mais il n'y en a pas. C'est trop. Je suis à court de réactions.

— OK. On pourra peut-être en parler plus tard. Je ne voulais pas te balancer ça comme ça. Mais que veux-tu faire ce soir ? Tu veux y aller ? Parce que ce n'est pas une obligation. On pourrait juste traîner, aller boire un verre, ou manger, ou ce que tu veux…

Je sens qu'il pense à la même chose que moi : on pourrait rester ici et profiter de sa belle chambre d'hôtel. Appeler le room service… C'est très tentant. Mais, maintenant que je sais que nous aurons plus de temps ensemble, ça pourrait être drôle de sortir. Après tout, nous avons beaucoup de choses à fêter.

— Non, allons-y. Si tu es sûr que ça ne pose pas de problème. Et félicitations pour ton nouveau poste. C'est une super nouvelle !

Je l'embrasse de nouveau, il m'embrasse puis, avant qu'on se laisse emporter, il appelle le styliste, Roger, qui dit qu'il pourra m'arranger si je passe le voir dans sa suite.

Quarante minutes plus tard, quand Sam et moi sortons de l'ascenseur, la réceptionniste doit y regarder à deux fois. Je ne peux pas le lui reprocher : je suis méconnaissable. Je porte une magnifique robe longue Alberta Ferretti, en mousseline de soie. Mes cheveux sont coiffés sur le côté en chignon bas, ma peau rayonne, et Roger a réussi à donner l'impression que mes yeux font trois fois leur taille normale. J'ai laissé mon jean et mon tee-shirt dans la chambre de Sam. Nous n'en avons pas parlé, mais je pense que nous savons tous les deux que je les porterai demain matin pour rentrer chez moi.

— Tu es splendide, dit Sam en m'embrassant sur la joue.

— Merci. Oh, attends, il faut que j'envoie un texto. Ça ne te dérange pas ?

— Bien sûr que non. On peut arriver en retard.

Je sors mon téléphone de la pochette Chanel que j'ai empruntée et j'envoie un message à Poppy : « Je vais à la première avec Sam !!! MERCI BEAUCOUP. Bisous. » Puis Sam et moi sortons dans Dean Street, attirant plus d'un regard dans notre tenue de soirée. Il va falloir qu'il me raconte de quoi parle le film, au cas où Luther me poserait des questions. Je sais qu'avec lui assis à mes côtés je n'arriverai pas à me concentrer sur l'écran.

Épilogue

Trois semaines plus tard

— Alors, comment ça s'est passé ? demande Sam.

— Bien, je pense !

Je me glisse sur la chaise à côté de lui. Nous sommes à *Polpo*, un bar de style vénitien sur Beak Street. Sam aime beaucoup cet endroit parce qu'ils servent des Negroni, et une boisson mystérieuse qui s'appelle Spritz all' Aperol. Moi aussi, j'aime ce bar, même si, pour être honnête, je serais folle de joie quand bien même nous serions au *Burger King* de Tottenham Court Road.

— Ils étaient vraiment sympathiques. C'est difficile à dire, mais je pense que ça s'est bien passé. Et l'histoire de mon départ de Paragon n'a pas posé de problème, puisque je peux dire maintenant que je suis partie de mon propre gré.

— Quand te donneront-ils une réponse ? demande-t-il en me servant un verre de vin. C'était le deuxième entretien. Il est temps qu'ils prennent leur décision.

— Eh bien, Caroline a dit : « Officiellement, nous avons une autre personne à voir, mais, entre nous, quand pouvez-vous commencer ? »

— Hé ! Alors tu l'as eu ! Félicitations.

Il a l'air ravi.

— Je vais attendre qu'ils me fassent une proposition en bonne et due forme. Mais… je croise les doigts.

Sam est la première personne à qui j'ai dit que j'avais obtenu un entretien. Il est resté avec moi durant des heures le week-end précédent, à passer en revue les différentes techniques d'entretien, à me bombarder de questions et à dire des trucs du genre : « Il faut sortir le grand jeu ! Donne tout ce que tu as ! » Je lui ai dit qu'il me faisait peur, mais cela m'a beaucoup touchée. Je n'imagine pas Simon m'aidant à me préparer pour un entretien.

— Alors, tu comprends pourquoi je ne veux pas retourner à Paragon ? C'est bien d'avoir un plan de repli, mais…

— Non, je comprends parfaitement. Tu veux te débrouiller toute seule et trouver quelque chose qui te passionne. (Il me sourit.) Je trouve ça génial.

Sam est venu à Londres pour travailler dans l'agence sœur de celle pour laquelle il bossait à L.A. J'ai l'impression qu'il fait la même chose qu'avant, en moins stressant, et qu'il trouve un réel intérêt à ce qu'il fait. Il porte un jean, un blouson d'aviateur bleu passé et un tee-shirt blanc qui montre ce qui reste de son bronzage. Bizarrement, il paraît plus jeune depuis qu'il est arrivé. N'ayant plus son BlackBerry constamment collé à la main et à l'oreille – enfin, moins souvent – il semble beaucoup plus normal. Il s'investit encore beaucoup, mais il dit que ça n'a rien à voir avec son rythme d'avant.

— Alors, dis-moi, tu es content que mes paroles pleines de sagesse au bord de la piscine t'aient aidé ? demandé-je, taquine.

— Hé, ne fais pas la maligne. Ce n'était pas que toi, tu sais.

Notre nourriture arrive. C'est une sélection d'amuse-bouches : des gnocchis avec de la sauce au canard, des *crostini* aux noix et au gorgonzola, et des *arancini*, ou boules de riz, comme en Sicile. Nous commençons à les engloutir.

— Mais tu avais raison, continue-t-il. Si j'avais continué comme ça, j'aurais craqué. Au bout d'un moment, en Sicile, j'ai commencé à me demander si j'avais vraiment envie de passer mes heures d'éveil à contrôler Luther. Je crois que je traversais une sorte de crise de la quarantaine anticipée. Mes collègues pensent tous que je suis dingue – la moitié pense que j'ai été renvoyé, d'ailleurs –, mais ça m'est égal. Au fait, j'ai eu des nouvelles de Luther, aujourd'hui. Il va bientôt venir pour la promotion du livre, alors il faudra qu'on fasse un truc tous ensemble.

— Hum.

Je ne pense pas que cela arrivera. Luther était content de me voir à la première, mais maintenant Sam lui a dit que nous étions en couple, et, apparemment, Luther trouve ça bizarre, ce que je comprends complètement.

— Et tu sais quoi ? Il a rencontré quelqu'un.

— Vraiment ?

J'en suis ravie. Je suis tellement énamourée que j'ai envie que tout le monde soit heureux.

— Oui, c'est une maquilleuse. Il l'a rencontrée sur le plateau de la série télé. Elle s'appelle Jenna et elle est canadienne. Elle a l'air coriace, dans le bon sens du terme.

— Je crois que c'est ce dont il a besoin.

— Absolument. J'ai toujours eu peur qu'il ne se remette avec Dominique.

L'opinion qu'il a de cette femme fait partie de ce que j'ai appris ces trois dernières semaines. J'ai aussi découvert qu'il était un excellent cuisinier – il a acquis ces compétences en Italie – et qu'il déteste s'acheter des vêtements. Et qu'il est très ordonné, mais que ça ne le dérange pas que je ne le sois pas, et que lui et son frère sont fous d'une équipe de football américain, les Utes. La saison commence tout juste, et il veut m'apprendre les paroles de leur chant de combat ringard. Il n'a pas le moindre problème avec mes carrés en carton ; pour être honnête, quand il rentre à la maison avec moi, nous n'avons pas le temps de les remarquer. Il veut aller surfer dans le Devon, à Venise, et à des centaines d'autres endroits, et je crois aussi qu'il risque d'être récupéré par l'équipe de rugby foulard de Mike. Je me suis rendu compte qu'il voulait absolument combler le vide qu'il occupait en travaillant d'arrache-pied, mais ça ne me dérange pas. De toute manière, il n'est pas le seul à avoir des hobbies. Je me suis finalement décidée à prendre des cours de danse.

— En parlant de Luther… regarde ça.

Il tire de son sac un exemplaire de lancement du livre de Luther, tout juste sorti de chez l'imprimeur. Nous nous exclamons comme de fiers parents pendant quelques minutes, puis Sam dit :

— Les remerciements sont à la fin, tu devrais les lire.

Je prends la parole :

— « Je veux remercier mon agent, Sam Newland, qui m'a donné les meilleurs dix-neuf mois et demi de sa vie. Sam, j'espère que ça en valait la peine. »

— Merci, mec, dit Sam d'un ton pince-sans-rire.

Je saute plusieurs autres noms – c'est gentil, il a mentionné Brian – jusqu'à trouver le mien.

— « Je veux aussi remercier mon éditrice Alice Roberts, qui a cru en moi, même quand je lui racontais n'importe quoi. Sérieusement, Alice, je n'aurais pas pu écrire ce livre sans toi. » Waouh. Je n'aurais jamais cru que Luther pouvait être aussi éloquent.

— Il a peut-être eu un peu d'aide, admet Sam, qui n'explique rien de plus.

Après le dîner, nous marchons jusqu'à la Tamise. Je porte une robe estivale – la robe vert pistache que Marisa m'a donnée –, et l'air est frais ; c'est la fin de l'été.

— Je n'en reviens pas que nous soyons déjà en septembre, dis-je.

— Je sais. Hé, il paraît que l'automne est une bonne période pour visiter Paris. Qu'est-ce que tu en penses ? En fonction de la date à laquelle tu commenceras ton nouveau travail.

— Si je le commence.

— Quand tu le commenceras.

Alors qu'il me prend la main, j'essaie de me rappeler le nombre de fois où nous nous sommes vus depuis qu'il est arrivé à Londres, et je m'aperçois que j'ai cessé de compter. Être avec Sam ne ressemble à rien de ce que j'ai connu auparavant. Quand je repense à ma relation avec Simon, j'ai du mal à croire que j'ai pu accepter ça. Qu'ai-je pu voir en quelqu'un qui se souciait si peu de moi ?

La vie peut vraiment nous surprendre. Je me souviens des rêves idiots que je faisais dans l'avion pour l'Italie d'une amourette avec Luther, et de mon envie d'avoir une promotion. Rien de tout ça n'est arrivé. Mais ce que j'ai aujourd'hui est cent fois mieux. Je ne sais pas ce que l'avenir nous réserve, à Sam et à moi. Je ne sais pas combien de temps il va rester à Londres. Un an ? Deux ? Peut-être rentrera-t-il aux États-Unis, et peut-être que j'irai avec lui, ou qu'il se passera autre chose. Qui sait ? Tout ce que je sais, c'est que, pour l'instant, j'ai le sourire. Et je sens que je vais le garder encore pendant un bon bout de temps.

Découvrez aussi chez Milady Romance :

22 novembre 2013

Scarlett Bailey *Tendre Veillée*

The Fell Types are digitally reproduced by Igino Marini.
www.iginomarini.com

Achevé d'imprimer en septembre 2013
Par CPI Brodard & Taupin - La Flèche (France)
N° d'impression : 3002180
Dépôt légal : octobre 2013
Imprimé en France
81121087-1